EQUITY INCENTIVE
PRACTICE AND CASE ANALYSIS

股权激励

实务操作与案例分析

李可书　张星／著

法律出版社 | LAW PRESS
——北京——

序言一

众所周知，两人为“从”，三人成“众”，人一直是社会组织的基本构成单位，人力资源是企业发展的核心动力，用人用得好，企业有活力；用人用不好，企业发展就会受阻。人们常用三个和尚的故事来形容人性的懒惰与做事的推诿，三个和尚构成了一个组织，当三个人都不愿意打水的时候，虽然可以说是人性的问题，但是换个角度来看，则是激励制度的空缺。如果有成熟完善的激励制度，可能三个和尚会抢着打水，故事的结尾也许是另一副模样。

同样的问题发生在现实中却已有初步的解决方式，股权激励是近几年新兴的企业激励制度之一，股权是股东享有的一种综合性的人身和财产权利，以股权分享给员工来达到激励人才的目的是股权激励制度的核心思想，由此把员工与企业进行绑定，增强员工归属感，成功实现从“要我干”到“我要干”的转变。作为可书的博士后合作导师，我对他比较了解。他思维清晰、为人严谨却不乏创新，近几年一直潜心研究公司治理，也在实践中帮助许多企业成功实施股权激励项目，使企业获得长足的发展。

《股权激励实务操作与案例分析》这本书给我印象最深刻的两个特点是“细”与“新”。“细”体现在本书对股权激励全过程所涉及的问题都进行了认真细致的研究，包括基础概念、常见模式、风险问题的界定与论述，同时还结合自身经验制作了大量文书范本，供读者参考。本书精益求精，可谓字字珠玑。“新”指思维上的创新，本书第八章首次提出股权激励创客模式，突破传统模式的固化思维局限，以单元分红、小微合伙、价值持股三种主要创新模式针对不同类型企业，在传统模式的基础上进一步扩大激励范围，增强激励灵活度，使该模式更符合现代企业发展特点与时代趋势。

最后，在祝贺可书的同时，更欣慰的是这本书集理论和经验于一体，它的出版很有价值，望各位读者均能有所得、有所获。

石美遐

北京交通大学经济管理学院教授、博士生导师
中国劳动法学研究会副会长、中国劳动关系研究会副会长、
中华全国总工会法律顾问委员会委员

序言二

孟子云“得人心者得天下”。企业作为人才的聚集体，高水平的人力资本是企业核心竞争力的体现，对于企业家来说，可行有效的激励机制设计能够将人力资本与企业有机地结合在一起，使人才竭力为企业奉献，维持企业最佳利益，而股权激励无疑是一个重要选项。股权激励顾名思义，是以股权为工具，为留住企业核心人才而推行的一种长期激励机制。虽然很多企业家意识到实施股权激励的必要性，但往往在实践过程中难以落地，其重要原因：一是对法律规则吃不透，二是对于如何根据企业实际情况选择有效的股权激励模式更是雾里看花。很多企业家知道股权激励是什么，基础概念是什么，但落在自己企业这边就感到无从下手，不知采用哪种股权激励更好一些。

股权激励在国外已经较为成熟，我国国内企业早有探索，实践中也积累了一定的经验。但国内相关出版物或研究成果多数还停留在理论层面，从多角度、多层面将理论与实践相结合的论著并不多见。《股权激励实务操作与案例分析》是一本最新的实操手册。

本书作者从事企业法务工作多年，不仅精熟相关法律制度，而且在与企业家交往过程中，对企业的需求和遇到的问题有着切身的体会。本书内容全面，理论和实践紧密结合，涉及企业在实施股权激励过程中可能遇到的大大小小的问题。给我印象深刻的是本书的解读方式，其采用“知识＋典型案例＋点评＋难点解答”的四维方式，读者在初步了解相关概念和知识点的基础上，通过典型案例去观察其具体运用，结合作者的点评和疑难解答能够就相关内容进一步提升理解。由此，读者对股权激励的理解就不单单停留在浅层次的表面，而是由案例分析的形式进入到实践中，因此，读者可以更加深入地领会其中奥妙之处。

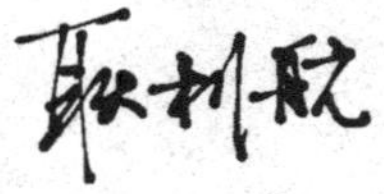

中国政法大学民商经济法学院教授、博士生导师

中国法学会证券法学研究会理事

中国法学会案例研究专业委员会理事、副秘书长

前　言

股权激励作为一种制度创新，其创富效应近年来在国内得到了广泛的关注，股权激励的实施呈日渐普及的趋势。为了充分发挥股权激励制度的巨大效用，笔者结合自身团队为客户设计股权激励计划方案的丰富经验以及对股权激励制度的深切理解和研究，对企业股权激励计划如何正确地设计和实施给予了详细的实务指引。

本书的宗旨和目的是向读者介绍股权激励的基本概念、方式、操作规程、应当注意的事项等，以系统的股权激励知识和大量的股权激励案例，从实务操作层面引导拟实施股权激励制度的企业以及广大从事该业务的律师、法律顾问等人员提供有益的实务指导，并提供可操作性极强的股权激励指南，以成功取得股权激励的效果。

本书共分为十一章，第一、二章主要讲的是股权激励的一般性知识、实施流程和案例；第三章到第七章是对常见的股权激励模式提供的具体操作指南，如期权、限制性股票/股权等；第八章是笔者根据为客户设计股权激励计划方案的丰富经验，创造性地提出股权激励的创客模式，以期在实践中能够为企业（尤其是传统企业）循序渐进实施股权激励提供参考；第九章对不同性质企业的股权激励的实施要点分别进行了阐述；第十章总结了在股权激励过程中易出现的问题，并提出了行之有效的解决方案；第十一章为相关法律文件范本，包括期权激励范本、限制性股权激励范本、分红权激励范本、虚拟股票激励范本、股票增值权激励范本、小微合伙范本、考核制度范本等方面的 12 个范本。

本书采用“知识概述 + 案例解读 + 范本示例”的方式撰写，内容简洁而务实。既有可读性,又有很强的可操作性。

期待本书的出版能为广大法律工作者、股权激励参与者和其他读者提供有益的帮助。

在本书写作过程中,得到了很多同事、朋友的帮助。在此要特别感谢章玉芬、马翠霞、高晓霜、张尧楠等人的大力支持,他们参与了部分章节、案例的撰写并提出了很多宝贵意见。感谢法律出版社的编辑老师的鼎力支持!

由于时间仓促,本书的错误在所难免,如有任何意见或建议,请加笔者的微信 equity_lawyer 或者发邮件至笔者的邮箱 likeshu@139. com,特此感谢!

目　录

Chapter 1 第一章

股权激励概述

第一节 股权激励的含义及起源

一、股权激励的含义

如果说过去十年，中国的暴富机会来自“房地产”，未来十年中国的暴富机会将来自“股权”，未来是“无股权不富”的时代。这些年来国家也在不断发布各种政策积极推进资本市场的发展，而要想在资本市场获利，前提是要持有相关公司的股权。2014 年 5 月国务院发布了《关于进一步促进资本市场健康发展的若干意见》，旨在促进资本市场健康发展，健全多层次资本市场体系，有利于加快完善现代市场体系、拓宽企业和居民投融资渠道、优化资源配置、促进经济转型升级。2014 年《证券法》修订，规范证券发行和交易行为，保护投资者的合法权益，维护社会经济秩序和社会公共利益，促进社会主义市场经济的发展。2016 年国务院办公厅发布《关于推动中央企业结构调整与重组的指导意见》推动专业化整合、鼓励中央企业依托资本市场。2017 年证监会改进监管导向，从各个方面大力推进依法全面从严监管资本市场。

（一）股权

1. 股权的含义

在讲股权激励之前，首先需要理解什么是股权。股权是有限责任公司或者股份有限公司的股东对公司享有的人身和财产权益的一种综合性权利，即股权是股东基于其股东资格而享有的，从公司获得经济利益，并参与公司经营管理的权利。

从权利的角度来看，股权的含义如下：

（1）股权是一种法定和确定的权利。

我国《公司法》第4条规定："公司股东依法享有资产收益、参与重大决策和选择管理者等权利。"

（2）股权是一种可支配的权利。

股东所拥有的决策权、表决权、经营建议权、股份转让权、优先购买权等各种权利均具有支配性，即可以由股东自行支配，而且一旦这些权利受到侵害，股东可以按公司法规定或公司章程约定向法院起诉，请求法院依法保护其权利。

（3）股权是一种可转让、可认购的权利。

股权可以流通，我国《公司法》有关于股权的转让的规定，包括对有限公司和股份有限公司的股权转让均作了详细规定。其中，对有限责任公司的股权转让的规定是：允许股权在股东之间转让（无须其他股东同意），也可以由某一个现有股东转给第三人（但应当经其他股东过半数同意）。对股份有限公司股权转让规定则更加详细，特别是上市公司。比如，发起人所持股份在一定时间内不得转让；公司高级管理人员在任职期间的股份转让有一定的限制。另外，公司章程也可依据公司法规定而对股权的转让作出约定。

2. 股权的内容

股权是一种综合性的权利，我们接下来从股权包括哪些具体内容来看股权：

（1）政治性权利，表现为表决权、选择权、公司经营决策权。

股东通过出资（包括认缴出资和实缴出资），享有了公司股权后，就在公司中享有了公司经营决策、人事任免等权限。我国《公司法》明确规定:股东(大)会是公司的权力机构,依法行使职权。由于股东按出资比例依法享有表决权,因此,公司章程的表决通过和法定代表人、董事等权威人士的任免直接受到股东股权的影响。

(2)经济性权利,表现为分红权、增值收益权。

股权是一种财产性质的权利。财产权是以财产为标的,追求经济利益的一种物质权利。绝大多数股东投资入股的主要目的是获利,即获取财产利益,实现财富的增值、扩大化,也可以称为收益权。相反,如果说投资入股难以实现财产的增值、收益,股东也不会冒险投资。因此,股权具有财产权的性质并且系其本质属性。

此外,需要注意的是,股权份额在公司中决定股东的地位。我国《公司法》规定,有限责任公司的股东会会议由股东按照出资比例行使表决权,股份有限公司的股东出席股东大会,所持每一股份有一表决权。股份有限公司股东大会作出决议,必须经出席会议的股东所持表决权的半数以上通过。有限责任公司进行修改公司章程、增资减资及公司合并、分立、解散或变更形式等重大事项审议时,须经代表三分之二以上(股份有限公司则须经出席会议的股东所持表决权的三分之二以上通过)表决权的股东通过。可见股东地位以股东所拥有公司股权的份额作为唯一确定标准,股东所拥有份额的多少对于能否直接左右公司的经营决策至关重要。

(二)股权激励

股权激励是企业为了留住人才、吸纳人才或者引导员工为公司目标的实现献力献策,而对员工采取的一种长期激励的方法,其含义可以概括为公司以股权/股票、期权等作为对价,对其董事、高级管理人员和其他员工实施长期激励的一种做法。股权激励被业内人士形象地称为“金手铐”,与“金色降落伞”(针对退职)、“金阶梯”(针对职业成长)并称“三金”。顾名思义,“金手铐”具有两层含义:一是“金”,即股权激励的收益丰厚,对高管等核心人员具有不小的吸引力;二是“手铐”,即核心员工等在享有激励收益的同时,也受到一定的限制,比如公司业绩指标、服务年限等。“金手铐”意味着激励与制约并存,是一种很形象的比喻。

股权激励的方式多种多样,大致可以分为两类,即权益结算类和现金结算类。前者指的是以权益来激励员工,主要包括股票期权、限制性股票、员工持股计划等,后者指的是以现金的方式激励员工,主要包括股票增值权、虚拟股票、分红权激励等。在持股方式上,还可分为直接持股、代持、平台持股三种。不同的激励方式以及持股方式具有不同的特点,而且也各有优劣,相关内容将在本书下文一一展开,在此不再赘述。

企业在设计股权激励计划时,需根据其激励对象、激励目的以及预期实现的激励效果等选择合适的股权激励方式,以达到最佳的激励效果。

二、股权激励的起源与发展

(一)国外的起源与发展

许多学者认为,股权激励起源于美国。标志是1952年美国菲泽尔(PFIZER)公司推出了世界上第一个股票期权计划。它产生的背景是当时的美国个人所得税太高,极大地打击了管理者的积极性,为了避免公司高层管理人员们的现金薪金被高额的所得税率“吃掉”,寻求合理的避税手段,股票期权计划便应运而生。

1956年,路易斯·凯尔索(Louis O. Kelso)等人第一次推出员工持股计划(Employee Stock Ownership Plans,ESOP)。这种股票奖励计划,在20世纪50年代至70年代美国股票市场的快速上升期,逐渐变得流行起来,《1974年雇员退休收入保障法》中也给予了ESOP官方认可。[①] 随后,美国国会通过了《1984年税收改革法》,对员工持股计划的全部四种参与者分别给予了对应的税收优惠政策,员工持股计划才真正得以快速发展。[②]

这种分配制度所带来的巨大财富效应,直到20世纪90年代才凸显出来,IBM总裁从当时的股票期权中得到了6000万美元的收益,迪士尼总裁迈克

---

① 宋蔚蔚:《员工持股计划与国有股份减持》,载《特区财会》2001年,第41~42页。

② 贺强:《关于完善税收优惠 推进员工持股计划的提案》,载《中国证券报》2015年3月15日。

尔·艾斯纳(Michael Eisner)获得的股票期权收入将近5.7亿美元,对比之下,他的576万美元的年薪则显得微不足道。这个时代下出现了美国股票市场历史上的最大牛市,股票期权带来的巨大收益引起了美国大多数公司的关注并效仿,世界上许多企业也都纷纷引进这一制度。1997年,美国实施股票期权计划的上市公司比例达到了53%。在2008年股市暴跌前,期权收入已达到管理层总收入的80%以上。

在此之后,学者纷纷开始研究股权激励的理论,在这些理论中被公众所知悉并接受的有:委托代理理论、现代代理理论和人力资本理论等。

委托代理理论是由美国经济学家迈克尔·詹森(Michael Jensen)和威廉·麦克林(William Mecking)在1976年发表的论文《企业理论:管理行为、代理成本及其所有结构》中首次提出的,他认为所有者委托经理人从事经营与管理决策,所有者为委托人,经理人为代理人,二者之间形成一种委托代理关系。

现代代理理论认为,要想减少经理人员的逆向选择和道德风险问题给公司股东带来的利益损失,对经理人员实行长期激励就显得非常重要。经理人的报酬应该与公司业绩的边际效益变化相关联。

人力资本理论以西奥多·舒尔茨(Theodore W. Schultz)、加里·贝克尔(Gary S. Becker)为代表的一批美国经济学家经过系统地研究和发展得出的理论。舒尔茨的人力资本理论认为,经济制度最显著的特征就是人力资本的增长。人力资本是促进经济增长的重要生产要素。对人力资本的投资包括教育等方式,对人自身生产能力的投资带来的收益率超过了对一切的其他形态资本的投资收益率。值得注意的是,美国最初实施激励制度并非为了激励员工,其目的主要是为了避税。当时,美国的税收持续上升,导致边际税率异常之高。因此,公司的高级管理人员的收入大幅缩水,其工作积极性也大大下降。而股票期权计划的实施则可以利用当时的税收优惠政策,达到合法避税的目的,一方面实现了合法避税,提高了公司的收益;另一方面也增加了高级管理人员的收入,在一定程度上起到了激励公司员工的作用,可谓是"无心插柳柳成荫"。

随着股权激励对企业发展的作用的日益凸显,英国、日本、法国、意大利等国家也纷纷效仿,一时之间,企业实施股权激励成为国际潮流。根据学者的统计,世界主要国家股权激励制度的发展情况如表1-1所示[①]:

表1-1　世界主要国家股权激励制度发展

国家	发展情况	政策支持
美国	世界上股票期权制度最发达的国家,有多种股票期权及完善的股票期权监管制度	对于激励性股票期权有税收优惠,非法定股票期权则不能享受税收优惠
英国	股票期权种类比较丰富,制度比较完备	如果股票期权计划获得国内税务局批准,行权收益可以获得较大幅度的税收优惠
法国	1970年《商事公司法》中规定了股票期权的实施办法,是世界上股票期权进行专业立法较早的国家之一	如果股票期权计划获得管理部门核准,且员工行权后持有股票超过5年,在出售股票时仅对行权时股价超出行权价的收益部分的40%征工资税
德国	20世纪90年代末通过修改《股份公司法》才允许实施股票期权制度,且实施范围仅限于股份公司,法规体系不完备	对于典型的股票期权计划没有明显的政策优惠,因为该国的股票期权制度普及程度不高
荷兰	股票期权制度有较长的发展历史,但没有获得长足的发展,主要是由于相关政策处于持续的变动之中,1986年6月26日该国的期权制度进行了重大改革	1986年6月26日改革之后,股票期权的计税方式变得十分复杂,在授予期权、行权与出售行权所得股票三个环节都要纳税,但是某些公司的法定期权储蓄计划可以获得一定的税收优惠
加拿大	股票期权制度体系与美国相似,发展较为成熟,会计、税收与其他监管制度比较完备	20世纪90年代末推出有税收优惠的股票期权计划,享受的税收优惠类似于美国激励性股票期权
瑞士	有十分完善的股票期权制度	地方政府对于股票期权的实施办法有较强的解释权与执行权,各地具体的政策优惠也有一定的差异

① 刘中文:《我国国有控股上市公司股权激励效用研究》,中国矿业大学管理学院2009年博士学位论文,第36~37页。

续表

国家	发展情况	政策支持
爱尔兰	20世纪70年代末已经开始推行股票期权制度，发展历史较长，员工可获得的股票期权品种较丰富	期权持有人的税收负担较轻，1986年4月至1992年1月间，公司按照税务机关的规定推出的“核准股票期权计划”可以获得更大的税收优惠
澳大利亚	股票期权制度处于发展时期	股票期权的计税办法比较复杂，如果是“法定期权”，职工在获得期权后可以延迟缴税
意大利	股票期权制度较为简单，员工持有期权的数量一般不能超过公司总股本的10%	法定股票期权的条件比较容易满足，其持有人享有十分明显的税收优惠
智利	20世纪90年代末才开始起步，发展时间很短，政策不完备也不稳定，处于变迁之中	2000年5月8日，智利劳动部规定将股票期权收益视同为补偿性收入，仅在行权时征收资本利得税
日本	20世纪七八十年代，主要的长期激励方式为ESOP，90年代初通过修改相关法律，促使股票期权制度逐步完善	税收方面的政策与一般国家的政策大致相似，没有明显的优惠

综上可见，股权激励本身在西方发达国家已经有着比较成熟的发展历史和制度保障，股权激励的价值得到了国家和企业的认可。

（二）国内的起源与发展：“中国式股权激励”

国内的部分学者，如张雪奎等，则认为股权激励制度起源于中国，发展于美国。其主要理由是晋商曾创造了一种特殊的制度，即顶身股制度。晋商将股份分为两种，即银股和身股，出资人以资产出资，享有银股；掌柜和伙计则以“人力”出资，持有身股。双方均可享有企业的利润分成。顶身股的性质与现今的干股、技术股等概念相近。

道光年间，平遥城第一家票号日升昌挂牌营业，经理雷履泰与副经理毛鸿翙为主要经营管理者。两人经历了初期的齐心协力，后期逐渐因争夺权势而分崩离析，毛鸿翙被排挤出日升昌后，被决心经营票号但苦于找不到管理人才的

“蔚泰厚”绸缎庄东家侯荫昌聘用。由于毛鸿翙参与了日升昌创办的整个过程，非常了解其中的“门道”，因此很快主持策划建立了“蔚字五联号”，并开始与日升昌并驱争先。

同时，为了避免重蹈日升昌规定不明而导致管理困难的覆辙，毛鸿翙邀请徐继畲为其制定了严格的规章制度，其中包括了《合约》《号规》《万金账》等规章。“这三部规章的正式颁布，是票号经营管理上的一大突破。其中，特别值得关注的是，与财东出资形成的银股相对应的掌柜、伙友以人力获得的身股，其获得的方式、享有的利益和退出的渠道，都在这三部规章中有明确的规定和体现。”①自此，顶身股这种中国式股权激励方式正式登上历史舞台。

但是基于重农抑商思想等种种原因，晋商的顶身股制度在我国之后的商业发展中，未能进一步发展出现代股权激励制度。直到 20 世纪 90 年代开始，国外的现代股权激励理论逐渐传入中国，我国的股权激励制度才又开始发展起来。但是，当时国内的资本市场处于起步阶段，相关的法律法规都还尚在制定研究之中，因此当时的股权激励大多都是民间的自我试验。

“股权激励”得到政策上的鼓励支持是在 20 世纪 90 年代末期。1998 年 11 月 25 日，证监会取消了内部职工股。1999 年，中国共产党第十五届中央委员会第四次全体会议通过《中共中央关于国有企业改革和发展若干重大问题的决定》，为股权激励的探索实施提供了政策制度支持。随后，许多国企相继开展了股权激励的试验，如上海贝岭、上海家化等。根据学者的统计，当时各地开展股权激励的情况大致如表 1－2 所示②：

表 1－2　中国各地股权激励开展情况

地点	激励对象	实践内容
上海	董事长、总经理	1999 年制定了国有企业经营者期权激励方法，在一些市管国有资产控股企业以及国有独资企业中逐步推行“期股期权”

① 薛中行：《中国式股权激励》，中国工商出版社 2014 年版，第 44 页。

② 参见卢雄鹰：《中国上市公司股权激励问题研究》，华东师范大学金融学系 2013 年博士学位论文，第 66～67 页。

续表

地点	激励对象	实践内容
北京	董事长、管理层	1999 年 11 月,在 10 家国有企业中试点经营者股票期权激励,当时额度限制比较严,明确规定经营者持股的出资额下限原则上不得少于 10 万元。期权的获取方式比较灵活,既可以按照约定价格认购,也可以采取分期补入的方法。期权的变现方式,是在任期届满两年之后,按照届满当时并经资产评估后的企业每股净资产值来变现
深圳	管理层、普通员工	1999 年 6 月,在深圳市投资管理公司的系统内部,对中小型、竞争性的全资、控股企业试点股权激励制度
武汉	法定代表人	1999 年,武汉市国有资产经营公司对其下属 24 家国资公司的法定代表人施行了股权激励制度,在支付法定代表人 1998 年度的年薪时,将年薪中的 30% 以现金形式支付,剩下的 70% 部分转化为股票期权
沈阳	经营管理层	2000 年 2 月,沈阳市政府出台了《沈阳市国有企业经营者年薪制补充办法》,将期股期权制列为年薪制的补充,规定企业经营者年薪收入的风险收入部分额外增加一倍,增加的部分作为实行期股期权的资金来源。个人获得的股份由沈阳市经贸委托管,三年考核期满后,再分三年分批予以兑现
济南	董事长、经营管理层	2000 年 1 月,济南市出台了《关于企业经营者实行期股激励与员工持股试点的指导意见》,对股权激励进行了规范和支持,并突破了以往只对盈利企业实施股权激励的局面

2004 年之后,我国逐步开始股权分置改革。一系列法律法规随之出台,资本市场经济秩序逐渐得到规制。之后《公司法》《证券法》的修订,以及《上市公司股权激励管理办法》等一系列规章制度的出台,为我国股权激励制度的发展扫清了障碍,自此,我国的股权激励制度逐渐步入快速发展时期。

有关股权激励的相关法律法规和政策详见本书的附录。

第二节 股权激励的利弊和难点

一、股权激励的利弊

公司所有权与经营权的分离,导致公司股东与管理层之间的代理问题日益突出,为此许多公司开始实施股权激励方案。通过股权激励,使公司利益与激励对象的利益最大化地趋向一致,促进公司良性发展。当然,正如一枚硬币有两面,任何事物也都是有两面性的,公司在享受股权激励所带来的巨大效益的同时,也不能忽视其潜在的弊端。下文笔者将就股权激励的利弊做一些简要分析。

(一)股权激励的优势

1. 建立利益共同体

公司所有权与经营权的分离,也使经营者与所有者的利益存在不一致性。经营者很可能会为自身利益而忽视甚至损害公司利益。而实施股权激励,特别是采用限制性股票等方式,使激励对象"翻身农奴把歌唱",从而将激励对象的个人利益与公司利益联系在一起。利益共同体的建立有效地弱化了两者之间的矛盾,从而使公司与激励对象在公司经营过程中实现双赢。

另外,股权激励方案中一般都会对员工违反激励计划的后果作出约定。例如公司可能约定如果激励对象离职后2年内从事相同或类似工作的,激励对象应当将其所得全部收益返还给公司,并承担与所得收益同等金额的违约金,给公司造成损失的,还应同时向公司承担赔偿责任。这种约定增加了激励对象的违约成本,也为公司利益不受损害提供了一定保障。

2. 留住人才、吸引人才

公司发展中除了资金以外，人才是必不可少的因素。公司的良好发展，离不开核心员工的贡献。实施股权激励，如授予激励对象限制性股票，一方面，可以使激励对象成为公司的“所有者”，增强其对公司的认同感和归属感，从而提高员工的积极性。另一方面，如司马迁曾说：“天下熙熙，皆为利来；天下攘攘，皆为利往。”逐利是人的本性。公司将未来可能产生的收益许诺给被激励的对象，通过股权激励使激励对象获得更多的收益，自然能够激励其为公司尽心尽力地奋斗。

再者，求职人员在进行职业选择时，也可能会参考该公司的股权激励收益。相对而言，一个激励收益更高的企业当然更容易吸纳更多的优质员工。

3. 提高公司业绩

首先，公司在制订激励计划之时，往往会将激励对象的激励收益与公司业绩挂钩。例如，规定企业当年经审计的主营业务净利润达到一定标准时，才授予激励对象限制性股票。在这种情况下，员工自然而然会为取得激励收益而为公司业绩作出更大贡献。

其次，当激励对象成为公司的所有者之后，其个人利益与公司利益趋向一致。此时其已经不再单单是为公司创造业绩，更是为自己创造收益。强烈的认同感使得激励对象主动投身于公司良性发展之路。

4. 加强公司经营管理

其一，这是建立利益共同体的直接效果。双方利益矛盾的缓解，使得激励对象不再局限于个人的短期效益，而是更关注企业的长期发展，而且在一定程度上，激励对象谋求自身收益也是在为公司谋求利益。因此，管理者所制定的管理方式将更有利于公司的发展。

其二，除管理者以外的其他激励对象，因股权激励计划也成为公司的“主人”之一，对公司的认同感与归属感使其自发地遵守公司的规章制度。因股权激励计划而取得更多收益的员工也会因“感恩之心”，主动将自己纳入公司的大家庭中，并为创建公司良好工作氛围献计献力。

其三，股权激励计划中往往会加入个人绩效考核以及违约利益返还的相关内容,如前面提及的“如果激励对象离职后2年内从事相同或类似工作的,激励对象应当将其所得全部收益返还给公司,并承担与所得收益同等金额的违约金,给公司造成损失的,还应同时向公司承担赔偿责任”的约定。这也对激励对象的行为产生一定的制约作用,从而完善公司的经营管理。

(二)股权激励的弊端

1. 提高人为操纵的可能性

当激励对象的收益主要来自于股权/股票的增值时,激励对象对股价的关心就会大幅度提高,甚至可能超过对公司发展本身的关注。而股价的提升并不仅仅来源于业绩的提升,在我国股市制度尚不健全的情况下更是如此。因此,如果业绩提升对股价的刺激作用有限,激励对象尤其是管理者可能会采取其他不当方式来刺激股价的上涨。例如,人为营造个股利好、推迟企业正常费用的支出以美化财务报表等,这些行为虽然能够使公司股价短期内上升或者短期利润增加,但是对公司的长远发展并无助力,甚至可能降低公司的形象或者给公司造成不可挽回的其他损失。

2. 激励成本给公司造成巨大资金压力

当公司激励计划所覆盖的人数过多,或者激励计划设计不当时,可能会使公司未来需要承担巨额的债务,导致公司入不敷出,甚至导致公司陷入诉讼困境。例如,公司在上市之前实施了股票增值权等以现金结算的股权激励计划,公司上市后,股价大涨,这意味着公司将面临巨大的现金支付压力,这可能导致公司资金周转困难,甚至可能使企业自身因无力兑现承诺而陷入诉讼困境。公司因实施股权激励而陷入诉讼困境的案例也不胜枚举,下文案例解读将详细分析中关村在线的案例,在此不再赘述。

3. 分配不公

股权激励的收益具有不确定性。例如公司以期权为对价授予激励对象,但之后发现股价持续下跌,这样一来激励对象只能选择不行权。这也意味着其勤勤恳恳地为公司业绩提高做贡献,但是却毫无回报,其收益甚至低于激励计划之外的其他员工。名义上的福利变成不公平待遇,不利于激励其为公司继续拼搏奋斗。

此外，如果公司在制订激励计划时，未能合理地确定激励对象的范围，也可能使对公司发展贡献相似的计划外员工的待遇与计划内员工的待遇相差甚远，导致计划外的员工对公司丧失信心，这也将不利于公司留住人才。

4. 其他弊端

除却上述弊端之外，企业选择任何一种股权激励方式，均有其自身难以忽视的不足。如采用限制性股票模式，对于小公司而言，一旦授予高管的股权被转手出售，将更容易造成公司股权结构的变化，而且持有股权的管理层可能为谋求投资利益的最大化，干涉财务决策，从而影响其他股东的长远利益。

由此分析可见，企业需要在适用股权激励模式的同时，建立多种制约机制，以便更好地发挥股权激励的作用，降低其不利影响。

（三）案例解读

案例一：中关村在线（ZOL）案例①

中关村在线（ZOL）成立于1999年3月，其产品、渠道方面的资讯在IT业界被认为具有一定的影响力，并在2004年3月被CISI人气榜列在IT资讯网站第六位。

2000年3月，中关村在线与部分核心人员签订了劳动合同。其中一条激励性“条款”是：“乙方工作满12个月后，可以获得甲方分配的股权8万股：自乙方获得第一笔股权之日起，乙方每工作满一年可以获得甲方分配的股权8万股。如果甲方在乙方获得第一笔股权期满之前上市，乙方可以提前获得第一笔甲方分配的股权。”

在分配股权的巨大诱惑之下，员工都相继选择签订劳动合同留在公司，而该股权激励也确实为公司发展起到了不可磨灭的作用，中关村在线此后逐步平稳发展起来。

2004年10月，美国著名网络公司CNET以1500万美元收购中关村在线。

① 参见《【案例评析】股权激励变成股权纠纷》，载搜狐财经网：https://www.sohu.com/a/127206084_427239.，最后访问日期：2018年6月20日。

曾签订劳动合同的几位当事人要求公司兑现分配股权的合同承诺,但公司一直回避,最终导致双方对簿公堂。

这次股权纠纷产生的原因大致有以下几个方面:

首先,该股权激励的内容包含于劳动合同中,导致其产生的权利义务关系与基础劳动关系相互牵扯,增加了该股权纠纷的复杂性。同时,由于该激励内容制定后没有正式公布,也阻碍了员工维护自身权益的道路。

其次,其股权激励方案过于粗放,甚至仅有一个单独的条款,缺乏可操作性。而且本案条款的规定本身也存在很大纰漏。该激励内容既未考虑公司的股份总额,也未考虑分配股份所占公司股份总额的份额,公司也未就所分配股份所代表的权益大小进行估量。除此之外,公司也未就授予激励收益设定业绩标准或者设置其他任何保障措施,种种因素综合发酵,最终导致公司无法兑现其承诺。

本案是股权激励制度实施的典型负面案例,该案件也给了正在或者计划实施股权激励的公司一点启发,公司实施股权激励计划应该慎而又慎。如果公司随意制定股权激励方案,不仅无法产生应有的激励效果,还不可避免地会导致股权激励纠纷的产生。而在纠纷产生后,如果公司又未能采取有效的措施解决双方矛盾,则将使纠纷的不利影响进一步扩大,导致公司员工对公司失去信心,也将给公司的公众形象和未来长远发展造成巨大的负面影响。

二、股权激励的难点

(一)行权价格的确定问题

股权激励计划方案的制订需要进行严密的设计,其中行权价格的确定是难点之一。行权价格是指公司与激励对象事先约定的,当激励对象达到一定条件时,可以用来购买公司股份(权)的价格。一般只有行权价格低于市场价格时,激励对象才会选择行权。

企业在确定行权价格时,一般会综合考虑企业规模、盈利能力、公司偿债能力、现金流量能力、发展前景等多种因素。一般而言,企业规模越大、盈利能力越强,则激励对象行权价格越高。

相对于非上市公司，上市公司行权价格的确定更为便利。其一，上市公司的股票能在二级市场上自由流通，而其行权价格又基本参照市场价格确定；其二，相关法律法规已经对其行权价格有所规定。如根据《上市公司股权激励管理办法》第 29 条规定，行权价格不得低于股票票面金额，且原则上不得低于下列价格较高者：(1)股权激励计划草案公布前 1 个交易日的公司股票交易均价；(2)股权激励计划草案公布前 20 个交易日、60 个交易日或者 120 个交易日的公司股票交易均价之一。

当然，上市公司也可以采用其他方法确定行权价格，但应当在股权激励计划中对定价依据及定价方式作出说明。

上市公司采用市场股价确定行权价格的优点是简单易操作，但是由于我国市场发展并不完善，市场价格波动性较强，而且存在一些操纵股价的行为，导致公司的股价与公司业绩的相关性并不高。因此，企业需要通过一些其他手段克服股市不正常波动的影响，如使用每股净资产指标作为相应行权价设定标准，此时的行权价则为授予日的每股净资产值。当然，该种方法也存在缺陷，净资产是公司过去的业绩，该方法无法计入未来影响因素。因此，公司在确定行权价格时，可能需要同时适用多种方法，以便取长补短。

对于非上市公司，则可以采用模拟股票上市定价法、净现金流折现法等方法确定行权价格，同时，可以设置一定的价格调整机制，以便应对突发状况，稳定行权价格。以下为部分公司的行权价格及价格确定依据(见表 1－3)：

表 1－3　部分公司的行权价格及价格确定依据

类型	公司名称	行权价格
上市公司	内蒙古伊利实业集团股份有限公司	1. 行权价格：16.47 元/股 2. 确定方法：行权价格的确定方法为不低于下列价格较高者： (1)计划(草案)公布前一个交易日(2016 年 9 月 14 日)的公司股票交易均价，即 16.03 元/股 (2)本激励计划(草案)公布前 120 个交易日内的公司股票交易均价，即 16.47 元/股

续表

类型	公司名称	行权价格
上市公司	三一重工股份有限公司	1. 行权价格:5.64 元/股 2. 行权价格不低于股票票面金额,且不低于下列价格较高者: (1)计划公告前 1 个交易日公司股票交易均价(前 1 个交易日股票交易总额/前 1 个交易日股票交易总量),为每股 5.64 元 (2)计划公告前 60 个交易日(前 60 个交易日股票交易总额/前 60 个交易日股票交易总量)的公司股票交易均价,为每股 5.29 元
上市公司	中粮屯河股份有限公司	1. 行权价格:12.20 元/股 2. 确定方法:行权价格的确定方法不低于下列价格较高者: (1)股权激励计划草案公布前 1 个交易日的公司股票交易均价 (2)股权激励计划草案公布前 20 个交易日、60 个交易日或者 120 个交易日的公司股票交易均价之一
新三板	上海仁会生物制药股份有限公司	1. 行权价格:为除权后 3.33 元/股 2. 确定方式未予说明
新三板	百姓网股份有限公司	1. 行权价格:12 元/股 2. 基于公司最近一期融资的价格来确定
新三板	北京大账房网络科技股份有限公司	1. 行权价格:3 元/股 2. 综合考虑公司每股净资产、公司所处行业等因素来确定

(二)税收问题

除了行权价格的确定问题,股权激励的税收问题也是实施激励计划的一大难点。

首先,对于不同的企业,国家制定了不同的税收政策。如上市公司可以适用递延纳税政策,国家允许激励对象在行权、解锁或者取得奖励之日起 12 个月内交税,以缓解其资金压力。而对于非上市公司,只有满足激励标的、激励对象、决议程序、主体要求、行权时间、行业范围、持股时间 7 项条件时,才可适用递延政策,且其适用递延政策的结果也与上市公司不同,即并非按照原纳税项目交税,而是递延至转让时,按照“财产转让所得”项目以及 20% 的税率进行纳税。此外,国家对国有公司还作出了一些特别规定,在纳税时需要特殊考虑。

其次,对于不同的激励方式,其纳税政策也不同。如对于股票期权而言,其纳税时点之一为行权时,其应纳税所得额 =(行权股票的每股市场价 - 员工取得该股票期权支付的每股行权价)× 股票数量;如果上市企业实施的是限制性股票激励计划,则其对应的纳税时点为解锁时,应纳税所得额 =(股票登记日股票市价 + 本批次解禁股票当日市价)÷2 × 本批次解禁股票份数 - 被激励对象实际支付的资金总额 ×(本批次解禁股票份数 ÷ 被激励对象获取的限制性股票总份数)。同时,即使上市公司与非上市公司适用同一种激励方式,其纳税政策也不尽相同。

再次,企业选择不同的持股方式,最终需要缴纳的税费也不尽相同。如果企业选择让股东直接持股,激励对象转让股权仅自身一重税收;如果激励对象通过有限公司间接持股,则在转让时,该有限公司需要交纳企业所得税,同时,在其向激励对象分红时,激励对象还需交纳个人所得税。而通过有限合伙平台,虽然无须交纳企业所得税,但与通过有限公司持股相比,其又无法享受许多优惠政策,如高新技术企业税收优惠政策,企业研究开发费用的 150% 在税前加计扣除的优惠政策等。

最后,除却上述差别外,不同地区还有不同的税收政策。因此企业在实施股权激励计划时,一般需要请专业人士进行合理的税收筹划,以便为公司制定最佳的激励方案,合理避税。

(三)案例解读

案例二:北京三快科技有限公司(美团)股权激励案①

2016 年 9 月 26 日,海淀法院公告称其受理了原告刘先生与被告北京三快科技有限公司(以下简称三快科技公司)劳动争议纠纷一案。该案系因美团股权激励计划引发的纠纷,与刘先生一同提起诉讼的还有三快科技公司的前员工包女士,二人诉求类似,均与离职后股票期权的行权事宜相关。

---

① 参见《美团股权激励计划引争议,员工主张期权行权权利》,载海淀法院网:http://bjhdfy.chinacourt.org/public/detail.php?id=4357,最后访问日期:2018 年 6 月 20 日。

原告刘先生诉称,2011 年 2 月 1 日其入职三快科技公司,担任城市经理一职。在职期间其通过《MEITUAN CORPORATION - 2011 STOCK INCENTIVE PLAN - NOTICE OF STOCK OPTION AWARD(美团公司 - 2011 年股权激励计划 - 股票期权授予通知)》(以下简称《通知》),被授予 35000 股的股票期权,三快科技公司的法定代表人王兴在该通知中签字。2013 年 8 月 21 日其离职,此后双方因股票期权的行权事宜产生争议。

该案件中由于涉及境外关联公司,因此更为复杂,其中既有被告是否适格的问题,行权价格的确定问题,也有税收问题。但由于资料有限,行权价格问题暂不做评价。

就被告资格问题,该案在最开始时,法院以《通知》显示授予刘某股票期权是美团公司,而非三快科技公司,故三快科技公司不是本案的适格被告为由,驳回起诉。而二审法院则认为,股票期权实质上是公司向员工提供的一种福利待遇,应纳入劳动争议处理。本案中,虽然授予刘某股票期权的是美团公司,但股票期权系基于刘某与三快科技公司之间的劳动关系而取得,股票期权行权的实现与刘某在三快科技公司的服务期限、劳动关系是否终止等有关,故三快科技公司是本案的适格被告。据此,二审法院裁定撤销一审法院驳回起诉的裁定,并指令北京市海淀区人民法院进行审理。

该股权激励计划的实施主体是美团公司,为依据开曼群岛法律设立的公司。根据我国《企业所得税法》的相关规定,居民企业是指依法在中国境内成立,或者依照外国(地区)法律成立但实际管理机构在中国境内的企业。除非税务机关认定该公司的实际管理机构在中国境内,否则其应属于非居民企业。如此一来,如果刘某能够取得相应的股票期权,则就税收问题而言,以个人所得税为例,则该股权激励的税收问题就不能适用财政部、国家税务总局《关于完善股权激励和技术入股有关所得税政策的通知》(财税〔2016〕101 号)中的相关规定,即员工所得的激励收益不可递延至转让时,按照“财产转让所得”项目以及 20% 的税率缴纳个人所得税。而需在取得时,按照工资、薪金所得项目,适用 3% 至 45% 的超额累进税率缴纳个人所得税。此外,在未来转让股权时,还需就转让所得,按照“财产转让所得”税目,以 20% 的税率缴纳个人所得税。

同时,根据《个人所得税法》第 8 条的规定,应以支付所得的单位或者个人为扣缴义务人。由于在取得股权时的纳税项目为“工资、薪金所得”,且三快科技公司需就股权激励确认相关费用。鉴于三快科技公司是与员工建立劳动关系的用人单位,故笔者认为应该由三快科技公司代扣代缴相关个人所得税。

第三节　股权激励的常见类型

一、概述

随着公司治理等相关理论的发展,许多公司为了合理激励公司管理人员,纷纷创新激励方式,发展出股票期权等形式的股权激励机制。

现行常见的股权激励机制大致可以分为两大类,即现金结算类和权益结算类,同时这两类又可细分,具体如图1-1所示:

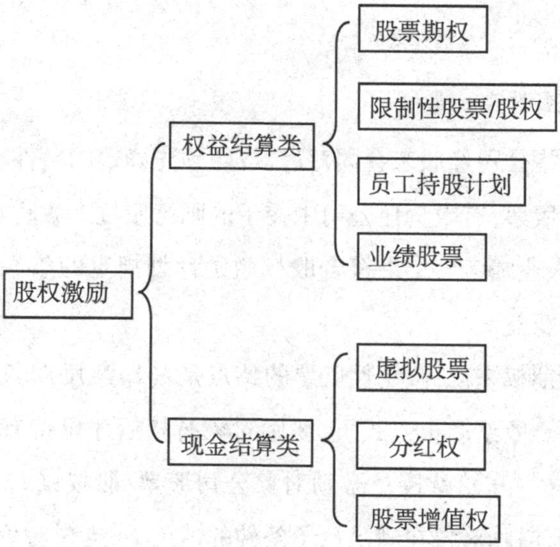

图1-1　股权激励机制

下面就每种股权激励方式做一个简要介绍,更为详细的内容和比较分析将在第三章至第七章中一一介绍。

(一)股票期权

股票期权,是指公司经股东会同意,授予激励对象在一定的期限内,按照事先约定的固定价格购买一定数量的公司股票的权利,即赋予激励对象(如经理人员)购买本公司股票的选择权。具有这种选择权的人,可以在规定的时期内以事先确定的价格(行权价)购买公司一定数量的股票(此过程称为行权),也可以放弃购买股票的权利,但股票期权本身不可转让。

股票期权实质上是公司给予激励对象的一种激励报酬,该报酬能否取得完全取决于激励对象能否通过努力实现公司的激励目标。另外,在行权期内,如果股价高于行权价,激励对象可以通过行权获得市场价与行权价格差带来的收益,否则,有可能会放弃行权。目前,清华同方、中兴科技等实行该种激励模式。

员工行权需满足一定的行权条件,一般包括三个方面:一是公司方面的,如公司业绩;二是等待期方面的,一般为 2～3 年;三是个人方面的,如个人考核等。行权后,员工可以对外出售这些股票,并获得股票市价和行权价之间的差价。

(二)限制性股票/股权

限制性股票指公司经股东会同意后,按照预先确定的条件授予激励对象一定数量的本公司股票,有限责任公司中授予的则为股权。激励对象只有在服务期限或公司、个人业绩考核结果符合股权激励计划规定的条件时,才可出售限制性股票并从中获益。

相对于股票期权来说,限制性股票的特点是:(1)激励对象持有公司股票/股权的时间不同。股票期权方式下,激励对象行权后才可持有公司股票,而限制性股票方式下,一开始就授予激励对象公司股票/股权;(2)权利、义务的对等性更强。首先,激励对象在满足授予条件的情况下,支付对价才能取得股票;其次,随着股票价格的涨跌,激励者所享有的限制性股票的价值会出现波动,并最终影响激励对象的利益；最后，限制性股票通过设定解锁条件以及未能解锁后的处置的规定，也可以对激励对象进行直接的激励或制约。

(三)员工持股计划

员工持股计划，是指公司根据员工意愿，通过合法方式使员工获得本公司股票/股权并长期持有，股份权益按约定分配给员工的制度安排。

员工持股计划属于一种长期的激励模式，可面向全体公司员工，包括管理层人员，这是其与限制性股票等方式的重要区别。依据《关于上市公司实施员工持股计划试点的指导意见》和《上市公司股权激励管理办法》，员工持股计划和期权、限制性股票等股权激励方式在对象、税负、实施条件、表决权行使、管理等方面均存在差异。

面向全体员工既是员工持股计划的重要特点，也是其优势之一。但是，所谓成也萧何败也萧何，其最大的劣势也是来源于此。过广的激励对象范围导致实施员工持股计划的公司存在股权过于分散的危险，而且对于有限责任公司而言，股东超过法定人数限制的可能性更大。另外，大量的员工持股，会强化内部人员控制问题。员工相对于外部股东而言，更了解公司的经营状况等信息，这可能对外部股东形成事实上的“歧视”，也更容易发生内幕交易等行为。而且，过多的员工持股可能导致企业产权体系过于封闭。

员工持股计划的其他内容将在本节后续部分详细介绍。

(四)业绩股票

业绩股票指公司预先设定一个业绩目标，当激励对象实现该目标时，可以从公司获得一定数量的公司股票，或者公司提取一定比例的激励基金，为激励对象从二级市场回购股票。同时，激励对象所获得的业绩股票在流通上一般还有时间、业绩等的限制，其内在机理与限制性股票类似。

与限制性股票不同的是，限制性股票直接授予股票，股票解锁则以业绩或者服务时间等为条件，如果上市公司实施股权激励的激励对象不是董事、高级管理人员，则可由公司自行决定是否设置业绩条件；而业绩股票则可能至少存在一次业绩限制，甚至可能存在两次业绩限制，即授予业绩股票、业绩股票自由流转均以达到一定业绩指标为条件。

与业绩股票相关的一个概念是业绩单位，两者的操作模式大体一致，只是在价值支付方式上有差异，业绩股票的激励对象得到的是公司股票，而业绩单位的激励对象得到的则是现金。

1. 业绩股票的优势

业绩股票之所以被企业广泛采用，主要是因为其具有以下几个优势：

首先，业绩股票将公司目标与员工目标紧密结合。员工以获得更多薪酬为目标，在业绩股票激励模式下，员工若要取得激励收益必须努力实现公司预先规定的业绩。如此一来，将极大地缓解公司的利益与员工尤其是董事、高级管理人员个人利益之间的冲突，容易实现共赢。

其次，业绩股票以公司业绩等为指标，和公司股价无直接关联，减小了激励收益实现的不确定性。我国市场发展尚不完备，市场上仍存在股价操控等行为，股价的波动也不完全与公司业绩等呈正相关，股价容易出现不正常波动，这可能导致公司承担不必要的资金支付压力，也可能导致员工因股价不正常波动而无法实现激励收益，几年拼搏毫无回报。而业绩股票不同于股票增值权等与公司股价息息相关的激励方式，较好地克服了股价不正常波动对激励收益实现可能产生的不利影响，能够更好地保证激励收益的正常实现。

再次，业绩股票在激励的同时，也具备了较好的约束机制。如前所述，业绩股票至少存在一次考核限制，甚至可能存在两次考核限制。这意味着激励对象在获得业绩股票的前后都需要符合一定的考核标准，长期约束作用相对更好，也便于公司对员工的管理。

最后，我国现有的法律法规对股票期权、限制性股票等的规制较多，但是对业绩股票的规制则相对较少。这样一来，企业可以根据自身情况，更灵活地制定所需的激励方案，无须因某些规范的存在而做出牺牲让步。

2. 业绩股票的劣势

业绩股票在具备多种优势的同时，也存在不可忽视的缺陷：

第一，业绩股票以业绩为考核标准，因此对公司及公司管理层制定合理业绩标准的能力要求更高。如果业绩目标不科学，比如目标过低，则将使“激励”变成“福利”，无法达到公司希望通过股权激励实现公司更好发展的目的。如果目标过高，则将使员工对激励收益的实现不抱希望，也无法产生激励效果。

第二，员工获得业绩股票一般无须支付资金，这意味着公司需要承担较大的激励成本，因此业绩股票只适用于业绩发展较稳定，且支付能力较好的企业，否则企业可能得不偿失。

（五）虚拟股票

虚拟股票指公司授予激励对象一种虚拟的股票，激励对象可以据此享受一定数量的分红和股价升值收益。其性质与股票增值权类似，激励对象不实际享有股权，也无表决权，只不过使得激励对象在公司市值上升时能就股票差价获得与虚拟股权收益金额相等的激励基金。

其优势是避免了繁琐的工商登记手续，也不会稀释股权。但是单一的虚拟股权模式，其长期激励效果并不明显，而且激励对象一旦离开公司，虚拟股票就自动失效，激励对象也无法通过转让获得收益。该模式比较适合现金流比较充裕的非上市公司和上市公司。

（六）分红权

分红权激励是企业根据每年业绩水平，在完成企业既定业绩目标的情况下，从每年净利润中提取一定比例的专项激励基金，按照个人岗位分配系数和绩效考核系数，奖励给公司职工的一种长期激励形式。

分红权激励主要有岗位分红和项目收益分红两种方式。前者的特点是激励对象需要成为特定岗位的员工，后者则需要特定项目实现收益。而按照《公司法》的规定，分红权是公司股东的权利之一。分红权的激励对象所享有的收益来源于公司股东对其收益的一种让渡，因此分红权激励计划中的分红权不限于公司股东享有。其优劣与虚拟股票和股票增值权类似。

（七）股票增值权

股票增值权是指公司授予激励对象在满足一定条件下，如达到服务期限、实现公司业绩等，获得约定数量的股票价格上升所带来收益的权利。股票增值权是一种虚拟股票期权，不实际买卖股票，仅通过模拟股票市场价格变化的方式，在规定时段内，由公司以现金形式向激励对象支付行权日公司股票收盘价格与行权价格之间的差额，员工的收益等于行权日与授权日股票市价的差价乘以授权股票数量。其优劣与虚拟股票类似。同样较适合现金流比较充裕且比较稳定的上市公司和现金流比较充裕的非上市公司。

二、激励模式对比分析

（一）各种模式比较

通过上文对各种激励模式的分析，笔者根据实践情形再对上述各种模式进行对比分析（见表1-4），以更清晰地了解各激励模式的利弊及常见适用情形：

表1-4　激励模式对比分析

激励模式	优点	缺点	实践中适用企业或人员
股票期权	1. 有长期激励效果 2. 激励对象承担风险小，行权之前无须支付对价 3. 增强投资者信心	1. 加大管理者与员工的收入差距 2. 管理者可能会为自身利益而选择不法手段抬高股价 3. 须经历较长（一般为2~3年）的等待期	1. 上市公司控股企业 2. 上市公司
限制性股票/股权	1. 受限条件解限后即可行权，无等待期 2. 激励高层管理人员更关注长期战略目标	1. 激励对象需达到一定条件方能处置股票/股权，收益难以短期内兑现 2. 业绩目标或股价的确定较困难	1. 初创立的非上市公司 2. 业绩不佳的上市公司 3. 产业调整期的上市公司 4. 初创的非上市公司
员工持股计划	1. 捆绑公司全体员工与企业的利益，调动员工的工作积极性 2. 可以防止公司被恶意收购	1. 与员工业绩挂钩较差，不利于提高员工工作积极性 2. 激励对象范围较广，容易造成股权过于分散，对企业未来融资不利	1. 初创公司 2. 高科技公司 3. 国有企业 4. 具有稳定增长机会、所处行业较成熟的企业

续表

激励模式	优点	缺点	实践中适用企业或人员
业绩股票	1. 激励高管人员提高工作效率和质量，努力完成业绩目标，提高公司业绩 2. 以业绩为指标，不受股价波动的直接影响，收益具有一定的确定性	1. 难以科学、合理确定业绩目标 2. 可能会导致高管为获取业绩股票而对业绩作假 3. 激励成本较高	业绩稳定的上市公司及其集团公司、子公司
虚拟股票	1. 易于操作，无须工商登记和更改公司章程 2. 不会影响公司的总资本或稀释股权结构 3. 无须证监会审批	1. 激励对象没有表决权和所有权，不实际享有股东权利 2. 加大公司的现金压力 3. 行权和抛售时的价格较难确定 4. 员工一旦离职无法获得收益	有充裕现金流的上市公司和非上市公司
分红权	1. 易于操作，无须工商登记和更改公司章程 2. 公司收益与激励对象挂钩 3. 激励对象不需要支付大量现金购买股权	1. 激励对象仅享有股东权让渡的分红权，无其他股东权利 2. 激励对象等待时间较长 3. 受公司业绩指标和个人业绩考核的双重影响	非上市公司的中层干部以及技术骨干
股票增值权	1. 易于操作，无须工商登记和更改公司章程 2. 激励对象可以不实际买卖股票，不用付现金购买 3. 无须证监会审批	1. 股价和经营者业绩关联不大 2. 公司的现金压力较大	有充裕的现金流及稳定的股价的上市公司或非上市公司

(二)员工持股计划与其他模式比较

1. 内容上的差别

依据《关于上市公司实施员工持股计划试点的指导意见》和《上市公司股权激励管理办法》,员工持股计划和期权、限制性股票等股权激励方式的主要差别如表1-5所示:

表1-5 员工持股计划和其他股权激励方式的差别

项目	员工持股计划	股票期权等股权激励方式
对象	公司员工,范围更广	董事、高级管理人员、核心技术人员或者核心业务人员,以及公司认为应当激励的对公司经营业绩和未来发展有直接影响的其他员工,但不应当包括独立董事和监事
税负	员工直接出资购买股票的,无须纳税; 公司回购股票的,暂时未出台正式的政策	股票增值权所得和限制性股票所得,由上市公司或其境内机构按照"工资、薪金所得"项目和股票期权所得个人所得税计税方法,依法扣缴其个人所得税
实施条件	无特殊要求	《上市公司股权激励管理办法》第7条规定,上市公司不得有以下情形: (1)最近一个会计年度财务会计报告被注册会计师出具否定意见或者无法表示意见的审计报告 (2)最近一个会计年度财务报告内部控制被注册会计师出具否定意见或无法表示意见的审计报告 (3)上市后最近36个月内出现过未按法律法规、公司章程、公开承诺进行利润分配的情形 (4)法律法规规定不得实行股权激励的 (5)中国证监会认定的其他情形
管理	自行管理;委托给具有资产管理资质的机构管理(包括信托公司、证券公司等)	无特殊规定
表决权行使	通过员工持股计划持有人会议选出代表或设立相应机构,代表持有人行使股东权利或者授权资产管理机构行使股东权利	自己行使或者由代表行使

续表

项目	员工持股计划	股票期权等股权激励方式
行政程序	除公开发行方式外，证监会对员工持股计划的实施不设行政许可	股票期权： 法定期限内实施信息披露，并接受中国证监会监督
业绩考核	无强制要求	激励对象为董事、高级管理人员的，上市公司应当设立绩效考核指标作为激励对象行使权益的条件 绩效考核指标应当包括公司业绩指标和激励对象个人绩效指标

2. 上市公司员工持股计划的实施程序

(1)通过职工代表大会等组织充分征求员工意见。

(2)董事会提出员工持股计划草案。

草案内容：员工持股计划的参加对象及确定标准，资金、股票来源；存续期限、管理模式、持有人会议的召集及表决程序；融资时的参与方式；变更、终止、处置办法；持有人代表或机构的选任程序；管理机构的选任，管理协议的主要条款，管理费用的计提及支付方式等内容。

非金融类国有控股上市公司、金融类国有控股上市公司实施该计划应当符合相关规定。

(3)独立董事和监事会发表意见。

主要针对员工持股计划是否有利于上市公司的持续发展，是否损害上市公司及全体股东利益，公司是否以摊派、强行分配等方式强制员工参加本公司持股计划等内容发表意见。

(4)聘请律师事务所出具法律意见书。

(5)提交股东大会表决。

表决方式：应当经出席会议的股东所持表决权的半数以上通过。

3. 员工持股计划的信息披露要求

(1)董事会审议通过员工持股计划草案后的两个交易日内，公告董事会决议、员工持股计划草案摘要、独立董事及监事会意见及与资产管理机构签订的资产管理协议。

(2)在召开关于审议员工持股计划的股东大会前公告法律意见书。

(3)股东大会审议通过员工持股计划后2个交易日内,披露员工持股计划的主要条款。

(4)采取二级市场购买方式的,管理机构在股东大会审议通过后6个月内,完成股票购买。每月公告一次购买股票的时间、数量、价格、方式等具体情况。

(5)完成标的股票的购买或将标的股票过户至员工持股计划名下的2个交易日内,以临时公告形式披露获得标的股票的时间、数量等情况。

(6)员工股份权益发生变动,依法履行相应的报告义务。

(7)定期报告披露:报告期内持股员工的范围、人数;资金来源;持有的股票总额及占股本总额的比例;持有人处分权利引起的权益变动;资产管理机构的变更情况;其他应当予以披露的事项。

三、案例解读

(一)股票期权案例

案例三:中兴通讯股份有限公司股票期权案例①

中兴通讯股份有限公司(以下简称中兴)分别于2013年、2017年公布了《股票期权激励计划》,研究其2017年的草案可发现:

该计划的激励对象总人数为2013人,约占公司目前在册员工总数的3.5%。激励对象包括公司董事、高级管理人员、业务骨干,不包括独立非执行董事、监事,也不包括单独或合计持股5%以上的主要股东或实际控制人及其配偶、父母、子女。

公司拟向激励对象授予总量不超过15,000万份的股票期权,对应的股票预计约占股东大会批准该计划时公司已发行股本总额的3.6%。该计划还规

① 参见《中兴通讯:2017年股票期权激励计划(草案)》,载网易财经网:http://quotes.money.163.com/f10/ggmx_031006_3294373.html.,最后访问日期:2018年6月20日。

定,非经股东大会特别决议批准,任何一名激励对象通过本计划及公司其他有效的股权激励计划(如有)累计获得的股份总量,不得超过公司 A 股股本总额的 1%。

在行权上,该激励计划设置了 24 个月的等待期,行权期分三批,分别是:自授权日起 24 个月后的首个交易日起至授权日起 36 个月的最后一个交易日止;自授权日起 36 个月后的首个交易日起至授权日起 48 个月的最后一个交易日止;自授权日起 48 个月后的首个交易日起至授权日起 60 个月的最后一个交易日止。

对应上述三个行权期,激励计划分别设置了具体的行权条件,分别为:2017 年加权平均净资产收益率(ROE)不低于 10%,以 38.25 亿元为基数,2017 年净利润增长率不低于 10%;2018 年 ROE 不低于 10%,以 38.25 亿元为基数,2018 年净利润增长率不低于 20%;2019 年 ROE 不低于 10%,以 38.25 亿元为基数,2019 年净利润增长率不低于 30%。

由于与公司业绩指标挂钩,激励对象在等待行权的同时,还要努力实现计划规定的业绩目标,若行权条件不满足,即使等到行权日,同样无法行权,这样可实现稳定员工与业绩激励的双重目标。中兴 2013 年激励计划草案的操作模式类似,也规定了业绩目标作为行权条件,因为第三个行权期的业绩未达到,故中兴公告注销了第三个行权期对应的全部期权股票。

(二)限制性股票激励方案

案例四:昆明制药集团股份有限公司限制性股票激励方案①

昆明制药集团股份有限公司(以下简称昆明制药公司)于 2012 年 9 月公布了其 2013 ~ 2015 年度的限制性股票激励计划。

激励对象为公司的专职董事长、总裁班子成员,昆明制药公司依据激励对象的不同职位,授予了不同数量的限制性股票。

---

① 《昆明制药集团股份有限公司限制性股票激励计划(2013 ~ 2015)》,载网易财经网:https://quotes.money.163.com/f10/ggmx_600422_979875.html.,最后访问日期:2018 年 6 月 20 日。

在资金来源上则包含基金计划和员工自筹两方面。公司按照相关激励基金调整机制,计算经调整后的实际股权激励基金,加上激励对象自筹配比的等额资金,汇总为购股基金,从二级市场回购公司限制性股票,授予激励对象。

就制约机制而言,昆明制药公司规定了:

1. 提取基金的双重业绩条件:

(1)各考核年度当年经审计主营业务净利润,达到基本触发基数(含本数);

(2)各考核年度当年经审计工业毛利率,达到基本触发基数(含本数);

(3)并设定分段累进制奖励提取比例,如2013年的主营业务净利润基数为20,000万元,将超过基数的利润分为两个区间,不同区间提取比例不同。其中区间一:20,000万~20,500万元(含本数)提取比例为18%;区间二:20,500万~21,000万元(含本数)提取比例为20%。

2. 激励对象考核制度。激励对象只有在以下条件全部成就时,才能获授本计划当期限制性股票:

(1)公司各考核年度股权激励基金的提取条件已经成就;

(2)根据《公司激励计划考核办法》,激励对象的个人绩效在考核年度考核合格。若个别激励对象个人不满足绩效考核条件,则无法获授相应的限制性股票。

3. 被动退出机制。激励对象在限制性股票归属前被辞退的,其限制性股票授予资格将被取消;

激励对象在离职后,应当在2年内不得从事与公司或公司控股子公司业务相同或类似的工作。如果激励对象离职后2年内从事相同或类似工作的,激励对象应当将其所得全部收益返还给公司,并承担与所得收益同等金额的违约金,给公司造成损失的,还应同时向公司承担赔偿责任。

4. 终止授予机制。激励对象出现以下情形,则终止授予限制性股票:

(1)涉及违法违规等原因。如公司有充分证据证明该激励对象在任职期间,存在受贿、索贿、贪污、盗窃、泄露经营和技术秘密等损害公司利益、声誉的违法违纪行为,给公司造成损失的;

(2)其他原因。如激励对象因丧失劳动能力而与公司终止劳动关系的。

昆明制药公司从自身出发,在激励计划中设置了种种制约机制,有利于实现制约与激励的平衡,其基金累计提取机制既减轻了短期现金支付压力,也将公司业绩与激励对象利益进一步挂钩,激励员工不遗余力地为公司发展做出贡献。

(三)员工持股计划案例

案例五:冠城大通股份有限公司员工持股计划[①]

冠城大通股份有限公司第二期员工持股计划(草案修订稿)已于2016年9月公布,研究其草案可发现:

该员工持股计划的持有人包括公司董事(不含独立董事)、监事、高级管理人员和其他员工,合计不超过300人。其中,董事、监事、高管为12人,所占比例为35.80%。员工持股计划的资金来源为公司员工的合法薪酬、自筹资金和法律、行政法规允许的其他来源,并预计筹集的资金总额上限为10,000万元。

在管理上,该员工持股计划选择委托专门资产管理公司代为管理。计划指出,所有从员工处筹集的资金将委托给中信盈时资产管理有限公司(以下简称中信资管)进行管理。而员工收益则将来源于中信资管设立的中信盈时冠城大通员工持股计划二期资产管理计划(以下简称盈时二期)购买和持有的冠城大通股票、投资固定收益及现金类产品等所产生的资产。

该员工持股计划在资产管理产品的结构设计上,将其分为了两个层次,即优先级份额和普通级份额,并计划按照不超过1:1设立优先级和普通级认购金额。员工筹集的资金全额用于认购由盈时二期的普通级份额。同时,在法律法规允许的前提下,盈时二期可以根据实际需要对外进行融资,预计本资产管理计划总资金规模不超过3亿元人民币。

---

① 参见《冠城大通股份有限公司关于第二期员工持股计划第二次持有人会议决议公告》,载新浪财经网:http://finance.sina.com.cn/roll/2016-09-29/doc-ifxwmamy9929894.shtml.,最后访问日期:2018年6月20日。

对于普通级份额而言，通过份额分级，放大了普通级份额的收益或损失，若升值，则员工收益增加。若市场状况面临下跌，则普通级份额净值的跌幅可能大于本公司股票跌幅。因此，结构分级的存在既增加了员工高收益的可能性，同时也让其面临更大的风险。

因此，在员工持股计划设置杠杆的情况下，一般都需要增加额外的担保。该员工持股计划即是如此。其规定由公司控股股东福建丰榕投资有限公司对盈时二期的优先级份额的本金及业绩比较基准收益提供不可撤销的连带担保责任，并对员工持股计划所有份额的本金及预期年化保底收益提供担保。虽然该计划为优先级和普通级都提供了担保，但是我们仍可从中发现差异。为了保证优先级份额持有人的收益，控股股东所提供的是连带担保责任，因此其优先性具有双重保障，主要表现为：首先，所有收益需先满足优先级的分配，剩余部分才可由普通级份额持有人分配；其次，只要优先级份额持有人无法从资产管理产品获得收益，就可要求控股股东承担连带责任。

相对而言，普通级的保障则要弱许多。控股股东只对其提供一般保证，且只对保底收益提供担保。因此，员工在考虑是否加入员工持股计划时，不仅要考虑其收益率，也应重点关注其收益保障机制和风险承担等问题，以防遭受不必要的损失。

（四）业绩股票激励案例

案例六：夏新电子股份有限公司业绩股票激励方案[①]

夏新电子股份有限公司曾推出业绩股票激励方案。根据其《业绩股票激励实施办法》，该激励计划所涵盖的激励对象包括决策层、管理层、中层管理干部、少数业务技术骨干以及引进人才等，其中决策层包含了公司监事。

公司业绩股票激励对应财务指标为全面摊薄年加权平均净资产收益率，最低起点界限定为 10%，达到该业绩指标时，公司才会按照年度净利润的 6% 提

① 参见《夏新电子股份有限公司业绩股票激励实施办法》，载道客巴巴网：http://www.doc88.com/p-7783355970272.html，最后访问日期：2018 年 6 月 20 日。

取业绩股票激励基金。

而且，为了达到制约效果，公司在激励基金总额上还实施封顶政策。即首次提取的业绩股票基金总额的70%予以实施，30%则作为业绩风险基金、备用金、引进人才股票激励来源资金等。

在持股方式上，公司并未选择员工直接持股，而是选择以公司为委托人，信托投资公司为受托人，并以受托人名义在一定期限内将激励基金全部用于购买本公司流通股股票，作为当年业绩激励股权股票来源。激励对象只是作为公司集合股权信托相应份额股权出售的受益人，不直接持有公司股票。当然，其也无须受《公司法》《证券法》对董事、高级管理人员等股权转让的限制。但这种模式下，员工从始至终并未实际持有过公司股票，也无权自由转让股份，自主性较弱。

在激励收益的实现上，员工首先要经历2年的锁定期，其次需分三次行权，可行权比例依次为50%、30%、20%。行权后，激励对象方可根据通知领取业绩股票行权变现所得。同时，公司还规定激励对象不得以任何形式对赠予他的激励股票作转让、出售、交换、记账、抵押、担保、偿还债务等行为。

在本激励计划中，激励对象包含了公司监事，可能导致监事在行使职权时缺乏独立性。计划中设置的封顶政策，减小了公司的短期资金支付压力，且对员工起到很好的制约作用。员工通过信托间接持股也避免了公司的股东处于长期变化状态，减轻了行政手续的办理压力，有助于公司对激励对象的股权进行统一管理。

（五）分红权激励案例

案例七：普天信息技术公司分红权激励方案①

普天信息技术公司是中国普天信息产业股份有限公司的全资子公司，该公司专门从事信息通信领域新产品开发与解决方案。该公司于2012年开始市场化转型，在转型期间，该公司投入了超过10亿元的资金，这些资金在此之后转

① 参见杨树：《国有企业开展科技人员股权和分红激励的相关政策、实践和建议》，载《中国人力资源开发》2016年第20期。

成了无形资产,使得公司的净资产总额增大。由于股权激励要求符合条件的员工需按照1:1的比例出资,经过测算,公司的每位员工需要出资200万~300万元,导致实施股权激励的难度比较大。因此公司采取了分红激励的方式来激励员工。

但介于公司正处于转型初期,直至2015年还没有实现现金流平衡。在2015年时对2016年公司的利润预测为1000万~2000万元,按照分红不能超过净利润的15%来算,分红仅仅只有150万~300万元,公司大约800人,按照分红权不能超过30%的情况下来算,每个人仅能得一万多元的分红。在此种情况下,分红权所起到的作用是微乎其微的。

(六)虚拟股票激励案例

案例八:华为虚拟股票激励方案①

华为如今已经成为中国民营企业的一面旗帜,其在通信设备行业的地位已令那些曾经不把它放在眼里的跨国公司们战栗。一个没有任何背景的民营企业,仅靠自己前几年的积累要承担巨大的开发投入,还要为吸引和留住开发人才而支付高薪,在很多人看来,几乎是不可能的,但华为成功了。华为的成功不是偶然的,是太多的因素综合作用的结果,早期实施的虚拟股票激励计划被公认为是华为的成功因素之一。

1. 华为技术有限公司员工持股激励的发展阶段②

第一阶段(1990~1996年):以解决资金困难为主要目的,实行内部集资。

1990年华为开始尝试员工持股制度。由贸易公司转型为自主研发企业的华为为解决研发投入大、资金紧张、融资困难等问题,开始实行员工持股制。在当时的股权管理过程中,华为将这种方式明确为员工集资行为。参股的价格为每股10元,以税后利润的15%作为股份分红,向技术、管理骨干配股。这种方

---

① 参见《华为虚拟股权激励方案》,载搜狐财经网:http://www.sohu.com/a/141028647_618631.,最后访问日期:2018年6月20日。

② 参见《华为公司的人才激励机制》,HR案例网,www.hrsee.com/?id=511,最后访问日期:2017年2月4日。

式为企业赢得了宝贵的发展资金。

第二阶段(1997～2001年):以激励为主要目的。

1997年深圳市颁布了《深圳市国有企业内部员工持股试点暂行规定》,华为参照这个规定进行员工持股制度改制,完成第一次增资。华为当时在册的2432名员工的股份全部转到华为公司工会的名下,占总股份的61.8%。此时随着公司效益的提升和从资金困境中逐步解脱出来,员工持股制度在担负内部融资任务的同时,也演变成了一种重要的激励制度,与工资、年终奖金、安全退休金等一起共同构成了华为的薪酬体系。这次改革后华为员工股的股价改为1元/股。

这段时期华为已进入高速增长时期,为提高对人才的吸引力,华为在提高薪酬的同时也加大了员工配股力度。随着每年销售额的增长,员工股的回报率常常能达到70%以上。华为的员工还可以通过向公司设立的内部员工银行贷款来购买股票,以解决新员工没有足够的购股资金的问题。这段时期华为的高薪及员工持股激励政策形成了强大的人才磁场,为华为聚集了大批行业优秀青年人才。

第三阶段(2001年至今):以员工持股激励规范化为目标。

2001年,华为聘请国际著名咨询公司,开始对其股权制度进行调整变革。将内部员工持股制更名为“虚拟受限股制”后,不再向员工配发一元一股的原始股票,而是配发公司年末净资产折算价值的期权。老员工的股票按2001年末公司净资产折算,每股价格增值到2.64元/股。员工离开公司时必须按上年股价将股权转让给公司。此外随着公司规模的增大,华为在新期权的配发上放慢了脚步,股权向少数核心员工及优秀新员工倾斜,对于大多数普通员工的中长期激励,采取以原有股票的分红权为主,减少新增配股的方式。这种转变标志着华为随着企业规模的增大和员工人数的增多,已经从普惠激励转变为激励原则。

华为技术有限公司的员工持股计划经历了自由产生到逐步规范化的演进过程。①

① 参见藏其超:《股权激励:让员工像老板一样工作》,广东经济出版社2014年版。

2. 华为虚拟股票激励计划成功原因分析

首先,任正非的诚信。这一激励手段确实能够起到激励和保留员工的作用,但同时它也有着很高的不确定性,他通过对离职员工信守承诺,赢得员工的信任。

其次,持续的高分红高配股。为减少支付现金红利造成的财务压力,华为在每年高额分红的同时向员工高额配股,这样做的好处可谓一举多得,一是坚定员工持有和购买股票的信心,二是避免了因分红给公司带来现金压力。

最后,华为独特的企业文化。虽然绝大多数员工都选择用分得的红利购买配股,仍有少部分员工选择领取现金红利,对于这部分员工,华为绝不拖欠。但到了第二年,这部分员工看到其他员工又能分得可观红利,他们一定会后悔当初的选择。结果还远非如此,华为的企业文化绝对是奖励认同公司价值观的员工,对于那些对公司抱有怀疑态度的不坚定分子是不会重用的,他们在公司的发展前景会很暗淡,这样的文化氛围进一步支持了华为的员工持股计划。

3. 华为虚拟股票激励计划局限性思考

员工持股操作过程不规范带来的法律和财务风险。在华为实行员工持股的初期,由于国家曾经叫停过国有企业的内部持股,同时由于没有相关的制度法规支持,华为在进行员工持股计划时,采用了不留有任何把柄的隐蔽的手法,这在当时的历史环境中,对于一家民营企业而言,的确是一种权宜之策。但是,随之也带来了一些负面舆论和财务与法律上的风险。

(七)非上市公司的激励案例启示

无论是上述华为的“虚拟股票激励计划”还是很多人熟知的慧聪的“全员劳动股份制”,作为相关领域的“领头羊”,二者无疑在非上市公司股权激励方面是成功的。虽然二者实施方案有所差异,但是有几点相通之处:

1. 决策者魅力和能力的重要性。无论是任正非带给员工的信任,还是郭凡生力排众议实行的“全员劳动股份制”,他们在充分注重人力资本的同时,显示着他们个人的魄力。激励企业不断创新,不断进步,成为两家企业制胜的法宝。

2. 理念的统一性,即充分结合本企业特有的文化制定相应的非股权激励政策。

3. 把企业利益与员工收益相挂钩,组成利益共同体,都起到了应有的激励效果,达到股东与员工的双赢。

笔者认为,企业在选用非上市公司股权激励模式的时候,首先要考虑企业状况和其理念文化,没有最好,只有最适合的;其次要关注广大员工的整体利益,关注人才,以知识时代的视角来审视企业长远发展;最后要合理规避相应法律与财务问题,免除后患。

Chapter 2

第二章

股权激励的实施

第一节　股权激励方案之制定

一、股权激励方案之“六定”

从总体上说，制定股权激励方案要确定六个方面，包括：定人、定量、定价、定条件、定时间、定来源，简称“六定”。

（一）定人——确定激励对象

定人，即在股权激励方案设计中确定将哪些人作为激励对象，以此确定激励对象的标准。要确定合适的激励对象，需要遵循以下原则：

其一，一致性原则，即对激励对象采用统一的衡量标准。只有衡量标准相同的前提下，才能确定激励哪些员工是对企业更有益处的；

其二，重要性原则，激励对象的选择主要基于重要性原则，需充分考虑激励对象价值，确定符合条件的激励对象。

在一致性原则和重要性原则的指导下，在确定激励方案时应综合考虑以下因素：

1. 职级特征:经营班子、核心技术骨干等;

2. 司龄特征:公司服务年限及本职工作年限等;

3. 历史因素:激励对象为公司贡献的历史业绩等;

4. 其他特征:学历因素、可替代性因素等。

在具体的操作中,要综合考虑以上因素,以公司组织架构和管理体系为基础,匡定理想持股人选。

(二)定量——确定激励数量

定量,即在股权激励方案设计中确定用于激励的股份总量及个量。要确定激励的总量,必须得做三方面考量:

其一,得考虑企业大股东控制权、业绩目标、企业规模、波动风险的预防,这4个是直接影响激励总量确定的关键因素;

其二,要对股权结构做分析,比如对股权集中程度、原始股东股权激励、股权投资及控制权等做分析,以确定股权激励总额上限;

其三,考虑动态分配股权模式,即根据公司发展阶段、人才需求、行业变化等情况逐年分次释放,一方面避免一次性分配造成的利益固化,另一方面避免过度激励及过度稀释股权。

个量的确定由企业根据自身现状和激励对象人数做具体的配比,需要标明个量授予采取的动态方式,规划明确授予时间及节奏,在持续授予激励的同时,做好风险控制。

(三)定价——确定授予价格

定价,即在股权激励方案设计中确定授予激励对象的股票的每股价格。定价是关于利益的心理博弈,首先得确定企业价值,其次确定每股定价,最后要标明购买方式。除此而外,要使定价结果更科学,在整个定价过程中需要注意以下三点:

1. 明确股价的关键影响因素,即每股价格 = 企业估值/总成本,但可以适当降低价格,让员工享受实惠;

2. 确保“同股同价”,即同一批授予/发行股票价格应该保持一致;

3. 明确大前提，即在公司不亏损情况下，后面的股票价格比前面的股票价格高。

在具体定价操作中，一般会通过企业估值、定价、付款方式三个方面确定具体价格。企业估值方面，基于企业资产可采用账面价值法、资产评估法进行估值，基于企业收益可采用现金流折现法、PE 法进行估值，基于企业产品/服务的市场可采取市场交易类比法进行估值。定价方面，需要综合全局考虑企业特点或者企业投资收益来确定授予价格。付款方式方面，可以借鉴实缴出资、分期付款等方式，具体方式的选择需要与企业整体特点做匹配确定。通过这三个方面的考虑，权衡之后确定出的价格更具有实施操作性。

（四）定条件——确定考核条件

定条件，即在股权激励方案设计中确定激励对象的考核条件。从企业层面考虑，如果企业整体业绩条件未达标，则所有激励对象不得行权或解锁获益；如果公司业绩达标，则所有激励对象满足了行权或解锁的条件之一，再具体根据个人业绩条件确定是否满足考核要求。就激励对象个人而言，具体授予比例与个人业绩考核结果挂钩。在方案设计阶段确切标明条件，将会避免很多在方案执行过程中可能遇到的阻力与困惑。

在具体定条件操作中，根据企业具体现状制定针对性的考核标准，例如，以考核结果记录得分，将 100 分 ~60 分划分为 5 个标准，分别标记为 A、B、C、D、E 五档，对应的每档设定不同的授予比例，比如 1.2、1、0.8、0.6、0，以此为依据确定对股权激励对象的考核条件及标准。

股权激励条件大概可以分为：

1. 绩效条件，如股票期权的行权条件，一般需要从公司和个人两个层面来综合考虑确定绩效条件；

2. 限制性条件，包括对激励对象的行为的限制等，如遵守公司规章制度，不在外兼职等；

3. 触发条件，指达到公司预先确定的业绩等指标，开始实施股权激励计划，授予限制性股票、股票期权等的条件。

(五)定时间——确定授予的具体时间

定时间,即在股权激励方案设计中确定个量动态授予的具体时间及节奏。在授予过程中可按“5 +3 +2”或者“4 +3 +3”等节奏采取逐步授予(行权条件)的形式,同时,也可根据激励对象具体的绩效计算其每年应获得的股权数量多少,按照授予节奏规划授予。

在具体定时间操作中,有 5 个关键的时间节点,需要企业在股权激励方案设计时重点把握:

1. 确定以每年或者若干年为授予日期;
2. 确定每年分红的时间;
3. 如果是期权需要确定什么时候行权;
4. 根据相关权利义务确定股票需要多长时间才能解锁兑现;
5. 确定企业股票在什么时间可以兑现。

除此以外,如果企业有上市计划,还需注意考核期限的设置不要与上市计划有冲突,在上市前要结束期权计划。

(六)定来源——明确股份来源、资金来源

定来源,即确定用于股权激励的股份的来源、资金的来源。股权激励即以股权授予激励对象以起到奖励历史贡献者、留住核心骨干、吸引优秀人才的作用,最终形成具有竞争力的企业人才激励机制。那么,股权哪里来? 这显然是企业实行股权激励的前置条件。企业股权激励实施是否可行,方案设计中能否明确股权来源,以及来源是否具有可操作性都是很重要的考量因素。

在具体定来源操作中,结合实际案例,总结了以下三种方式来解决标的股票来源问题:其一,向激励对象发行股份(增资扩股),总股本增加;其二,股权转让,原有股东向股权激励对象转让一部分股权;其三,回购现有股东股份(包括持股员工股份),部分员工因为离职等原因退出,退回部分可重新授予其他员工。三种方式各有利弊,企业在定来源时如何组合这三种方式以便趋利避害,需要其根据自身的具体情况做周详规划。

以上是关于股权激励方案设计中要考虑的“六定”问题,其中,“给什么人

(定人)”和“给多少(定量)”是股权激励方案设计及实施的两大核心命题,“怎么给”则是具体操作执行层面的问题。关注这六大因素,企业设计的股权激励方案将更有利于落地实施。

股权激励方案设计中,掌握了“定人、定量、定价、定条件、定时间、定来源”这六大关键要素,能在一定程度上设计出具有可行性的股权激励方案。然而,企业如果想真正建立起高效的且具有竞争力的股权激励制度,则绝非一纸完美的方案可以搞定,专业系统的知识学习、具体实际操作能力的掌握、实际操作过程中对问题的专业解答等都是必不可少的因素。

二、方案制定注意事项

(一)主体资格

企业在制定股权激励方案之前,需要预先考虑两个因素:一是自身的发展状况,即制定股权激励方案是否有必要性;二是实施股权激励的资格,即企业实施股权激励是否具备合法性。

首先,虽然股权激励能够为企业带来一定的经济效益,但是其也需要付出许多激励成本,因此在实施激励计划之前,需要考虑依据企业的现行发展状况是否有必要通过股权激励计划激励员工,从而提高经济效益。例如某企业尚处于发展初期,团队人员较少,此时企业就没有必要实施股权激励。毕竟团队的创始人员本就希望能够一展鸿鹄之志,无须激励便会为公司尽心尽力,而且企业发展初期,资金本就短缺,如果再实施股权激励,难免会对企业造成过重的资金压力。

其次,企业需要考虑自身是否符合法律所规定的实施股权激励的条件。以上市公司为例,《上市公司股权激励管理办法》第7条规定,具有以下情形之一的,不能实施股权激励:(1)最近一个会计年度财务会计报告被注册会计师出具否定意见或者无法表示意见的审计报告;(2)最近一个会计年度财务报告内部控制被注册会计师出具否定意见或无法表示意见的审计报告;(3)上市后最近36个月内出现过未按法律法规、公司章程、公开承诺进行利润分配的情形;(4)法律法规规定不得实行股权激励的;(5)中国证监会认定的其他情形。非上市公司则可参照上市公司的标准审查自身资格。

（二）激励目的

首先，股权激励能够为员工带来一定的福利，同时可能增加公司的资本，提高公司的管理效果。但是给员工谋福利并不是企业的最终目的，企业是利益谋求者，而非慈善机构。所以在制订股权激励计划时，需要考虑其在给员工谋福利的同时，是否能够有效地为企业带来长期经济效益。如果某项股权激励计划在未来会对企业经营产生较大不利影响，或者股权激励的成本超过因股权激励可能产生的净利润等，则不应该实施。员工福利可以直接通过工资、奖金等实现，未必硬要实施股权激励计划。

其次，公司采用限制性股票等激励方式时，的确会使公司的资本增加，但是公司不应该将股权激励单纯作为筹资方式。（1）如果公司设置的对价门槛过低，激励对象覆盖面过广，对于公司经营并无太大助力；（2）在激励对象退出时，公司可能需要回购股权，这将导致公司支付巨大的回购成本，而激励对象原先支付的对价以及因实施该激励计划产生的效益可能远不足以支付回购价款；（3）过低的门槛将导致公司股权的过分稀释，可能使得公司原股东丧失控制权；（4）公司可能面临非法集资的指控（如果单纯采用员工筹资，人数众多，金额巨大的话）。因此，公司如果想要通过股权激励实现筹资目的，可能最终会得不偿失。

再次，股权激励虽然能够提高公司的管理效果，但是其远不能完全代替公司管理制度。因此，如果企业妄想仅通过股权激励实现公司良好的管理，无异于痴人说梦。实施股权激励的同时，也需要配合其他约束机制，才能使激励计划发挥更大的作用。

最后，企业在不同的发展阶段，可能具有不同的激励目的，因此需要根据其具体目的，定制合适的激励计划。

（三）激励对象

公司在选择激励对象时，需要考虑以下几个因素：

一是公司的自身需要。公司员工往往不是少数几个人，企业很难将所有员工纳入激励计划。因此企业需要结合自身实施激励计划的目的，确定激励对象的范围。例如，如果企业希望公司研发能力提高，则可能需要将核心技术人员纳入激励计划。同时也需要比较激励成本与激励成果的大小。

二是激励的效益，即激励成本与激励成果的大小，公司应尽可能建立量化的指标体系，采用民主的评价方式，使员工明确努力的方向与结果，最大化地提高激励的效益，实现激励计划的目的。

三是法律的限制。以上市公司为例，根据《上市公司股权激励管理办法》规定，以下人员不能成为激励对象：

1. 独立董事和监事；

2. 单独或合计持有上市公司5%以上股份的股东或实际控制人及其配偶、父母、子女；

3. 最近12个月内被证券交易所认定为不适当人选；

4. 最近12个月内被中国证监会及其派出机构认定为不适当人选；

5. 最近12个月内因重大违法违规行为被中国证监会及其派出机构行政处罚或者采取市场禁入措施；

6. 具有《公司法》规定的不得担任公司董事、高级管理人员情形的；

7. 知悉股权激励内幕信息而买卖公司股票的、泄露内幕信息而导致内幕交易发生的；

8. 法律法规规定不得参与上市公司股权激励的；

9. 中国证监会认定的其他情形。

（四）激励模式

股权激励的方式多种多样，有期权、限制性股权/股票、员工持股计划、业绩股票、虚拟股票、分红权、股票增值权等。不同的方式有其各自的优缺点以及适用限制。公司在制订激励计划时，需要参考自身公司形式、发展状况、欲达到的激励效果等因素，选择合适的激励模式。

（五）持股方式

如果采用权益结算类股权激励方式，如限制性股票等，则需要考虑激励对象的持股方式，持股方式有直接持股与间接持股之分。

直接持股的激励效果相对而言更好，但是《公司法》对股东人数，尤其对有限责任公司的股东人数限制较大。如果激励对象人数较多，直接持股可能导致公司面临非法集资的风险。而且直接持股需要为激励对象办理股权变更登记手续，在之后的股权流转中也需要办理相关手续。因此，如果企业倾向于便捷性，则可以考虑采用间接持股方式。如果更侧重于激励效果，或者有上市计划，则可以采取直接持股方式。

间接持股可以有限责任公司或者有限合伙企业为平台，也可以通过信托计划间接持股。不同的持股方式可能会对公司激励计划的股权/股票来源产生影响。如全国中小企业股份转让系统中，在《非上市公众公司监管问答——定向发行（二）》发布之前，即 2015 年 11 月 24 日之前存在的持股平台，不能参与挂牌公司的股票发现，此时如果公司的计划股票来源是定向增资，则不能采取持股平台方式。

（六）约束机制

股权激励能够使激励对象对公司产生认同感，但是难免会出现员工工作能力下降或者因其他诱惑而做出一些违背公司利益的行为，因此在制定股权激励方案时，需要建立一些制约机制，具体可以考虑如下方式：

1. 建立动态评价机制。企业可以将员工业绩与其激励性回报联系起来，如针对不同业绩的激励对象，给予不等的利益回报。还可以约定一定的贡献度标准，当激励对象的贡献度低于该标准时，公司有权对回购价格等进行调整。当然，建立动态的股权激励机制需要公司拥有完善的考核制度及其他相关管理制度，否则企业无法对激励对象进行合理地评价。

2. 增加服务年限、竞业限制等条款。企业可以在授予激励对象利益的条件上做些文章，例如约定满足一定服务年限，才能够出售所获得的限制性股票等。

3. 建立被动退出机制。企业可以规定当激励对象违反竞业禁止、忠诚条款等，给公司造成损失时，激励对象丧失激励资格，公司有权回购股票或者股权，同时激励对象应将其因激励计划所获得的利益返还公司，此外还可以约定其他违约责任。

（七）退出机制

除却约束机制中的被动退出机制外，企业还应设置主动退出机制。一是因为激励对象可能发生主动离职等情形；二是由于有限责任公司的人合性，新股东的加入往往具有许多限制，且有限责任公司的股东在同等条件下拥有优先购买权，这将导致有限责任公司对外转让股权受限；三是股权转让可能导致公司控制权的转移。因此企业需事先就回购情形、回购价格等作出约定。

三、案例解读

案例九：光明乳业限制性股票激励计划①

2010年1月20日，经过上海国资委批准，光明乳业首次发布其限制股票激励计划，2010年6月17日在中国证监会通过批准，实现形式为定向增发。此次激励明确了激励标的为未来业绩。激励对象上较之前4人变为104人，覆盖范围更广，包括了公司中层管理人员，子公司高管以及对公司经营业绩和未来发展有直接影响的核心营销、技术和管理等人。

该限制性股票首次授予日为5年，授予日起的2年内为禁售期。禁售期满3年为解锁期。解锁期内，若达到计划规定的限制性股票的解锁条件，激励对象在3个解锁日内可依次申请解锁股票的上限为该期计划获授股票数量的40%、30%与30%，实际可解锁数量应与激励对象上一年度绩效评价结果挂钩。若未达到限制性股票解锁条件，当年不予解锁，未解锁部分的限制性股票，公司将在当期解锁日之后以授予价格统一回购并注销。

本限制性股票激励计划授予限制性股票的业绩条件为：(1)2009年度营业总收入不低于79亿元，归属于母公司所有者的净利润不低于1.2亿元；(2)2009年度加权平均净资产收益率不低于4.3%；(3)2009年度扣除非经常性损益的净利润占净利润的比重不低于75%。

依计划获授的限制性股票解锁的业绩条件为：第一个解锁期要求2010年的营业总收入不低于94.8亿元，2011年的总营业收入不得低于113.76亿元，2010

① 参见《光明乳业A股限制性股票激励计划（草案）》，载豆丁网：http://www.docin.com/p-80980096.html.，最后访问日期：2018年6月20日。

年、2011年净利润分别不低于1.90亿元和2.28亿元;第二个解锁期要求2012年营业总收入不低于136.51亿元,净利润不低于2.73亿元。第三个解锁期要求2013年营业总收入不低于158.42亿元,净利润不低于3.17亿元。三个解锁期的净资产收益率不低于8%,扣除非经常性损益的净利润占净利润比重不低于85%。

2010年后,光明乳业盈利能力明显改善,其营业收入从2010年开始呈现显著上涨趋势。在毛利润方面,同样也呈现递增的趋势,在2015年,其毛利润达到了69亿元,是2007年的2倍多。由此可以充分证明光明乳业有效股权激励路径的构建为公司带来了更多的利润,提高了其在市场的竞争力。

光明乳业通过业绩指标和解锁期、解锁数量的设定,循序渐进地实施股权激励计划,有效地将公司业绩与员工利益结合在一起,促进企业与员工共同发展。

四、非上市公司的股权激励方案

非上市公司与上市公司在股权激励方面存在重大差别,原因在于有关上市公司股权激励的规定更严格、更规范。

(一)上市公司与非上市公司

上市公司是指所发行的股票经过国务院或者国务院授权的证券管理部门批准在证券交易所上市交易的股份有限公司。

非上市公司是指其股票没有上市和没有在证券交易所交易的股份有限公司,广义的非上市公司包括有限责任公司。

(二)上市公司与非上市公司的区别

1. 上市公司公司相对于非上市股份公司对财务披露的要求更为严格;

2. 上市公司的股份可以在证券交易所中挂牌自由交易流通,非上市公司则不可以;

3. 上市公司和非上市公司的问责制度不一样;

4. 上市公司能取得整合社会资源的权利(如公开发行或增发股票),非上市公司则没有这个权利;

5. 股票价格的形成机制不同。上市公司的股票价格是通过证券交易市场来形成,而非上市公司的股票价格则通过各种场外市场来形成。

(三)非上市公司股权激励的特点

与上市公司相比,非上市公司的股权激励有如下特点:

1. 非上市公司无法通过资本市场分摊股权激励的成本,而是需独自承担这些成本;

2. 非上市公司股票或股份价值无法通过市场确定,经营者的业绩无法通过股票市场来判断,所以必须制定一套综合指标体系去衡量经营者的业绩;

3. 关于非上市公司的股权激励的规定,除《公司法》的规定外,其他的约束并不多,公司和股东共同自主监督,因而灵活性较上市公司更大。

(四)适合非上市公司的股权激励方案

1. 虚拟股票

虚拟股票是指公司采用发行股票的方式,将公司的净资产分割成若干相同价值的股份,而形成的一种"账面"上的股票。激励对象可以据此享受一定数量的分红和股价升值收益,但没有所有权和表决权,不能转让和出售,在离开企业时自动失效。实行虚拟股票的公司每年聘请一次薪酬方面的咨询专家,结合自己的经营目标,选择一定的标准对虚拟股票进行定价,目的是模拟市场,使虚拟股票的价值能够反映公司的真实业绩。虚拟股票的发放虽不会影响公司的总资本和所有权结构,但公司会因此支出现金,有时可能面临高额现金支出的风险,因此一般会为虚拟股票计划设立专门的基金。

2. 账面价值增值权

账面价值增值权具体分为购买型和虚拟型两种。购买型是指激励对象在期初按每股净资产值购买一定数量的股份,在期末再按每股净资产期末值回售给公司。虚拟型是指激励对象在期初不需支出资金,公司授予激励对象一定数量的名义股份,在期末根据公司每股净资产的增量和名义股份的数量来计算激励对象的收益。实施账面价值增值权的好处是激励效果不受外界资本市场异常波动的影响,激励对象无须现金付出。但缺点是采用这种方式要求企业财务状况较好,现金流充足。

3. 绩效单位

绩效单位是指公司预先设定某一个或数个合理的年度业绩指标(如资产

收益率等)，并规定在一个较长的时间(绩效期)内，如果激励对象经过努力实现了股东预定的年度目标，那么绩效期满后，则根据该年度的净利润提取一定比例的激励基金进行奖励。这部分奖励往往不是直接发给激励对象的，而是转化成风险抵押金。风险抵押金在一定年限后，经过对激励对象的行为和业绩进行考核后可以获准兑现。如果激励对象未能通过年度考核，出现有损公司利益的行为或非正常离任，激励对象将受到没收风险抵押金的惩罚。在该计划中，经理人员的收入取决于他预先获得的绩效单位的价值和数量。

4. 非上市的股份有限公司的股份期权

股份期权是非上市公司运用股票期权激励理论的一种模式。管理人员经业绩考核和资格审查后可获得一种权利，即在将来特定时期，以目前评估的每股净资产价格购买一定数量的公司股份。届时如果每股净资产已经升值，则股份期权持有人获得潜在的收益，反之以风险抵押金补入差价。激励对象购买公司股份后正常离职时由公司根据当时的评估价格回购。如果非正常离职，则所持股份由公司以购买价格和现时评估价格中较低的一种回购。

上述适用于非上市公司股权激励的方案各有利弊，都有其适用条件。公司需要根据激励目的、行业特征以及企业客观情况灵活选择适合的股权激励方案或多种激励方案组合。

第二节　股权激励之实施程序

关于股权激励的实施程序，上市公司与非上市公司既有共同之处，也存在较大差别。笔者将分别就上市公司与非上市公司的一般程序和差别之处，以及特别程序进行一一分析。

一、一般程序(以上市公司为例)

股权激励实施过程中的一般程序是必不可少的,以上市公司为例,主要包括以下几点:

1. 上市公司董事会下设的薪酬与考核委员会负责拟订股权激励计划草案。

2. 董事会对股权激励计划草案作出决议,拟作为激励对象的董事或与其存在关联关系的董事应当回避表决。

3. 独立董事及监事会应当就股权激励计划草案是否有利于上市公司的持续发展,是否存在明显损害上市公司及全体股东利益的情形发表意见,监事会应当对股权激励名单进行审核。

4. 独立财务顾问发表专业意见。出现以下情形时独立财务顾问需发表专业意见:(1)独立董事或监事会认为有必要的;(2)上市公司采用其他方法确定限制性股票授予价格或股票期权行权价格的。

5. 内幕交易行为自查。上市公司应当对内幕信息知情人在股权激励计划草案公告前6个月内买卖本公司股票及其衍生品种的情况进行自查,说明是否存在内幕交易行为。

6. 聘请律师事务所对股权激励计划出具法律意见书,并至少对以下事项发表专业意见:

(1)上市公司是否符合本办法规定的实行股权激励的条件;

(2)股权激励计划的内容是否符合本办法的规定;

(3)股权激励计划的拟订、审议、公示等程序是否符合本办法的规定;

(4)股权激励对象的确定是否符合本办法及相关法律法规的规定;

(5)上市公司是否已按照中国证监会的相关要求履行信息披露义务;

(6)上市公司是否为激励对象提供财务资助;

(7)股权激励计划是否存在明显损害上市公司及全体股东利益和违反有关法律、行政法规的情形;

(8)拟作为激励对象的董事或与其存在关联关系的董事是否根据本办法的规定进行了回避。

7. 董事会依法履行公示、公告程序。公示、公告程序包括：召开股东大会前，监事会在公司内部公示激励对象的姓名和职务，公示期不少于10天，及时公告董事会决议、股权激励计划草案、独立董事意见、监事会意见及有关批复文件等。

8. 独立董事征集委托投票权，召开股东大会审议股权激励计划。股权激励计划需经出席会议的股东所持表决权的2/3以上通过，并且拟为激励对象的股东或者与激励对象存在关联关系的股东，应当回避表决。除上市公司董事、监事、高级管理人员、单独或合计持有上市公司5%以上股份的股东以外，其他股东的投票情况应当单独统计并予以披露。

9. 股权激励计划通过后，董事会根据股东大会决议，负责后续事项的实施。

10. 董事会与激励对象签订股权激励协议。

11. 上市公司应在60日内授予权益并完成公告、登记，有获授权益条件的，应当在条件成就后60日内授出权益并完成公告、登记。董事会就激励对象获授权益的条件是否成就进行审议，独立董事、监事会、律师事务所也应当发表意见。

12. 授予权益、回购限制性股票、激励对象行使权益前，向证券交易所提出申请，经证券交易所确认后，由证券登记结算机构办理相关登记结算事宜。

以上程序以图2-1作为概括：

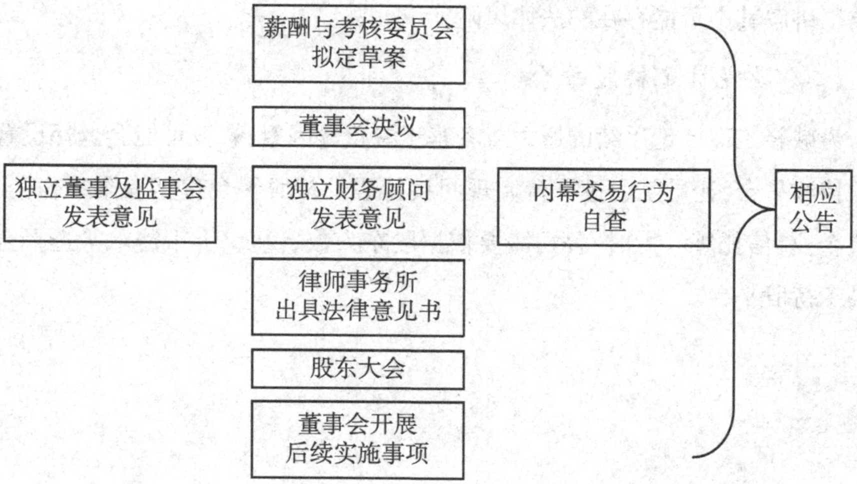

图2-1　股权激励实施程序

二、非上市公司股权激励实施的不同之处

相对于上市公司，非上市公司在股权激励的实施上存在的不同之处有：

1. 非上市公司通常由董事会负责拟定股权激励计划草案；

2. 非上市公司股权激励不要求独立董事进行审核；

3. 非上市公司股权激励不要求财务顾问发表意见；

4. 非上市公司股权激励不要求律师事务所出具法律意见书；

5. 非上市公司股权激励不需要公告（新三板挂牌公司除外，如为新三板挂牌的公司，还需注意各个环节的公告程序）。

三、特别程序

除了上述一般程序外，股权激励实施程序还包括如下内容：

（一）员工宣讲

由于股权激励计划具有一定的专业性，公司员工未必能够理解其中的利害关系，甚至因担心引火上身而不愿加入激励计划。此时，公司则需要对该激励计划进行详细介绍，最好由公司法律顾问进行介绍。其一，公司法律顾问利益更居中，容易获得员工信任；其二，公司法律顾问为法律专业人士，能够更好地为员工讲解其中可能存在的法律风险。

（二）设置员工持股平台

为减轻工商登记手续的压力或者基于税负等因素，企业可能会选择设置一定的持股平台，让员工通过平台实现间接持股。持股平台包括有限责任公司、合伙企业、信托等。此时，公司需要依据股东人数、税负、上市需求等选择合适的员工持股平台。

第三节　股权激励之回购

一、回购概念

股权激励方案实施中所涉及的回购包括:(1)上市公司利用自有资金等以一定的价格购回公司本身已经发行在外的普通股,并将其作为限制性股票或者股票期权激励所需的股票来源;(2)当激励对象发生激励计划所约定的调整事项,或者企业终止激励计划时,企业回购激励对象持有的未解锁的限制性股票或者注销期权。本书所述激励股权之回购特指第二种含义。

二、回购情形

企业实施股权激励,必然会就各种回购情形作出约定,以限制性股票模式为例,主要包括以下几种常见情形:

(一)辞职

激励对象因个人原因与公司解除或者终止劳动关系的,企业一般以劳动关系终止之日为分界点,尚未解锁的限制性股票不再解锁,并由企业按照约定的回购价格,如授予价格或者其调整后的价格等回购注销。

(二)职务变更、丧失劳动能力、死亡、退休、裁员

此处所指的职务变更是因公司自身原因导致的调动,当激励对象发生"被动离职"情形时,企业一般会给予一定的补偿,如约定自离职或劳动关系终止之日起一定期限内,可解锁但尚未解锁的限制性股票可以继续按计划解锁,其余未解锁的限制性股票由公司以计划中所约定的回购价格予以回购并注销。

（三）解雇

激励对象实施违法或违反公司规章制度行为，损害公司利益，或者因个人业绩考核不达标而被公司解雇的，激励对象能获取的利益以劳动关系终止之日的状况为限，尚未解锁的限制性股票不再解锁，并由公司按照一定价格回购注销。此外，公司可能为约束激励对象而在激励计划中添加惩罚性条款，如当激励对象发生违约违纪行为，并严重损害公司利益时，其应将因激励计划所获得的全部收益返还公司。

（四）不再符合激励对象法定条件

《上市公司股权激励管理办法》第8条对激励对象的范围作出了规定。当激励对象不满足法定条件时，就丧失被激励的资格，企业就要回购相应未解锁的限制性股票，并予以注销。

（五）公司合并、分立、控制权变更等

公司发生合并、分立、控制权变更等情形，可能导致企业无法继续实施激励计划，如经股东大会审议通过的合并、分立协议中有特别约定，则当企业发生前述事项时，可以终止实施激励计划。

公司控制权变更的情形包括但不限于：（1）在登记结算公司登记的公司第一大股东发生变更；（2）董事会任期未届满，股东大会表决通过更换董事会的过半数成员等。

（六）未达到解锁条件

公司未达到解锁期的具体业绩考核指标或者激励对象未满足解锁的业绩考核条件时，激励对象已获授的限制性股票，公司不予解锁并会回购注销。

三、案例解读

案例十：长园集团股份有限公司限制性股票激励计划[①]

长园集团股份有限公司于2016年2月公布了其第二期限制性股票激励计

① 参见《长园集团股份有限公司第二期限制性股票激励计划》，载新浪财经网：http://finance.sina.com.cn/roll/2016-02-05/doc-ifxpftya4318966.shtml.，最后访问日期：2018年6月20日。

划，其中约定：股票来源为公司向激励对象定向发行新股，认购资金由激励对象自筹。计划授予的限制性股票在授予日起满12个月后分3期解锁，每期解锁的比例分别为30%、30%和40%。实际可解锁数量与激励对象上一年度绩效评价结果挂钩，激励对象个人年度绩效考核综合考评分数70分以下的，不得解锁对应解锁期内可解锁的限制性股票并由公司回购注销。同时，公司绩效考核目标也是激励对象的解锁条件之一。

具体回购情形如下：

1. 激励对象在公司内发生正常职务变更，其所获的限制性股票仍按照激励计划的相关规定进行授予、锁定和解锁。

2. 激励对象如因出现以下情形之一而失去参与计划资格的，董事会可以根据该计划决定在以下情况发生之日，对激励对象已获授但尚未解锁的限制性股票进行回购注销。

（1）在激励计划有效期内，激励对象成为独立董事、监事或法律、法规规定的其他不能持有公司股票或限制性股票的人员的；

（2）最近3年内被证券交易所公开谴责或宣布为不适当人选的；

（3）最近3年内因重大违法违规行为被中国证监会予以行政处罚的；

（4）具有《公司法》规定的不得担任公司董事、高级管理人员情形的；

（5）因不能胜任岗位工作、触犯法律、违反职业道德、泄漏公司机密、失职或渎职等行为损害公司利益或声誉而导致的职务变更，或因前述原因导致公司解除与激励对象劳动关系的（董事会有权视情节严重程度追回其已解锁限制性股票所获得的全部或部分收益）；

（6）公司董事会认定的其他严重违反公司有关规定或严重损害公司利益的情形。

前四项实际上参照了《上市公司股权激励管理办法》的相关规定，但其要求比该规定更严格。第五项、第六项的惩罚性内容为公司追究严重损害公司利益的激励对象的责任预留了空间。

3. 激励对象离职。激励对象因辞职、公司辞退而离职的，对激励对象已获授但尚未解锁的限制性股票由公司以回购价格进行回购注销。除此之外，其他情形离职的激励对象仍可继续持有已获授但尚未解锁的限制性股票,且董事会可以决定其个人绩效考核条件不再纳入解锁条件。

4. 激励对象死亡。若激励对象死亡,其获授的限制性股票将由其指定的财产继承人或法定继承人代为持有,并按照死亡前本激励计划规定的程序进行,且董事会可以决定其个人绩效考核条件不再纳入解锁条件。

5. 当出现公司终止激励计划的情形时,激励对象已获授但尚未解锁的限制性股票由公司以回购价格回购注销。因任何原因导致公司控制权发生变更的,或公司发生合并、分立的,激励计划不作变更。

该激励计划实施期间,由于原激励对象冷菱菱、郑辉离职,2016 年 9 月 20 日,公司董事会审议通过将原激励对象冷菱菱、郑辉已获授的限制性股票全部回购注销的决议。回购事由是依据前述第三项的规定,因两人已从公司离职,所以其已获授但尚未解锁的限制性股票应由公司回购注销。随后律师事务所出具了关于长园集团回购部分限制性股票的法律意见书。

Chapter 3

第三章 期 权

第一节 期权的优势和特点

一、期权的优缺点

（一）期权的优点

期权作为一种常见的激励方式，被很多企业选择适用，尤其是针对普通员工和核心技术人员非常适用，期权激励主要存在以下特点：

1. 期权计划能解决股份制公司管理层只关注短期利益、决策短期化，忽视企业长远发展的弊病，同时将企业管理层和股东利益捆绑在一起，降低了委托代理成本。

2. 期权丰富了企业薪酬激励手段，和工资、奖金、福利一起构成完整的短、中、长三者相结合的薪酬体系，也解决了企业高管大量货币收入带来的一次性税收负担。

3. 期权计划能帮助企业吸引、挽留核心或关键技术人才及管理人才，并且具有甄选、识别、淘汰的功能。

4. 对激励对象来讲，期权激励方式的优势集中体现于自由的选择权与较低的风险承担上。股票期权对于激励对象而言自始至终都是一种权利，激励对象有权选择是否接受该激励方案，接受后是否行权等。对激励对象来说，股票期权方式下，其所承担的风险很小。因为直至行权之前，激励对象都无须支付任何对价，一旦公司股票价格下降，激励对象就可以放弃行权，此时其损失的无非是未能实质得到的激励收益，但其现有收益不会产生损失；而一旦股价上涨，由于行权价格是预先确定且固定不变的，因此激励对象可以在确定获利的情况下再行权。当员工行权后，则可以获得公司的股权，成为公司的股东，从而享有获得现金利益以外的其他权益，如表决权等。

5. 对于企业来讲，期权激励方式下，公司无须支付现金，反而可以获得员工的行权对价，公司无须承担太大的资金压力，一般适用于初期投资较少的创业公司。

值得注意的是，近几年来，因期权激励方式有着无可比拟的优势，选择股票期权激励方案的企业越来越多，因实施激励计划产生的纠纷也愈演愈烈。根据聚法案例网（www. jufaanli. com）统计的数据，相关情况大致如图 3 – 1 所示[①]：

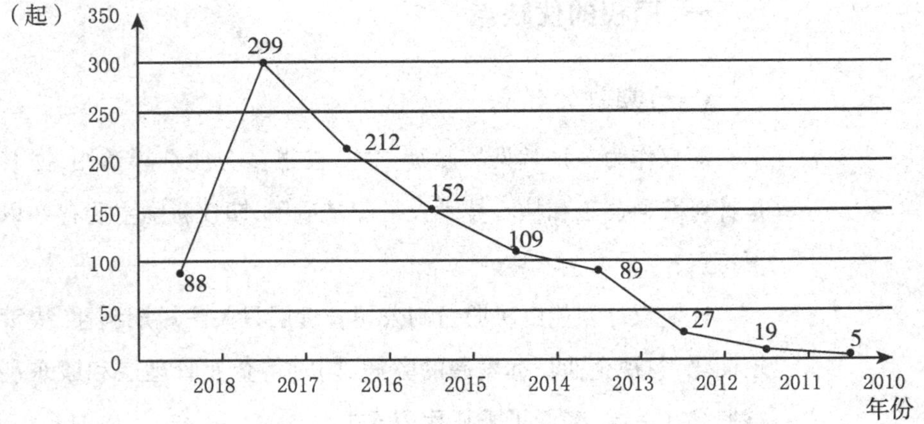

图 3 – 1　股权激励纠纷案数量

这也警示企业在适用股票期权模式时，需注意扬长避短，谨慎地制定激励方案，提前预防风险，避免企业陷入诉讼泥沼。

① 数据来源：聚法案例网. www. jufaanli. com. ，2018 年数据时间范围为 2018 年 1 月 1 日 ~9 月 1 日。

（二）期权的缺点

对于激励对象来说，虽然其承担的风险较小，但这只是针对激励收益的。如果不行权，则意味着其在这之前为公司所作出的贡献毫无回报。而且行权还需经过一个较长时间的等待期，但公司的经营状况与股价是变化无常的，员工难以预计未来的收益。

对公司而言，根据相关规定，应当在等待期内的每个资产负债表日，以可行权的期权数量的最佳估计为基础，按照授予日的公允价值，将当期取得的激励对象的可行权股票计入相关成本或费用和资本公积。这要求可行权的期权数量必须能够可靠估计，而且将持续影响公司的财务状况。此外，员工一旦行权，则意味着公司股权结构分散，可能会削弱公司相关股东的控制权，不利于公司决策。

二、期权与限制性股权的区别

期权与限制性股权都是企业常用的激励方式的，二者主要存在以下区别：

（一）取得企业股权的时间点不同

采取期权激励方式的，激励对象是否能够取得企业的股权是不确定的，等待期过后，如果股权的市场价值大于行权价，则激励对象一般会选择行权，从而取得公司股权；如果市场价值低于行权价，则激励对象可能不会行权，自然也不可能取得股权。因此，期权激励计划的激励对象取得股权的时间点在未来，且是否会取得公司股权是不确定的。而限制性股权方式则是立即取得股权，当然企业通常会设置一定期间的禁售期等，在此期间内，激励对象不能处分股权。

（二）制约性不同

限制性股权的激励对象取得股份需要支付一定的对价，且限制性股权激励计划设定的解锁条件以及未能解锁的后果的规定也会影响激励对象的收益。而期权的激励对象无须承担现实的直接损失，如果股价下跌或者约定条件未能实现，只是会导致该激励对象放弃行权。因此，相对于期权而言，限制性股权对激励对象的制约作用更大。

(三)收益来源不同

期权的收益主要来自股权的行权价和行权日市场价的差额,而限制性股权的收益主要来源于分红和高于市场价的转让所带来的利益。

(四)风险不同

激励对象被授予期权后,并未成为公司的正式股东,故其对于公司经营并不承担风险。而限制性股权的激励对象则成为公司的股东之一,与其他股东行使相同的权利,并且需要对公司经营承担风险。

(五)是否回购不同

期权授予激励对象的是是否购买公司股权的选择权,而非股权本身,故其在行权之前不涉及回购的问题,如果激励对象到期不行权,则由公司注销。而限制性股权授予激励对象的是股权,因此考虑到有限责任公司的人合性以及发起人等对公司控制权的掌控等因素,在授予时就需要考虑激励对象离职或者违约时公司回购股权的问题。

(六)价值构成不同

期权的价值包含内在价值和时间价值,限制性股权的价值为市场价值或者评估价值扣除授予价格,并无时间价值。期权的内在价值是激励对象立即行权所能得到的收益。如果一项股票期权的行权价是 100 美元,现行股票价格是 105 美元,那么其内在价值就是 5 美元。当行权价高于市价时,期权的内在价值为 0。期权的时间价值是指持有者在行权时因股票价格可能高于行权价而获得的价值。一般而言,期权的剩余期限越长,其时间价值相应也越大。如果期权的行权价格大于或者等于授予日的股票价格,那么,股票期权的内在价值为 0。如此一来,就可将激励对象的收益与公司未来股价完全联系起来,从而激励员工为促进公司发展而努力。

第二节 期权之设定

关于期权的具体设定，通常包括如下内容：

一、设定期权的股权/股份来源

《上市公司股权激励办法》对实施激励计划的股票来源作出了规定，主要包括向激励对象发行股份、回购本公司股份以及法律、行政法规允许的其他方式。大多数的企业采取定向发行的方式。根据2018年10月26日公布并生效的《全国人民代表大会常务委员会关于修改〈中华人民共和国公司法〉的决定》的规定，股份有限公司回购公司股份用于奖励员工的，不得超过本公司已发行股份总额的10%。

期权池是与之相关的一个概念，是指企业在融资前为未来引进高级人才而预留的一部分股份，主要用于激励员工。这是创业公司普遍采用的一种方式。我国企业一般通过创始人代持或者员工持股平台公司实现“期权池”的设置。前者指公司、创始人、员工达成合意，将创始人名下的一定比例的股权“分割”出来，用于将来激励员工，达到行权条件时，由创始人以约定方式转让部分股权给员工。后者则通过建立一个有限合伙企业或者有限责任公司等，以该平台直接持有公司部分股权，达到行权条件时，由该平台转让其持有的公司股权给员工，或者员工直接持有该平台的股权而间接持有公司的股权。

二、设定期权计划的有效期

上市公司实施股权激励计划的，其有效期从首次授予权益日起不得超过

10年,企业一般会规定4年至6年的有效期。根据财政部、科技部、国资委印发的《国有科技型企业股权和分红激励暂行办法》第18条规定,股权期权授权日与获授股权期权首次可行权日之间的间隔不得少于1年,股权期权行权的有效期不得超过5年。

三、设定期权的数量

对上市公司而言,授予的股票数量有总量和个体的双重限制:(1)股票总数累计不得超过公司股本总额的10%;(2)非经股东大会特别决议批准,任何一名激励对象通过全部在有效期内的股权激励计划获授的本公司股票,累计不得超过公司股本总额的1%。

同时,上市公司在推出股权激励计划时,可以设置预留权益,但是预留比例不得超过本次股权激励计划拟授予权益数量的20%,并且应在计划经股东大会审议通过后12个月内明确预留权益的授予对象,否则该部分预留权益失效。

就国有企业规模而言,根据《国有科技型企业股权和分红激励暂行办法》第9条、10条规定,(1)大、中型企业不得采取股权期权的激励方式;(2)大型企业的股权激励总额不超过企业总股本的5%;(3)中型企业的股权激励总额不超过企业总股本的10%;(4)小、微型企业的股权激励总额不超过企业总股本的30%,且单个激励对象获得的激励股权不得超过企业总股本的3%;(5)企业不能因实施股权激励而改变国有控股地位。

四、设定行权价格

上市公司激励计划的行权价格不得低于股票票面金额,且原则上不得低于下列价格中的较高者:

1. 股权激励计划草案公布前1个交易日的公司股票交易均价;

2. 股权激励计划草案公布前20个交易日、60个交易日或者120个交易日的公司股票交易均价之一。

参考财政部、科技部关于印发《中关村国家自主创新示范区企业股权和分红激励实施办法》的通知(财企〔2010〕8 号文)的规定,确定行权价格时,应当综合考虑科技成果成熟程度及其转化情况,企业未来至少 5 年的盈利能力,企业拟授予全部股权数量等因素,且不得低于经履行出资人职责的机构核准或者备案的每股评估价。

五、设定行权条件

上市公司实施股权激励计划的法定条件是:在股票期权等待期内,各年度归属于上市公司股东的净利润及归属于上市公司股东的扣除非经常性损益的净利润均不得低于授予日前最近 3 个会计年度的平均水平且不得为负。

同时,上市公司可就公司业绩条件和个人考核条件作出规定。各期的业绩、考核条件可能互不影响,也可能互相关联,这取决于公司管理层的决定。

六、设定行权的期限

上市公司实施股权激励的等待期一般不少于 12 个月。分期行权的,则每期时限不少于 12 个月。而且,每期可行权的股票期权比例不得超过激励对象获授股票期权总额的 50%。企业常用的模式是将全部期权分为三期,按照 30%、30%、40%或每期 1/3 的比例依次行权。

到目前为止,国家对非上市公司股权激励的规定极其有限,除依据现行有效的几个规定外,一般可以参照上市公司、国有控股企业的规则实施。

期权设定程序如图 3 - 2 所示:

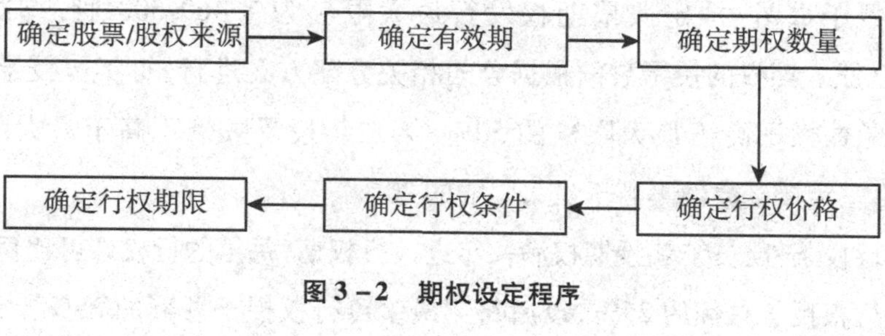

图 3 - 2　期权设定程序

第三节　案例解读

一、股票期权激励案例

案例十一：某境外注册高科技企业股权期权激励案例

某公司是一家在境外注册的从事网络通信产品研究、设计、生产、销售及服务的高科技企业，在注册时就预留了一定数量的股票计划用于股票期权激励。公司预计2006年在境外上市，但其处于发展时期时，面临着现金比较紧张的问题，公司能拿出的现金奖励很少，连续几个月没有发放奖金，面临着人才流失的危机。基于此，公司实施了如下股票期权激励计划：

案例分解：

1. 授予对象：这次股票期权计划首次授权的对象为2003年6月30日前入职满一年的员工。

2. 授予价格：首次授予期权的行权价格为$0.01，被激励员工在行权时只是象征性出资。以后每年授予的价格参照每股资产净值确定。

3. 授予数量：拟定股票期权发行最大限额为1,460,500股，首次发行730,250股。期权的授予数额根据公司相关分配方案进行，每年可授予一次。首次授予数额不高于最大限额的50%；第二年授予数额不高于最大限额的30%；第三年授予数额不高于最大限额的20%。

4. 行权条件：员工获授期权满一年进入行权期，每年的行权许可比例是：第一年可行权授予总额的25%，以后每年最多可行权授予总额的25%。公司在上市前，暂不能变现出售股票，但员工可在公司股票拟上市而未上市期间内保留或积累期权的行权额度，待公司股票上市之后，即可以变现出售。如果公司3年之后不上市，则由公司按照行权时的出资额加上以银行贷款利率计算的利息回购要求变现的员工手中的股票。

案例解析：

1. 激励模式：这是一家典型的高科技企业，公司的成长性较好，最适合的股权激励模式就是股票期权。由于该公司是境外注册也准备在境外上市，没有国内上市公司实施股票期权计划存在的障碍，因此选择采用股票期权计划是很合适的。

2. 激励对象：对高科技企业而言，人才是根本，在其他条件相似的情况下，企业如果缺乏有效的激励和约束机制，就无法吸引和稳定高素质的人才，也就无法取得竞争优势，实现长期发展的目的。该公司员工90%以上具有大学本科以上学历，其中30%具有硕士以上学位。因此该方案以全体员工为激励对象是一个明智之举，它将公司的长远利益和员工的长远利益有机地结合在一起，有助于公司凝聚和吸引优秀的人才，形成公司长期发展的核心动力。

3. 激励作用：该方案的激励作用来自于公司境外上市后的股价升值和行权后（在不兑现的情况下）持有公司股票享有的所有权利，激励力度比较大，但由于周期较长，对于更需要现金收入的员工来说这种方式就较难起到激励效果。

二、部分公司股票期权激励方案汇总（见表3-1）

表3-1　部分公司股票期权激励方案汇总

公司名称	股票来源	有效期、等待期	行权条件
保利地产（二期2016年）	定向发行	6年、24个月	1. 分三次行权，比例依次为33%、33%、34% 2. 公司业绩条件：净利润增长率、加权平均净资产收益率以及行权日前一年度的总资产周转率达到一定标准 3. 个人考核：激励对象当期行权期前一年度绩效考核结果为优秀、良好的，可全部行权；为中等、合格的，只能行权80%，剩余20%失效，不合格的全部失效

续表

公司名称	股票来源	有效期、等待期	行权条件
江淮汽车（2016年）	定向发行	5年、24个月	1. 分3次行权，每次行权1/3 2. 公司业绩条件：以净利润年均增长率、净资产收益率以及主营业务收入占营业收入的比重为指标。其中前两个指标还需与同行业对标企业进行比较 3. 个人考核：根据个人的绩效考评评价指标确定考评结果（S），S<60的不能行权
三一重工（2016年）	定向发行	最长不超过60个月、16个月	1. 首次授予部分和预留部分均分3期行权，比例依次为50%、25%、25% 2. 公司业绩条件：首次授予部分和预留部分均以净利润为指标，且均要求净利润较前一年度增长10%或以上 3. 个人考核：分为卓越、优秀、良好、不合格四个档次，可行权比例依次为100%、90%、70%、0
石化油服（2016年）	定向发行	10年、每次不少于2年	1. 分3次行权，比例依次为30%、30%、40% 2. 公司业绩指标包括：净资产税息折旧及摊销前利润率（EOE，EBITDA/平均净资产）、利润总额增长率以及经济增加值（EVA） 3. 激励对象上一年度绩效考核等级为"称职"及以上，可全部行权
新南洋（2016年）	定向发行	5年、2年	1. 分三次行权，比例依次为33%、33%、34% 2. 公司业绩条件：净利润增长率、净资产收益率以及现金营运指数达到一定标准。同时三个指标在对应考核期不得低于对标企业75分位值水平 3. 个人考核：激励对象当期行权期前一年度绩效考核结果为优秀、良好的，可全部行权；为合格的，只能行权80%，剩余20%失效；待提高的，可行权40%；不胜任的全部失效

续表

公司名称	股票来源	有效期、等待期	行权条件
伊利（2016年）	定向发行	48个月、24个月	1. 分2期行权，每次各行权50% 2. 公司业绩条件：以净利润增长率和净资产收益率为指标 3. 个人考核：若激励对象年度绩效综合考核结果对应等级为及格及以上，则满足可行权条件
中粮屯河（2016年）	定向发行	10年、2年	1. 分三期行权，比例依次为33%、33%、34% 2. 公司业绩条件：以主营业务收入增长率和扣除非经常性损益后的加权平均净资产收益率为指标，同时，要求完成上年度集团下达的EVA指标 3. 个人层面：包括任职条件和考核条件。任职条件指在公司任职且所承担的工作未发生重大失误。考核条件指绩效考核等级"称职"及以上等级的，可以按一定比例或全部行权

（注：按照公司首字母顺序排列）

三、诉讼案例解析

案例十二：甲某与甲公司股票期权纠纷一案①

［二审民事判决书——（2011）沪一中民三（民）终字第540号］

该案的基本案情是，甲某于2006年9月28日至甲公司工作，双方于10月23日签订劳动合同书，工作岗位为内控专员，以后每年签订一次劳动合同，双方履行合同至2009年10月22日自然终止。2006年10月1日，甲某与案外人某网络科技有限公司签订《股票期权协议》中、英文版本各一份。中文版协议第三条"特别说明"第1项约定："期权人与公司解除服务协议（本协议之服务协议指期权人与公司或公司任何下属子公司或公司任何下属机构签署的雇佣

① 参见聚法案例网，甲公司与甲某劳动合同纠纷上诉案，载http://www.jufaanli.com，最后访问日期：2018年6月20日。

合同或服务协议)后,其未获的期权将自动取消,已经获权但未行权的期权在解除关系时3个月内行权,逾期失效。"甲公司系某网络科技有限公司的关联企业。甲某请求获得第三笔股票期权。

在劳动仲裁委仲裁后,甲某对股票期权事项不服,向法院起诉。该案经过了二审,甲某的诉讼请求被驳回。

甲某的请求之所以未能得到法院支持,主要原因在于法院认为股票期权是公司对员工的一种激励形式,一般应以获得期权时员工仍在职为前提,对于不在职的员工仍能获得期权的情况,应当作出特别约定。本案中,在股票期权获权日到来之前,甲某与甲公司的劳动关系已经因劳动合同期满而终止,且在《股票期权协议》没有特别约定的情况下,甲某要求获得第三笔股票期权的请求,缺乏依据。

这也提醒公司与员工要对股权激励计划的相关约定予以重视,公司应明确约定股票期权等的行权必须以在职为前提,并明确劳动关系解除后,已行权部分以及未行权部分的相应后果。而员工如果在在职期间与公司就离职后的行权事项有所约定,必须达成书面协议,否则要求行权的诉讼请求将很难得到支持。

案例十三:刘某与北京环球天下教育科技有限公司劳动争议①

[二审民事判决书——(2015)一中民终字第1595号]

本案中,刘某在北京环球天下教育公司任职多年,公司在聘书中虽承诺为刘某提供20万股激励性期权,但同时也表示股票期权的具体规定在拟实行的《员工期权计划》中。而在之后的任职期间内,该《员工期权计划》并未公布实施,刘某与环球天下教育公司也未就股票期权的具体事宜另行进行约定。法院认为,在双方未明确约定股票期权的授予人、执行价格、等待期、行权方式等具体事项的情况下,该约定不具有可执行性,刘某据此要求环球天下教育公司赔

---

① 参见聚法案例网:《刘某与北京环球天下教育科技有限公司劳动争议民事判决书》,载 http://www.jufaanli.com,最后访问日期:2018年6月20日。

偿股票期权损失的诉讼请求,缺乏相应的事实与法律依据,不能予以支持。

笔者认为,刘某本可以挽回部分股票期权损失,但在其几年的任职过程中,均未就股票期权事项与公司进行协商,显然未对其权利予以合理的重视。且其作为从业20多年的员工,对公司的重要性不言而喻,相信其只要对公司进行主张,公司就算无法实施股票期权计划,也会或多或少对其做出一定的补偿,而不至于出现一分不得的后果。

该案的启示是,有关股权激励方案必须公告,即便不公告,也必须达成明确、具体、具有可操作性的书面协议。本案也给员工敲了一记警钟,在入职时,需谨慎对待公司的"空头支票",对公司预计实施的股权激励计划,应进行详细评估,如果认为公司实施可能性不大的,则可以要求公司更换补偿方式;如果接受该种激励计划,则应在入职后积极与公司进行协商,并就具体实施事项达成可操作的书面协议,以切实保障自己的权利。

Chapter 4
第四章

限制性股权/股票

第一节　限制性股权/股票的优势和特点

一、限制性股权/股票的优劣势和适用情形

（一）限制性股票/股权的优势

限制性股票是公司常用的激励方式之一，其主要优势如下：

对于激励对象而言，该激励方式没有等待期，一旦达到授予条件，激励对象可立即持有股票。而且如果是直接持股，公司授予股权后，激励对象就成为公司的股东，享有一定表决权，并可以参与公司的经营决策，因而其因激励计划所得的利益将不仅仅限于金钱上的直接利益。

对于公司而言，股权激励则可以成为一种融资方式。而且，由于有限责任公司具有人合性，法律规定股东在对外转让股权时，如章程无约定，则需其他股东过半数同意，且其他股东具有优先购买权。故此种激励方式有利于激励方掌握公司的控制权和股东人员资格。

当公司已经进入稳步发展期间，股价变动幅度不大或者经济

不景气，股价上升可能性较小时，公司可以考虑采用限制性股票激励方式。一来是因为股价上升难，期权的激励效果有限；二来则是因为限制性股票方式下，公司可以就员工实现收益设置更有效的约束条件，实现企业与员工的双赢。

（二）限制性股票/股权的劣势

1. 激励对象人数受限。激励对象成为新股东需要履行一系列的工商登记手续，而且对于有限责任公司而言，由于其股东人数为1～50人，如果激励对象过多，则可能触及法律对股东人数的限制，导致激励计划无法实施。

2. 对于激励对象来说，风险较大。首先，其必须支付对价，这对激励对象而言也是不小的资金压力。其次，不同于期权的激励对象，该种方式下的激励对象无法就未来的股价与支付对价进行比较。公司的股价波动将直接影响其限制性股票的价值，如果公司出现经营不善等问题，股价持续性下跌，则激励对象不仅不能因为激励计划收益，甚至反而可能遭受损失。

3. 有限责任公司人合性的特质会限制激励对象自由处分股权的权利。公司一般会约定当激励对象离职或者违反股权激励协议时，公司有权强制回购股份，此种约定将对激励对象产生不小的限制。另外，在公司上市前，激励对象的收益只能依靠公司经营状况，无法获得上市所带来的巨大的股票增值利益。

二、限制性股权与限制性股票的区别

限制性股权和限制性股票均是指公司按照激励计划所约定的条件授予激励对象一定数量的本公司股票或者股份，激励对象达到激励计划所约定的工作年限或业绩条件等解锁条件时，才可转让相应的限制性股票或者股权并从中获益。两者的原理是一致的，其差别主要是法律对适用激励计划的不同类型的公司的规定不同。

限制性股权适用于有限责任公司，限制性股票适用于股份有限公司。由于我国现行法律对两种公司形式有不同的规定，所以造成两种激励方式存在些许不同。其差别主要存在于以下几个方面：

（一）资本分割不同

有限责任公司与股份有限公司的区别之一是股份有限公司将资产划分为

等额股票,股东以其股票数量享有收益,而有限责任公司的股东则按照出资比例享有收益。因此,有限责任公司实施激励计划时,需要先将公司资产等额划分为若干虚拟股份,激励对象所持有的限制性股份实际上相当于一种虚拟的股票。而股份有限公司则可直接授予股票。

(二)股权来源不同

有限责任公司为人合性公司,其股份不会在二级市场上自由流通,而且2018 年《公司法》修改之前原则上禁止公司回购股份,因此过去其用于激励计划的股份一般来自于公司增资或者原始股东转让。而根据 2018 年 10 月 26 日修改的最新《公司法》第 142 条明确规定,公司可以回购公司股份用于员工持股计划或者股权激励,因此股份有限公司除增资和原股东转让外,还可以回购市场上的股票作为激励股票的来源。

(三)股东人数限制不同

《公司法》规定有限责任公司的股东人数为 1 ~ 50 人,股份有限公司的股东人数为 2 ~ 200 人,但是股份有限公司上市后,其股东人数不再有限制。因此,人数限制对有限责任公司的制约作用更大,这也意味着限制性股权的激励对象相对更少。

(四)股价确定方式不同

相对于股份有限公司而言,有限责任公司股份的流通性较差。因此其股份的价格只能依据内部价格确定。通常有以下几种方式:(1)以公司设立时的股权价格为基础来确定;(2)以公司净资产数额为标准来确定;(3)以审计、评估的价格作为依据来确定;(4)以拍卖、变卖价为最终价格;(5)协商定价。但是前述种种方法均存在弊端,第一种无法反映公司设立以来的经营状况的变化;第二种无法反映股价因公司发展预期而产生的未来价值;第三种和第四种方式的成本过高且程序太过繁琐;第五种实际上也需通过一定的标准先确定价格底线,而且双方之间存在利益冲突,因此不易达成合意。而股份有限公司的股价已经由市场为其确定,准确而且便捷。

（五）回购机制不同

虽然两种方式均需要考虑股东离职或者违反激励计划时股票或者股份的回购问题，但在具体操作上仍有所区别。基于有限责任公司的人合性，如果章程没有特别规定，则有限责任公司的股东对外转让股权时，应当经其他股东过半数同意且需要书面通知其他股东征求同意。经股东同意转让的股权，在同等条件下，其他股东有优先购买权。这些规定给有限责任公司采用限制性股权激励方式提供了制度保障，不仅保障了公司股东的权利，也便于原始股东掌握公司的控制权。而股份有限责任公司的股东可以对外自由转让股份，因此公司更需要在制定激励计划时特别约定股权回购的相关事宜。

第二节　限制性股票之设定

笔者接下来介绍限制性股票的设定方法，尤其是上市公司的限制性股票的设定方法，因为上市公司的限制性股票的要求是最严格也是最规范的，非上市的股份公司次之，有限责任公司的限制性股权再次之。也就是说，掌握了最规范的限制性股票的设定方法，那么非上市的股份公司的限制性股票和有限责任公司的限制性股权的设定就更为简单，且意定空间更大，可以根据企业本身的情况制定最适合的股权激励计划。

一、锁定期的设定和股东权利

限制性股票激励计划的实施涉及多个时间概念，如授予日、锁定期/禁售期、解锁期等。就限制性股票而言，授予日是指公司根据其股权激励计划，向激励对象授予限制性股票的日期。锁定期或者禁售期则是指激励对象行使权益的条件尚未成就，限制性股票不得转让、用于担保或偿还债务的期间，该期间自激励对象获授限制性股票完成登记之日起算。经过禁售期,便进入解锁期。在解锁期内,员工满足事先约定的考核条件,同时企业满足一定的业绩条件后,员工可就其取得的限制性股票按激励计划约定进行解锁。解锁后,员工的股票才可自由流通。

根据《上市公司股权激励管理办法》的相关规定,限制性股票授予日与首次解除限售日之间的间隔,即锁定期时长不得少于12个月。在锁定期内,激励对象不能将其所获得的限制性股票用于转让、担保或者偿还债务等。同时,企业可能会在激励计划中对激励对象的其他权利进行限制,如规定锁定期内激励对象因获授的限制性股票而取得的红股、资本公积转增股份、配股股份、增发中向原股东配售的股份同时被锁定,不得在二级市场出售或以其他方式转让;激励对象因获授的限制性股票而取得的现金股利由公司代管,并作为应付股利在解锁时向激励对象支付等。如图4-1所示:

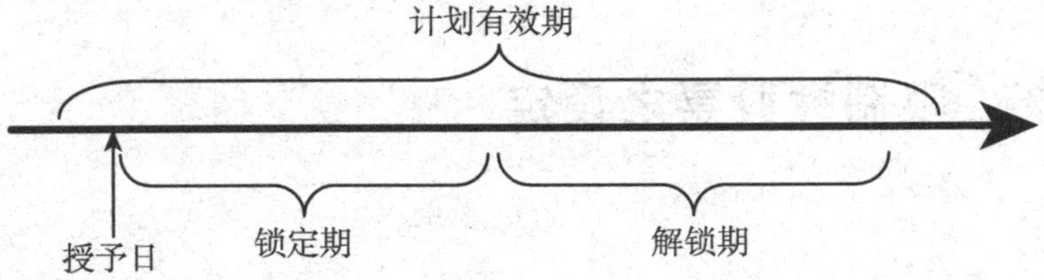

图4-1　计划有效期示意图

二、解锁的条件

(一)法定条件

1. 在限制性股票有效期内,上市公司应当规定分期解除限售,每期时限不得少于12个月,各期解除限售的比例不得超过激励对象获授限制性股票总额的50%。

2. 上市公司未出现证监会《上市公司股权激励管理办法》第7条规定的情形[①]。

---

① 参见本书第42页内容。

3. 未发生证监会《上市公司股权激励管理办法》第 8 条规定的情况[①]。

（二）意定条件

公司自行制定的解锁条件可能涉及公司、个人两个层面。就上市公司而言，激励对象为董事、高级管理人员的，必须包括公司业绩指标和激励对象个人绩效指标两个层面。

公司可以选取净资产收益率、每股收益、每股分红等能够反映股东回报和公司价值创造的综合性指标作为业绩指标，也可选取净利润增长率、主营业务收入增长率等能够反映公司盈利能力和市场价值的成长性指标为业绩指标。可以同行业可比公司相关指标作为对照依据的，选取的对照公司不少于 3 家。

个人业绩考核指标则由公司自己根据实际情况制定。

第三节　案例解读

一、部分公司解锁条件汇总[②]（见表 4－1）

表 4－1　部分公司解锁条件汇总

公司名称	锁定期	解锁条件
东方明珠（2016 年）	3 年	1. 分 3 次解锁，解锁比例为 33%、33%、34% 2. 分别在公司和个人层面规定了考核指标，同时因其属于国有企业，还特别规定了公司社会效益指标： （1）公司层面：以营业收入复合增长率、每股收益为经济效益指标；以政治导向指标、受众反应指标、社会影响指标为社会效益指标

① 参见本书第 42 页内容。

② 按首字母先后顺序排列。

续表

公司名称	锁定期	解锁条件
		(2)个人层面:实际可解锁数量与员工考评结果挂钩,考评结果分为5个层次,分别为优秀、良好、合格、基本合格、不合格,对应的限制性股票可解锁比例依次为100%、100%、100%、80%、0 3. 除法律法规对激励对象的限制外,还特别规定因违纪行为受到宣传文化部门通报批评或行政处罚的不得解锁
方盛制药(2016年)	4种:12个月、24个月、36个月、48个月	1. 分4次解锁,比例均为25% 2. 在公司和个人层面均设置考核条件: (1)公司层面:锁定期考核指标为净利润;公司解锁日前一年度业绩考核要求则为一定的净利润增长率 (2)个人层面:考评等级分为优秀、良好、合格、不合格四档,对应的限制性股票可解锁比例依次为100%、80%、60%、0
光明乳业(二期)(2014年)	3种:2年、3年、4年	1. 分3次解锁,解锁比例分别为40%、30%与30% 2. 业绩考核指标: (1)公司层面:包括3个指标,分别为营业总收入、净利润、加权平均净资产收益率 (2)个人层面:实际可解锁数量与激励对象上一年度绩效评价结果挂钩,为激励对象个人绩效评价结果对应的解锁系数乘以当期的解锁上限。考评结果分为5个等级,分别为最佳员工、中坚力量、表现尚可、业绩不佳、不合格者,对应解锁系数为1、1、0.8~1(不含1)、0.5~0.8(不含0.8)、0
哈药股份(2016年)	24个月	1. 授予部分分3次解锁,解锁比例依次为40%、30%与30%;预留部分分2次解锁,解锁比例均为50% 2. 业绩考核指标: (1)公司层面:授予部分和预留部分均以净利润增长率、主营业务收入占营业收入的比例、净资产收益率为指标。同时,其分别从本企业不同时期和同期对标企业两个角度就指标作出了相应的规定 (2)个人层面:根据个人的绩效考评评价指标确定考评结果(S),原则上绩效评价结果划分为优秀(A)、良好(B)、中等(C)、合格(D)和不合格(E)五个档次,对应的标准系数依次为1.0、0.9、0.8、0.6、0。个人当年实际解锁额度 = 标准系数 × 个人当年计划解锁额度

续表

公司名称	锁定期	解锁条件
汉商集团（2016年）	24个月	1. 分3次解锁，比例依次为33%、33%、34% 2. 业绩考核指标： （1）公司层面：以净利润增长率、主营业务收入占营业收入的比例、加权平均净资产收益率为指标。同时还规定，公司属于多业态零售行业，若在年度考核过程中行业可比公司出现主营业务发生重大变化或出现偏离幅度过大的样本极值，则将由公司董事会在年终考核时剔除或更换样本 （2）个人层面：个人实际可解锁数量与激励对象上一年度绩效评价结果挂钩，为激励对象个人绩效评价结果对应的解锁系数乘以当期的解锁上限。绩效评价结果划分为优秀（A）、良好（B）、合格（C）和不合格（D）四个档次，对应系数分别为1.0、1.0、0.9、0
健民集团（一期2009年）	12个月	1. 分3期授予，同时每期分2次解锁，解锁比例依次为60%、40%（注：该激励计划公布于2009年，当时《管理办法》尚未规定各期解锁比例不得超过50%） 2. 业绩指标考核： （1）公司层面：公司各考核年度股权激励基金的提取条件已经成就，即各考核年度当年经审计主营业务净利润、经审计工业毛利率达到基本触发基数（含本数）；应收账款占销售收入的比例不高于上一年度 （2）个人层面：前一个会计年度的个人绩效考核合格 3. 公司以回购股票的方式向激励对象授予限制性股票，因此其设定了激励基金的提取条件： （1）各考核年度当年经审计主营业务净利润，达到基本触发基数（含本数）；超过基本触发基数（含本数）的部分，再按每500百万元为一单位区间，设定分段累进制奖励提取比例 （2）各考核年度当年经审计工业毛利率，达到基本触发基数（含本数）
昆药集团（2016年）	12个月	1. 一次全部解锁 2. 业绩考核指标： （1）公司层面：仅以净利润为指标 （2）个人层面：考评等级分为优秀、良好、合格、不合格四档，可解锁比例分别为100%、100%、60%、0

二、股权激励纠纷案

案例十四：曹某与深圳市富安娜家居用品股份有限公司合同纠纷案[①]

［二审民事判决书——(2014)粤高法民二中第946号民事裁决书］

该案中，曹某在富安娜公司召开临时股东大会，审议通过《关于终止限制性股票激励计划（草案）的议案》，同日，曹琳向公司出具了《确认函》及《承诺函》，其中《确认函》内容为："本人同意将持有的公司限制性股票转换为同股数的无限制性的公司普通股，与公司其他普通股股东所持有的股票同股同权。"《承诺函》内容为："本人曹某，为公司的股东。截至本承诺函签署日，本人持有公司股份5.32万股。鉴于本人在公司任职，且是以优惠的条件获得上述股份，本人在此自愿向公司承诺：1. 自本承诺函签署日至公司申请首次公开发行A股并上市之日起三年内，本人不以书面的形式向公司提出辞职、不连续旷工超过七日、不发生侵占公司资产并导致公司利益受损的行为、不发生收受商业贿赂并导致公司利益受损的行为。2. 若发生上述违反承诺的情形，本人自愿承担对公司的违约责任并向公司支付违约金。"该《承诺函》并约定了相应的违约责任。

后因曹某连续旷工违反《承诺函》的约定，双方发生争议，并诉诸法院。

本案的争议点之一是确定《承诺函》的性质，进而确定本案相关问题是适用《合同法》《公司法》还是《劳动合同法》等。

对此，一审法院认为，从《承诺函》的表述来看，曹某是基于富安娜公司给予其的购股资格而作出的承诺，但给予曹某购股资格并非富安娜公司作为用人单位的义务。虽然《承诺函》中的部分内容涉及劳动者应遵守的劳动纪律，但这并非劳动者为了获取工作机会而作出的承诺。因此，承诺内容并非双方对劳动合同的补充，而是曹某基于认购股票对公司作出的承诺。曹某以其承诺换

---

① 参见中国裁判文书网：曹某与深圳市富安娜家居用品股份有限公司合同纠纷案，载http://www.jufaanli.com，最后访问日期：2018年6月20日。

取股票收益，故判断《承诺函》的内容是否符合法律规定，应适用《中华人民共和国合同法》及《中华人民共和国公司法》，而不适用《中华人民共和国劳动合同法》。

而二审法院则认为，此种《承诺函》实为原《限制性股票激励计划（草案）》回购条款的变通和延续，体现了激励与约束相结合的原则。劳动合同关系与股权关系属于两个独立的、不同性质的法律关系，有着不同的权利义务内容，不能混为一谈。激励对象认购富安娜公司增发的股份，双方成立新增资本认购合同关系，激励对象在按时足额缴纳认股价款后其义务即已履行完毕。激励对象提前离职并非《激励计划》或后续《承诺函》约定的股权关系之中激励对象的违约行为，而是股权关系中的回购条款或收益限制条款的生效条件。当该条件成就时，富安娜公司有权依据激励计划回购股份，或有权按《承诺函》限制激励对象获得收益，激励对象应依约将受限制部分的股份投资收益（“违约金”）返还给富安娜公司。

可见，两审法院的观点的主要差异在于相关具体承诺的性质，一审法院认为这是股东应履行的合同义务，而二审法院将激励对象提前离职理解为收益限制条款的生效条件，认为虽然曹某与富安娜公司存在劳动合同关系，但双方之间的劳动合同关系与曹某购买了富安娜公司限制性股份而形成的股权关系，属于两个独立的、不同性质的法律关系，有着不同的权利义务内容。因此，一审法院认定判断《承诺函》的内容是否符合法律规定，应适用《合同法》及《公司法》，而不适用《劳动合同法》，并无不当。

对此，笔者认为，《合同法》中所称的生效条件一般针对合同本身的效力而言，而曹某与公司成立的股权关系显然不是当曹某发生违法承诺义务时才生效的，因此笔者认为将其具体承诺理解为解除条件更为合理。当曹某违反承诺时，解除条件生效，公司可以基于双方约定回购公司股权，解除双方之间的股权关系，并要求激励对象返还相应的股份投资收益。

Chapter 5

第五章

分红权激励

第一节　分红权激励的优势和特点

一、分红权的优势及其适用条件

(一)分红激励的特点

从《公司法》意义上讲,分红权是股权的内容之一,所以获得分红权的前提是成为公司的股东。分红权激励来源股东让渡的部分分红权,往往与公司业绩、个人业绩挂钩,易于操作,无需工商登记和更改公司章程,且激励对象不需要支付大量现金购买股权,公司也无须付出太多的激励成本。分红激励包括两种:岗位分红和项目收益分红。

因分红激励内容单一,起到的激励效果有限,故在激励计划设计中,尽管一些企业会选择单一的分红模式,即最终以现金支付激励对象全部应得分红,但是有些企业为了增强激励效果,会考虑将部分或者全部分红在一定期限后转化为公司股票期权、限制性股票或者一般股份。

(二)适用条件

根据财政部、科技部、国资委关于印发《国有科技型企业股权和分红激励暂行办法》的通知(财资〔2016〕4 号)的规定,两种分红权激励的适用条件如下(见表 5 - 1):

表 5 - 1 分红激励适用条件

<table>
<tr><th>适用条件</th><th>岗位分红</th><th>项目收益分红</th></tr>
<tr><td>适用企业</td><td colspan="2">国有科技型企业指中国境内具有公司法人资格的国有及国有控股未上市科技企业(含全国中小企业股份转让系统挂牌的国有企业),包括:
(1)转制院所企业、国家认定的高新技术企业
(2)高等院校和科研院所投资的科技企业
(3)国家和省级认定的科技服务机构</td></tr>
<tr><td>基本条件</td><td colspan="2">1. 股权明晰、发展战略明确、管理规范、内部治理结构健全并有效运转
2. 企业建立满 3 年
3. 企业建立了规范的内部财务管理制度和员工绩效考核评价制度。年度财务会计报告经过中介机构依法审计,且激励方案制定近 3 年(以下简称近 3 年)没有因财务、税收等违法违规行为受到行政、刑事处罚
4. 对于上述(1)、(2)类企业,近 3 年研发费用占当年企业营业收入均在 3% 以上,且激励方案制定的上一年度企业研发人员占职工总数 10% 以上
5. 对于上述(3)类企业,近 3 年科技服务性收入不低于当年企业营业收入的 60%</td></tr>
<tr><td>特殊条件</td><td>近 3 年税后利润累计形成的净资产增值额应当占企业近 3 年年初净资产总额的 10% 以上,且实施激励当年年初未分配利润为正数</td><td>—</td></tr>
<tr><td>激励对象</td><td colspan="2">1. 与本企业签订劳动合同的重要技术人员和经营管理人员,具体包括:(1)关键职务科技成果的主要完成人,重大开发项目的负责人,对主导产品或者核心技术、工艺流程做出重大创新或者改进的主要技术人员
(2)主持企业全面生产经营工作的高级管理人员,负责企业主要产品(服务)生产经营的中、高级经营管理人员
(3)通过省部级以上人才计划引进的重要技术人才和经营管理人才
2. 不得面向全体员工实施分红激励
3. 监事、独立董事不得参与
除以上通用条件外,岗位分红特有的要求为:在该岗位上连续工作 1 年以上,且每次不超过在岗职工总数的 30%</td></tr>
</table>

续表

适用条件	岗位分红	项目收益分红
分红标准	1. 按照岗位在科技成果产业化中的重要性和贡献来确定不同岗位的分红标准 2. 企业年度岗位分红激励总额不高于当年税后利润的 15% 3. 激励对象获得的岗位分红所得不高于其薪酬总额的 2/3	按照企业规定或者与重要技术人员约定的方式、数额和时限执行； 企业未规定也未与之达成约定的，按照下列标准执行： (1)将该成果转让、许可他人实施的，从该项成果转让净收入或许可净收入中提取不低于 50%； (2)利用该成果作价投资的，从该成果形成的股份或出资比例中提取不低于 50%； (3)将该成果自行实施或者与他人合作实施的，应当在实施转化成功投产后连续 3 ~ 5 年，每年从实施该成果的营业利润中提取不低于 50%
终止情形	1. 离岗或期限结束 2. 企业未达到年度考核要求	项目终止
有效期	≤3 年	—
业绩考核指标	各年度净利润增长率应当高于企业实施岗位分红激励近 3 年平均增长水平	—
其他	1. 对同一激励对象就同一职务科技成果或者产业化项目，企业只能采取一种激励方式，给予一次激励 2. 对已按照该办法实施股权激励的激励对象，企业在 5 年内不得再对其实施股权激励 3. 企业依据财企〔2010〕8 号、财企〔2011〕1 号制定并正在实施的激励方案，可继续执行，实施期满，新的激励方案统一按财资〔2016〕4 号执行	

二、分红权激励与虚拟股票的区别

（一）分红权激励与虚拟股票的相通点

虚拟股票的激励对象并不能成为公司真正意义上的股东，但是可以据此享受一定数量的分红和股价升值收益。同时由于虚拟股票为拟制股票，所以激励对象没有所有权、表决权，也不能转让和出售，虚拟股票在离开企业时自动失效。

分红激励是追求企业利润的一种激励方式，只有企业利润达到一定标准，激励对象才有可能享有分红。而且企业一般会与激励对象约定从超过上年利润的部分中提取一定比例作为分红向激励对象发放，因此，该种激励方式不会损害公司股东的现有利益。此外，在该种激励方式下，激励对象仅仅享有“金钱上”的权利。在上述方面，分红权激励与虚拟股票激励有异曲同工之妙。

（二）分红权激励与虚拟股票的区别

首先，虚拟股票的持有者是假想股东，而分红无须给激励对象“名义上”的股东身份。

其次，虚拟股票的持有者不仅可以享有分红权，还可以享有公司股票增值所带来的收益，这是与分红权的重要差别。分红权收益来自公司的税后利润分配，虚拟股票则有三种类型，包括分红型、增值型以及混合型，类型不同，其收益来源也不同。分红型的收益来源与分红权相同，增值型的收益来自虚拟股票的增值，混合型则两者兼有。

再次，分红权激励追求的是企业利润，而虚拟股票不仅追求企业利润，同时也追求公司股价的上升，虽然这两者存在密不可分的关系，但在某些情形下，两者变动并不同步。

最后，法律对两者的具体规定也有所不同，以国有科技型企业实施的分红激励来说，企业不得面向全体员工实施股权或者分红激励。而虚拟股票则无该类规定。

正因两者有异曲同工之妙，在一些案例中，公司将分红权激励与虚拟股权激励相结合，通过虚拟股票来授予激励对象一定的分红权，如北京九源网络招聘有限公司曾制定过《五年期利润分红型虚拟股权激励计划》。[①] 该计划约定：在该公司工作满两年的高管经董事会或者董事、监事经股东会批准

---

① 参见 jiangjin0615：《利润分红型虚拟股权激励设计案例与评析》，载百度文库，2012 年 5 月 25 日。

后可加入该激励计划，每届激励计划的分红总额（股权激励基金总额）为该届计划年度内每一年度可分配利润额10%相加后的总额。即假设激励对象自2008年加入激励计划，2008年至2012年公司可分配利润依次为A、B、C、D、E，则激励计划基金的总额为（A+B+C+D+E）×10%。同时公司将其虚拟记账股份的总额设为注册资本额的20%，即60万股。每个激励对象获授的虚拟股份额，要根据激励对象所在的岗位和工作年限，以及希望给激励对象施加的激励力度予以确定。

第二节　分红权激励之设定

一、设定业绩目标和激励基金提取比例

财政部、科技部、国资委关于印发《国有科技型企业股权和分红激励暂行办法》（以下简称《暂行办法》）的通知（财资〔2016〕4号）中，对国有科技型企业实施分红激励，作出了如下一些规制：对于业绩考核，激励方案中应当明确年度业绩考核指标，原则上各年度净利润增长率应当高于企业实施岗位分红激励近3年平均增长水平。对于激励基金提取比例，企业年度岗位分红激励总额不高于当年税后利润的15%。个人岗位分红权所得不得高于其薪酬总额的2/3。

虽然我国法律法规未对其他类型的企业实施分红权激励进行规制，但企业可参照《暂行办法》的规定，在设定业绩目标和激励基金提取比例时，结合自身企业发展水平、员工薪酬水平等情况，制定合理、合法的目标和比例。

以某公司的岗位分红权激励方案为例，某公司在2009～2011年的3年期间，营业收入平均增长水平达到27.96%，利润总额平均增长水平达到13.06%，净利润的平均增长水平达到11.90%。该公司近几年的净资产增值

额(15,738万元)约为近3年年初的净资产总额的10%(539万元)的29倍,其中2011年未分配利润为9300万元。符合《暂行办法》第25条:"企业实施岗位分红除应满足本法第六条规定外,近3年税后利润累计形成的净资产增值额应当占企业近3年年初净资产总额的10%以上,且实施激励当年年初未分配利润为正数"的规定因此已经达到财务指标。其根据自身状况,公司设立的业绩标准为每年度净利润增长率需高于11.9%,如果无法达到,则停止提取激励总额。同时,企业可以在激励计划中约定公司的相关部门有权根据公司经营状况等对公司业绩标准进行调整,为保证分红权激励收益的稳定性,企业还可以对业绩标准调整的幅度进行限定。

至于激励基金提取比例,公司则可在激励效果与股东利益之间寻求一个平衡点,如约定公司达到业绩标准后,可按照公司当年净利润的10%核算和提取激励基金。另外,在公司股东认可的情况下,企业还可设置多层次的基金提取比例,如净利润增长率达到10%,则提取比例为10%;净利润增长率达到15%,则提取比例为11%,以此类推,以期达到最大的激励效果。部分企业以公司业绩考核系数(K)来控制基金的提取比例的原理也是类似的。

二、确定激励岗位和对象

公司可以根据未来发展目标、业务发展重点、内部岗位序列划分、岗位职责分布、岗位价值贡献等要素选择岗位分红权的激励岗位。同时,根据《暂行办法》的规定,激励对象应为在科技创新和科技成果产业化过程中发挥重要作用的企业核心科研、技术人员和管理骨干,其需在该岗位上连续工作1年以上,且应为公开招聘、企业内部竞争上岗或者其他方式产生的岗位任职人员。此外,激励对象的总人数不能超过本企业在岗职工总数的30%。

例如,某公司按照激励岗位向科研类骨干人才岗位倾斜的原则,确定了对公司整体业绩、持续发展有直接影响的,同时在推进公司相关业务领域的市场开拓等方面有重要作用的,包括管理类别及科研类两类人员,共计67人。拟激励对象占公司2011年在岗职工总数(284人)的24%,低于在岗职工的30%。同时,该公司根据相关规定以及自身状况,将董事长、来自企业控股股东单位的负责经营管理的管理人员、监事以及董事排除于岗位分红权激励方案。

三、激励基金核算、提取及处理方法

公司依据自身设立的业绩目标和基金提取比例采取合理的核算、提取以及处理方法。一般的激励基金总数核算公式为：$F = X \times R$，其中，F 为本年度为实施分红权激励提取的激励基金总数；X 为本年度净利润；R 为本年度激励基金的提取比例。同时，企业可综合考虑激励对象个人所担任岗位的重要性和个人绩效评估结果，分别确定岗位分配系数和绩效考核系数，公平合理地分配激励基金。

此外，公司还可对激励总额的整体提取进行限制管理，控制企业的激励成本，如规定当年提取激励总额不得超过当年净利润增量的50%。在此基础之上，企业还可设置进一步的激励措施，如当公司业绩考核系数（k）大于1时或公司业绩达到某标准后（该标准是在授予分红权的基础业绩指标之上的某标准），当年按照实际的激励总额提取办法提取激励总额，不受基金提取总额的上限管理，或可适用更高的上限等。

为强化激励对象的风险责任意识、实现激励与约束并存，企业还可采取分红权激励分期支付的发放方式，例如约定当年提取个人的岗位分红权的80%进行兑现，剩余20%留存至分红权有效期结束后统一考核发放。

如果分红权实施期间，当年计提的激励总额未全部使用，则可采取“以丰补歉”的方式，结转未使用的激励总额至下一年继续使用，以保持激励的稳定性。

四、特殊情况下的分红权激励

以岗位分红激励为例，其分红的前提是激励对象仍在特定岗位任职，因此一旦激励对象因死亡、离职或者被开除等原因脱离岗位，其就将失去激励资格。此外，如果公司出现并购、上市等情形，为满足上市要求股权结构明晰等相关规定，公司可能会选择终止激励计划，此时公司需对激励对象作出其他补偿。

1. 公司可在激励计划中规定，任职期限内，激励对象有下列丧失激励基金分配资格情形之一的，薪酬管理委员会有权决定取消其已获分配的全部激励基金，由其将已获分配的激励基金全数返还给公司，并取消其剩余可分配激励基金的分配资格：

(1)实施犯罪行为，被追究刑事责任的；

(2)严重违反公司有关管理制度和规定，损害公司利益的；

(3)劳动合同期未满，擅自离职或辞职的；

(4)违反劳动法等法规规定，被公司依法解除劳动合同关系而辞退、解雇的。

2. 双方协商一致或者公司主动解除劳动关系的，公司可规定激励对象不再参加当年度的激励基金分配，但已分配尚未发放的激励基金仍按规定发放：

(1)劳动合同期未满，激励对象申请离职，公司同意的；

(2)劳动合同期未满，激励对象因公司裁员而与公司解除劳动关系的；

(3)劳动合同期满，公司不再续约的；

(4)员工正常退休的；

(5)激励对象因工作需要调离现任岗位的。

3. 激励对象在任期内丧失劳动能力、行为能力或死亡时，公司一般规定激励对象可获得的激励基金可立即兑现，并由其代理人、监护人或其继承人按国家有关法律、法规的相关条款处理。

第三节　案例解读

案例十五：中国东方红卫星股份有限公司分红激励试点案例①

国务院国有资产监督管理委员会《关于在部分中央企业开展分红权激励

① 参见《【董事会】中国卫星：第五届董事会第十九次会议决议公告》，载中财网：http://newstock.cfi.cn/p20110615001636.html.，最后访问日期：2018年6月20日。

试点工作的通知》(国资发改革〔2010〕148 号)(以下简称 148 号文)将中国东方红卫星股份有限公司(以下简称中国卫星公司)作为了分红激励的试点企业之一,随后该公司公布激励计划,成为首个实施分红激励计划的央企,其于 2011 年 6 月 14 召开董事会,会议全票通过了《关于航天恒星科技岗位分红权激励的议案》,具体情况如下:

首先,航天恒星科技有限公司(以下简称航天恒星科技)是中国卫星公司的全资子公司,属于卫星应用高新技术企业,专门从事卫星应用技术及产品的研究、开发、生产和销售。因此其符合 148 号文关于实施重大科技创新和科技成果产业化的企业类型的要求。

其次,该岗位分红权激励对象包括科研管理、专业科研两大类人员,共涉及激励岗位 54 个。其激励对象均属于科技创新和科技成果产业化过程中发挥重要作用的企业核心科研、技术人员和管理骨干,且未超过企业在岗职工总数的 30%。

再次,其激励计划符合财务指标。其规定激励总额以航天恒星科技经济增加值及经济增加值改善值作为提取基数,在净利润增长水平不低于实施前 3 年的净利润平均增长水平条件下提取,激励总额不超过航天恒星科技当年税后利润的 15%。

最后,建立了考核评价制度,激励与约束并存。该激励计划采用延期支付方式发放分红,并在每年提取个人岗位分红权的 30% 进行留存,至分红权有效期结束后统一考核发放,剩余 70% 在分红权有效期内每年进行兑现。如此一来,员工若想获得全部的分红,不仅需要通过个人考核,还需使得公司利润符合计划所规定的指标。该计划在激励员工的同时,也有利于促进公司的发展,实现两者的双赢。

案例十六:分红权激励纠纷案例①

[二审民事判决书——(2013)沪一中民三(民)终字第 198 号]

甲公司与甲劳动合同纠纷一案中[参见(2013)沪一中民三(民)终字第

① 参见聚法案例网:(2013)沪一中民三(民)终字第 198 号,www.jufaanli.com。

198 号]，法院对公司所授予的分红权的性质及其他相关问题作出了认定。

该案的大致案情是：甲于 2007 年 10 月 30 日进入甲公司工作，担任信用分析师。2011 年 1 月 13 日，甲签署了离职交接单，最后工作至当日。

2009 年 3 月 13 日，甲公司向甲出具“公司业务合伙人股权凭证”，内容为：“兹有甲公司(以下称本公司)员工甲先生，因其优异的表现和出众的工作能力，根据的考核并经本公司全体股东讨论一致通过，决定赠予甲先生本公司股权 3%(调查业务)，以资奖励。”该股权凭证注明“本股权凭证只作公司内部分红权证明，不可引作其他用途”。2010 年 2 月 23 日，甲收到公司支付的 2009 年度分红 24, 447 元。

后甲向上海市某区劳动仲裁委申请仲裁，要求甲公司支付 2010 年度提成及利息。该仲裁委认为甲要求甲公司支付的 2010 年度提成不具有劳动报酬性质，且甲要求甲公司支付利息非该会处理范围，故该会对甲该两项仲裁请求均不作处理。甲不服该裁决，遂提起诉讼。上海市长宁区人民法院一审判决，甲公司于判决生效之日起 10 日内支付甲 2011 年 1 月 1 日至 13 日工资差额 3063. 56 元，2010 年第四季度奖励 6825 元，2010 年团队管理奖 1584. 52 元，驳回其他诉讼请求。经过二审，法院维持原判，要求甲公司向甲支付 2010 年度分红 27, 792. 30 元。

本案中主要有两个争议点：一是提成是否属于劳动报酬；二是公司 2010 年度的利润数额。

对于第一个争议点，上海市某区的劳动仲裁委认为该提成不属于劳动报酬的范围。但是二审法院认为，根据甲公司向甲出具的“公司业务合伙人股权凭证”，约定：因其优异的表现和出众的工作能力，根据的考核并经本公司全体股东讨论一致通过，决定赠予甲先生本公司股权 3%(调查业务)，以资奖励。并注明“本股权凭证只作公司内部分红权证明，不可引作其他用途”。该分红收益实为一种虚拟的股权激励，该股权激励赋予员工的分红权属于甲薪酬的组成部分，当属劳动争议范畴。笔者认为，该分红权的授予标准是员工的工作表现和能力，该收益是对员工过去对公司所作出的贡献的一种奖励，且员工离职后无权再享有该收益。该分红权的产生、消灭与劳动关系的存灭息息相关，因此该分红提成所产生的纠纷应属于劳动争议的范畴。

对于第二个争议点，一审中，甲公司为证明其2010年度利润为94,064.91元，向一审法院提交了企业所得税、年度所得税、年度纳税申报表（A类）以及《2010年度企业法人年检报告书》，其中显示的利润总额与甲公司所证内容一致。但甲认为前述证据未经审计，不能作为定案依据，而甲公司明确表示不配合审计。

同时，甲提供了《甲公司2009年度企业法人年检报告书》作为反驳，该年检报告书显示的年度利润为61,203.95元，但甲公司支付给甲的2009年度的分红为24,477元，甲公司承认是按照内部利润的3%所授予的分红，但按照该比例，甲公司的年度利润与其年检报告数目仍有较大差距。且2010年9月甲公司两位股东签订的股权转让协议中显示：截至7月末，甲公司的未分红利润为540,405.77元。因股权转让协议中的未分红利润额为所有股东一致认为的，故此处应以该金额为依据计算2010年度利润。

综上，二审法院认为因甲公司不予配合审计，且未提供其他有效证据。甲公司应承担举证不能的不利后果。因此，甲公司的年度利润不能以年检报告认定，而应根据股东转让协议等估算，即926,409.89元（540,405.77元/7个月×12个月）按照内部利润的3%授予分红，故甲应得分红为：26,409.89×3% = 27,792.3元。

Chapter 6

第六章

虚拟股票

虚拟股票在国内的走红，源于华为的虚拟股票制度，目前也成为一种比较典型的股权激励方式。接下来笔者将就虚拟股票的优势、特点、操作方法和程序，以及相应的案例进行介绍和分析。

第一节　虚拟股票的优势和特点

根据不同的收益构成，虚拟股票可分为分红型、增值型和混合型三大类。虚拟股票的适用范围较广，现金流充裕的上市公司或者非上市公司都可适用，现阶段虽资金不足，但预期发展前景较好、公司盈利可能性较大的公司也可以适用该方法。通过虚拟股票计划激励员工为公司创造更好的业绩，实现公司与员工的双赢。

虚拟股票相对于限制性股票、期权等股权激励方式而言，具有其独特之处，这既体现在其无可比拟的优势上，也体现在其缺陷上。

一、虚拟股票的优势

首先，不同于限制性股票和期权，虚拟股票激励计划的激励对象无法获得公司真正的股权，而只能享有虚拟股权，这意味着公司实施这种激励方式不会影响到公司的股本结构，也无须承担公司控制权外落的风险，而且也无须考虑股票来源的问题。

其次，股东持有的虚拟股票只是获得激励收益的内部凭证，因此无须办理相关的工商登记手续，而一旦员工与公司解除劳动关系，则相关虚拟股票将自动失效，也无须公司实施回购程序。因此相对于限制性股票、期权等激励方式而言，其避免了许多繁杂的程序性问题。

再次，虚拟股票激励方式相对于限制性股票、期权等激励方式更为灵活，由于法律法规关于虚拟股票激励方式的规定更少，因此企业可以根据自身状况制定更加符合企业发展的激励计划，而无须受制于法律法规的约束。

最后，对于员工而言，他们不用以支付现金的方式购买股票，从而缓解了其资金压力，也无须因持有虚拟股票而承担公司经营风险。而且，如果公司采用内部定价等方式确定公司股权/股票的价格，员工们还可避免因股价异常波动而导致的收益变动风险。

二、虚拟股票的缺陷

首先，对虚拟股票计划的激励对象来说，其无法成为公司的真正股东，没有表决权，因此也无法参与公司的经营决策。而且虚拟股票无法转让，其只能根据市价或者内部价格获得相应的增值收益。

其次，对于公司而言，尽管在授予虚拟股票时，公司无须支付现金，但是在激励对象实现收益时，公司的现金支付压力较大。

最后，由于员工无法成为公司的股东，虚拟股票激励计划的效果并不如限制性股票和期权等激励方式，而且因为员工并非公司股东，其也很难发挥主人翁意识，自觉维护公司利益。另外，虚拟股票的激励对象的收益实际上来源于公司股东对一定比例的公司税后净利润的让渡，因此在实施计划时需要协调员工因激励计划与各股东之间产生的矛盾。

第二节 虚拟股票之设定

我国现行法律法规对虚拟股权/股票的制度设计尚不完备，因此企业一般会参照股票期权、限制性股票的相关规定来实施虚拟股权/股票激励计划。同时，因虚拟股权计划的激励对象不实际持有公司股权，因此无须考虑股票来源问题。企业实施虚拟股权激励计划，一般从以下几个方面进行设计：

一、确定激励对象

实施虚拟股权激励计划的首要任务是确定激励对象。《上市公司股权激励管理办法》第8条对限制性股票和期权激励计划的激励对象作出了限制，参照其规定，虚拟股权激励的计划的激励对象可以包括：公司的董事、高级管理人员、核心技术人员或者核心业务人员，以及公司认为应当激励的对公司经营业绩和未来发展有直接影响的其他员工等。虚拟股权激励的目的在于让那些对公司有重大价值的员工感受到公司对其的重视，并且能从公司获得较之一般员工更多的回报，因此虚拟股权激励计划不应针对全体员工，否则其激励效果将大打折扣。

二、设定授予数量、期限

虚拟股票的种类包括职位股、绩效股和工龄股等，企业可以根据激励对象的职位分布，来确定第一层次的职位的虚拟股票数量基准。同时，企业需要确定工龄时长与虚拟股票数量变化的对应关系，并根据不同激励对象的具体工龄来确定其第二层次的虚拟股票数额。此外，企业在设计激励计划的同时也应设定合理的业绩考核机制，包括个人层面和公司层面的。在考核标准上，企业可以对考核结果预先划分不同的评价等级，并根据员工期末考核的结果，授予其不同数量的虚拟股票。总之，员工通过虚拟股票激励计划持有的虚拟股票数额一般会同时受到其职位、工龄和业绩三方面的影响。

另外，企业在设计方案时，应考虑突发事件的影响。例如员工有重大贡献的，不能按照一般标准授予股票数量的，则可以规定其获授的具体虚拟股权数量可由公司管理层特别决定。

由于职位、业绩等因素是不断变化的，因此企业应设计一定的股票数额变动规则，例如规定降职的员工则按照降职后的职位所对应的股票数额计算收益。

如果虚拟股票激励计划与期权等激励方式相结合，则还需要设计其行权期限等相关事宜。

三、设定虚拟股票的性质转化原则

如果公司有将虚拟股票转化为公司实股或者干股等的计划，则需要对此预先作出规定。虚拟股票转化为实股的，可以对转化价格进行规定，如设定一系列的优惠条件。将虚拟股票转化为干股的，应事先考虑好相关股份的出资问题，企业可以预先同部分大股东签订出资协议，并约定出现转化情形时，由大股东代为出资，将激励对象的虚拟股票转化为干股，并赋予其相应的分红权。此外，公司还需要考虑转化后的收益计算问题，如应得股利、分红的起算点等。

四、设定虚拟股票的收益计算与发放办法

为支付激励收益，企业需要提前设立激励基金。企业可以根据净资产收益率或者税后净利润等标准来提取激励基金。

以税后净利润标准为例，企业可以设置一定的提取底线，只有当企业当年的税后利润达到该标准时，才可以提取激励基金。此外，企业还可以设置一定的二重激励标准，即当企业税后利润达到底线，并超过二重激励标准时，可以提高激励基金的提取比例。如此一来，可以发挥更大的激励作用。

其中，每人的收益金额 = 激励基金总额/参加分红的虚拟股票数额 × 该员工实际持有的虚拟股票数额。

考虑到虚拟股权一旦兑现，公司需支付大量的现金，这可能会导致公司在短

期内面临较大的现金支付压力。因此,公司可以在虚拟股权激励计划中对此作出相关安排,如约定公司在各批次支付的现金总额有一定的上限,未支付部分可以顺延,或者约定员工每次变现虚拟股票的比例也有一定的上限。这样一来,可以保障公司不至于因支付奖励而出现的现金周转困难,甚至影响公司的良好发展。

此外,为了提高员工的积极性与责任感,还可以设置一定的制约机制。如企业可以约定如果公司当年的税后利润未达到某一标准时,则不仅当年不能提取激励基金,还应按照一定的标准对激励对象未来年度可提取的基金比例进行扣减。

五、异动处理

企业在设计虚拟股票激励计划时,还应对可能出现的异常情况进行规定,如出现员工离职、被开除等情况时应该如何处理其收益以及虚拟股票的问题;公司出现何种情形可能终止激励计划的实施;若公司出现合并、分立、注销等情形或者国家法律法规等规范性文件对虚拟股票的实施有新的规定导致无法实施该虚拟股票激励计划时,应该如何补偿员工,以降低公司与员工发生纠纷的可能。

企业设计好完备的虚拟股权激励计划并经过公司管理层会议的通过后,才能在企业切实实施,如此一来,才有可能实现应有的激励效果。

第三节　案例解读

案例十七:河北博岳通信技术股份有限公司虚拟股权激励方案①

该公司于 2016 年 8 月对其虚拟股权激励计划进行了公告,研究其公告计

① 参见《博岳股份:虚拟股权激励计划管理办法公告》,载东方财富网:http://xinsanban. eastmoney. com/Article/NoticeContent? id = AN201608020016876160,最后访问日期:2018 年 6 月 20 日。

划可知：

1. 该激励计划涉及的激励对象包括：公司董事、监事、高级管理人员，公司中层管理人员，公司核心业务（技术）人员，以及董事会认为对公司有特殊贡献的其他人员。入选的员工及其授予数量由公司综合考虑公司员工的岗位、工龄、业绩考核表现及未来成长空间等情况确定。

2. 该激励计划将公司监事纳入激励计划中，我国现行法律法规未对非上市公司的股权激励特别是虚拟股票激励方式是否可以涵盖监事作出规定，但是即便公司将其纳入激励范围，也需要制定相关措施，以保证公司监事的独立性，并对其考核标准作出特殊规定。

3. 该激励计划的有效期为3年，即员工可以享有2016年至2018年的激励基金分配权，除此之外，激励对象不享有虚拟股权的表决权、转让权和继承权等。

4. 该公司在公司和个人两个层面设置了业绩考核标准，标准分别如下：

（1）公司业绩目标（见表6－1）

表6－1　公司业绩目标

考核期	公司业绩考核目标
2016年度	2016年度公司营业收入比2015年度增长60% 2016年利润率比2015年利润率增长的比例不低于1%
2017年度	2017年度公司营业收入比2015年度增长120% 2017年利润率比2015年利润率增长的比例不低于2%
2018年度	2018年度公司营业收入比2015年度增长155% 2018年利润率比2015年利润率增长的比例不低于3%

业绩完成比例为营业收入实际值/营业收入目标值，净利润实际值/净利润目标值和100%三者当中的最小值。

（2）个人业绩考核

个人层面的考核与个人2016～2018年PBC[①]考核相结合，个人能否分配取

① PBC是个人事业承诺，指在全集团范围内通过自上而下地将集团、部门的工作目标逐级分解到每一位员工的方式，由直线经理与员工签订PBC，以实现组织绩效和个人绩效的有机联结。

得激励基金及个人可兑现的比例最终依据个人绩效考核结果确定，见表6－2：

表6－2　个人业绩考核结果对应个人可兑现比例

考核结果等级	A	B	C	D
个人可兑现比例	100%		80%	0%

5. 就激励基金的分配上，该公司将公司业绩目标作为确定是否实施年度激励基金分配的基准指标。激励基金总额＝上一年度公司净利润×【X】%×兑现时虚拟股权总量/已授予虚拟股权总量（含已收回部分）。在公司实现上一年度公司业绩目标（指业绩完成比例不低于业绩目标的80%）的情况下，公司董事会根据考核年度中公司扣除非经常性损益后净利润的情况确定X值。

每名激励对象实际可分配激励基金＝激励基金总额÷兑现时虚拟股权总量×每名激励对象可兑现虚拟股权数量。由此可见，员工获得收益至少需要满足两个条件：一是公司业绩达标，二是个人考核达标。而且公司可以通过对X值进行调整，以缓解公司的支付压力。另外，员工可以变现的数量还与其考核结果相关联，在激励的同时可以约束员工的行为，督促其履行自己的职责。

6. 该虚拟股权激励计划同时对可能发生的异常情况的处理作出了规定。比如，有下列情形之一的，公司有权无偿收回激励对象所持的虚拟股权：

(1)严重违反公司规章制度或涉嫌犯罪；

(2)因故意或者重大过失给公司造成重大损失；

(3)激励对象离职或被公司解雇；

(4)激励对象因重大疾病、身亡、工伤等原因丧失劳动能力。

该公司的虚拟股权激励计划相对比较完善，从激励对象的选择到考核指标的设定、激励基金的计算分配，都有配套详细的规定，另外，该计划明确了异动情况的处理规定，为公司股权激励计划的实施提供了强有力的保障。

Chapter 7 第七章

股票增值权

股权激励的最后一种常见方式是股票增值权，一般适用于上市公司和新三板公司，也就是说通过授予上市公司的股票的增值权，让激励对象享受股票增值的收益，从而获得实实在在的利益。

第一节　股票增值权的优势和特点

一、股票增值权的特点和适用情形

股票增值权的优缺点与虚拟股票类似，其最大的优势在于不授予员工真实股权，因此无须考虑股票来源、回购等问题，而且也无须担心因此会造成公司股权结构发生变化或者控制权转移等问题。

但是股票增值权在员工行权时，公司需支付大量的现金，因此要求公司具备较好的资金周转能力。同时，激励收益来自股票市价与行权价的差额,因此该激励方式对于公司股票的流动性要求较高,故该激励方式一般适用于股票流动性较好且资金充足的企业。如果股价变动缺乏合理性和逻辑性,则公司实施该种类型的激励方式将面临较大风险。

综合上述,笔者认为股票增值权激励方式比较适合有充裕的现金流及稳定的股价的上市公司或新三板公司。

二、股票增值权与期权、虚拟股票的区别

(一)股票增值权与期权的区别

股票增值权与期权的原理类似,均是以公司“股票”为标的,从公司股价的增值中获得行权价与市场价之间的差额收益。两者最大的区别在于:

1. 股票标的的虚实

前者所涉及的股票为“虚”,后者为“实”。对于前者,公司无须授予员工真实的公司股票,因此激励对象不可能成为公司的股东,也无法享有股东的一般权利,如分红权、表决权等,但同时也无须承担公司的经营风险。而且由于不存在真实的股票,因此员工的激励收益需要公司买单,而期权模式下,在行权后由激励对象实际持有股权,则由市场为员工的激励收益埋单,员工将所得股票转让后即可实现收益。

2. 激励效果不同

两者的激励效果也有所差别。由于股票增值权不涉及实股,因此一般来说其激励效果略逊于股票期权激励方式。而且,当股票增值权的激励对象行权后,其收益已经实现,激励效果也可能止步于此。而在期权模式下,员工行权后就成了公司的股东,在其转让之前需要承担公司的经营风险,同时也为了保障自身收益,员工必须为公司业绩持续奋斗,因此期权模式下,激励效果持续时间更长。而且在期权模式下,员工行权后,如果不转让股权,则其差价收益仅是未来可得利益,随着公司股权的波动,其收益还会存在一定幅度的变动。

(二)股票增值权与虚拟股票的区别

股票增值权与虚拟股票都以公司的虚拟股票为依托,收益均以现金形式实

现,两者的差别主要存在于收益的构成上。如前所述,股票增值权的收益来源于行权日与授权日股票市价的差额与股票授予数量之积,而虚拟股票的收益不仅包括该部分增值收益,还可能包括对公司未分配利益的部分分红。

第二节　股票增值权之设定

股票增值权一般以公司的虚拟股票为标的,在满足业绩考核等标准的前提下,由公司以现金方式支付行权价格与兑付价格之间的差额,该差额即为激励额度。该种激励方式的实施程序主要涉及以下几个方面:

一、确定授予对象和资格条件

公司应根据《公司法》《证券法》及其他有关法律、法规、规章和《公司章程》的相关规定,并结合公司实际情况以及激励目的确定激励对象的范围及数量,激励对象一般包括公司董事、高管以及董事会认为对公司有特殊贡献的其他人员。为保证公司监事的独立性,一般不将其纳入公司的激励计划范围,如若需要纳入,则应在股权激励计划中作出相应的规定,以保证其履行职责的独立性。《上市公司股权激励管理办法》中,则明确禁止将监事及大股东纳入激励范围。

部分企业对于激励对象还有职务、国籍等方面的要求,如规定激励对象需在公司或公司控股子公司全职工作且已与公司签署劳动合同或用工协议并在公司领取薪酬。

二、确定授予数量、期限、行权价格

公司可以根据预期想要达到的激励效果以及企业自身的支付能力和未来

企业股票增值空间等确定授予总量。同时,企业可以根据员工的职位层次和成长空间等确定个人的授予数量。对于员工实际可获得的增值权份额,企业还可设定一定的调整机制,如规定实际授予数量与其上年度的个人考核结果相关联,不同等级的考核结果,其可获授的数量不同。

此外,企业一般会设定不低于 1 年的等待期,等待期内满足公司业绩条件或者个人考核标准后,激励对象方可行权。行权价格可以设置为激励计划草案摘要公布日前 1 日的收盘价,或者前 30 个交易日的收盘价平均值,或者取两者中的较高者为行权价格。当然企业也可以根据自身情况制定更合理的行权价格。

三、确定行权条件和兑现方式

企业确定了行权期限后,可以根据行权期限,将全部可行权的股票增值权按照一定的比例划分至各个行权期,以缓解支付压力。如规定股票增值权自本激励计划授予日起满 12 个月后,激励对象在满足获授条件和行权条件的前提下,在 24 个月内分两期行权,每次各行权 50%,激励对象符合行权条件但在该行权期内未全部行权的,则未行权的部分股票增值权由公司取消。

至于行权条件,公司可在公司自身业绩和个人考核两方面作出规定。在公司业绩考核层面,可规定达到初步业绩标准后,激励对象方可分期行权,如果进一步达到某个更高的标准,则可以提高行权的比例等。在个人层面,依然可对考核结果进行分级,根据员工不同的考核等级确定其可行权的比例。

同时,为确保不因激励计划的实施对公司经营业绩和经营活动造成重大影响,公司可以对支付的现金总额设置上限。如规定在各批次对应的行权有效期内,公司支付的现金总数不超过该行权有效期前公司最近一期已公告的年度财务报表中载明的合并财务报告中归属于上市公司股东的净利润的 10%。

企业结算股票增值权的方式一般为现金结算,如果企业无法支付该部分现金,也可选择将现金换算为公司的实股,让激励对象成为公司的股东,从而避免直接支付现金。如此一来,企业就还需要考虑控制权、股权转让等相关问题。

第三节　案例解读

案例十八：成都康弘药业集团股份有限公司股票增值权激励计划①

该公司在2015年实施了股票增值权激励计划，该激励计划专为受政策限制无法纳入限制性股票激励计划的2位外籍公司员工而制定，结算方式为现金结算。

股票增值权行权价格与《成都康弘药业集团股份有限公司2015年限制性股票激励计划（预案）》中限制性股票授予价格为同一价格，为《成都康弘药业集团股份有限公司2015年限制性股票激励计划（预案）》公告前20个交易日公司股票交易均价的50%，即为每股43.96元。

激励对象自授予日起满12个月后可以开始行权，有效期为股票增值权授予之日起不超过4年。计划有效期结束后，已获授但尚未行权的股票增值权不得行权。同时，为了缓解支付比例，该激励计划将所有可行权股票增值权按照40%、30%、30%的比例划分至三期结算。具体行权安排如下（见表7－1）：

表7－1　康弘公司2015年股票增值权激励计划行权安排

行权期	行权时间	可行权数量占获授股票增值权数量比例
第一个行权期	自授予日起12个月后的首个交易日起至首次授予日起24个月内的最后一个交易日当日止	40%

① 参见《康弘药业：2015年股票增值权激励计划（草案）》，载网易财经网：http://quotes.money.163.com/f10/ggmx_002773_2100495.html.，最后访问日期：2018年6月20日。

续表

行权期	行权时间	可行权数量占获授股票增值权数量比例
第二个行权期	自授予日起 24 个月后的首个交易日起至首次授予日起 36 个月内的最后一个交易日当日止	30%
第三个行权期	自授予日起 36 个月后的首个交易日起至首次授予日起 48 个月内的最后一个交易日当日止	30%

根据激励与制约并存的原则，成都康弘药业集团股份有限公司在公司和个人两个层面分别设置了行权条件：

1. 公司层面。公司 2016 年至 2018 年的净利润增长率和营业收入增长率需分别达到以下标准才能行权，具体如下（见表 7-2）：

表 7-2　公司层面业绩考核目标

行权期	业绩考核目标	可行权数量占获授股票增值权数量比例
第一个行权期	以 2014 年经审计的净利润为基数，2016 年净利润增长率不低于 60.78%；以 2014 年经审计的营业收入为基数，2016 年营业收入增长率不低于 39.24%	40%
第二个行权期	以 2014 年经审计的净利润为基数，2017 年净利润增长率不低于 103.87%；以 2014 年经审计的营业收入为基数，2017 年营业收入增长率不低于 64.30%	30%
第三个行权期	以 2014 年经审计的净利润为基数，2018 年净利润增长率不低于 158.51%；以 2014 年经审计的营业收入为基数，2018 年营业收入增长率不低于 93.88%	30%

2. 个人层面。激励对象当年实际可行权的股票增值权数量与其个人上一年度的绩效考核挂钩，具体如下（见表 7-3）：

表 7-3　个人层面考核目标

考核结果(S)	S≥10 分	10 分 > S≥9 分	9 分 > S≥8 分	S < 8 分
行权比例	100%	90%	80%	0

个人当年实际可行权额度 = 行权比例 × 个人当年计划可行权额度。

除此之外，公司对员工和公司可能出现的将影响激励计划实施的 27 种情况，分别作出了规定，以确保激励计划的正常实施以及顺利结束。

Chapter 8
第八章

创客模式

传统的股权激励制度发展到今天，在各种商业模式不断创新的情况下已有些不适用，尤其是不太适用于传统企业（员工不像高科技企业那样充满激情和暴富梦想）、营收增长不太显著的企业（难以短时间内高速增长）、难以短时间内受资本市场青睐的企业（无法通过估值增长获得未来收益）。因此，一种崭新的股权激励模式——创客模式应运而生。笔者将在本章就创客模式进行详细的介绍，以便为上述类型的企业寻找更为符合自身发展的激励计划提供全新的选择。

第一节　创客模式的概念和优势

一、创客模式的概念

创客模式，也称股权激励创客模式，指根据公司不同的发展阶段制定不同的激励制度,即在公司发展早期适用单元分红激励方案,公司发展到一定阶段适用小微合伙激励方案,待公司发展趋于成熟时适用价值持股激励方案,从而最大限度地因时制宜,调动员工的创业积极性。具体而言,包括如下三层内容:

（一）单元分红

单元分红是指在员工与企业就固定工资降低一定比例达成一致时,让单元(可以按照项目、店面、子公司、分公司等划分单元)员工在一定时间段内获得比固定工资总和更多的红利的激励性报酬方案。

单元分红存在很多优点,如可在企业的发展初期降低人力成本,而且单元分红与一定时间段内该单元的业绩挂钩,能够激发员工工作积极性,因单元分红具有员工不用出资、参与成本低等特点,所以员工参加的意愿很高。

（二）小微合伙

小微合伙是指公司与员工签订合伙协议书,让员工成为单元(可以是单个店面、分公司、子公司等)合伙人,出资入股该单元,拥有店面的一定股权/所有权,让员工变为合伙人的激励方案。

小微合伙存在以下优点:(1)打破企业内部纵向决策、横向分工的组织体系;(2)各业务团队独立决策、自负盈亏,合伙人对项目有充分决策权,享有相当的项目收益,因此员工的工作积极性高,对企业有较强的归属感;(3)线上线下公司均可适用;(4)公司可以大量拓展店面、项目公司等单元,并复制、大力推广单元模式,在短时间内迅速做大做强。

（三）价值持股

价值持股是指公司将股权或股权的收益权以某种方式授予对企业有价值的员工,使他们参与决策、分享收益、承担风险,形成权利和义务相互匹配的所有权、收益权、控制权和管理权关系,从而激励有价值的员工为公司长期发展做出贡献的一种激励方案。

价值持股具有以下优点:(1)是通过价值核算来考察员工对公司的实际贡献值,而不是根据其所处的岗位、职位、工作时间等因素来考察员工的实际贡献值,让每位员工都可以获得个人价值的数值认定,从而获得与该价值相对应的股权;(2)让每个员工关注收入、关注成本、更关注单位时间的效率,提高工作积极性,提升企业发展规模,营造良好的企业发展前景;(3)员工对企业的发展前景有一定的了解且有充分信心,参加的意愿高,能吸引有价值的员工做出更大的贡献。

二、创客模式的优势

创客模式通过三个阶段激励员工为公司创造更好的业绩,实现公司与员工的双赢。创客模式相对于限制性股票、期权等股权激励方式而言,具有其无可比拟的优势,主要表现为:

(一)适用范围更广

从适用范围来说,创客模式适用于各种企业(特别是传统企业),且能让员工在公司发展早期就获得激励。有的公司在发展早期直接照搬很多发展成熟的大公司精心策划且极具专业性的股权激励措施,但往往无法实现预期效果,甚至可能产生负面效果。出现这类问题的关键在于他们几乎从来没有预先考证一下员工对公司的信任基础是否牢靠。在公司发展早期,员工对公司的发展前景没有明确的认识,往往对公司缺乏信任。信任不是激励,但它是激励的前提和基础,信任缺失时,激励也是徒劳的。而创客模式让员工在公司发展的早期就获得激励,能够极大强化员工对公司的认同感、信任感。

(二)更容易调动员工积极性

从员工层面来说,员工早期不需要支付资金购买股权,缓解了资金压力,也无须承担公司经营风险,入股意愿高涨,能有效调动员工工作积极性。

(三)实施程序循序渐进,更为理性且更具价值

从公司层面来说,公司在发展到成熟阶段时,已经深入了解各个员工价值,

授予股权的风险较低，且创客模式激励方式相对于限制性股票、期权等激励方式更为灵活，公司可以根据自身状况制定更加符合公司发展的激励计划。

第二节　创客模式之设定

根据企业的发展状况，设定股权激励创客模式一般分为以下三个阶段：

一、公司的初期发展阶段：单元分红

1. 确定分红单元。根据公司的具体情况可以按照项目、店面、子公司、分公司等划分单元。

2. 制定单元分红核算机制/盈利指数。根据具体的单元与公司的具体情况，确定单元分红的核算机制/盈利指数，准确计算员工能够获得的分红。

3. 制定单元分红方案并经董事会/股东会审议通过。公司设计好完备的单元分红方案后，需要经过公司董事会/股东会会议通过，并在企业切实实施，如此一来，才能实现应有的激励效果。

4. 员工宣讲并签订分红激励等有关协议。召开员工动员大会对单元分红方案进行各个方面的说明，在双方协商一致的情况下签署分红激励等相关协议。

二、公司发展到一定阶段：小微合伙

1. 核算单元盈亏平衡点。核算盈亏平衡点的目的是把一部分接近盈亏平

衡点或超过盈亏平衡点的单元（单个店面、分公司、子公司等）拿出来做第一批小微合伙，公司拿这些单元，让员工来选，想突破自己的或想借此机会赚更多钱的员工就会站出来承包单元。

2. 设定门店等单元的员工范围及人数。在确定了合适的单元后，根据该单元的特点确定需要的员工范围和人数等具体指标。

3. 设定合伙制的出资比例、风险承担比例、成果分享比例。这些比例是根据每家公司的实际情况来制订的，甚至有公司为了在前期鼓励员工参与进来而提供很宽松的政策，比如出现亏损时，由公司承担大部分的亏损，出现盈利时，员工分享大部分的成果。具体可定为三七开，即店面出现亏损，则员工承担30%的亏损，公司承担70%；如果出现盈利，同样员工分享70%的收益，公司分享30%的收益。

4. 为保证合伙方案的可行性与可操作性，小微合伙方案制定后同样须经董事会/股东会以及管理层双重审核并通过。

5. 召开动员大会对有关方案进行推广，引导员工积极参加。

三、公司发展趋于成熟阶段：价值持股

1. 制作价值核算标准。在公平、公正、公开的前提下，制定符合本公司具体情况的员工价值核算标准，保证在同一个前提下核算员工的价值。

2. 核算员工对公司的实际贡献值，确定激励范围。根据第一步确定的价值核算标准，核算员工的价值，再选定一定比例的现阶段价值更大的员工作为股权激励对象。

3. 同上文，将价值持股方案进行双重审核并通过后，在内部进行推广。

4. 员工宣讲并签订员工持股协议。召开员工动员大会对价值持股方案进行各个方面的说明，在双方协商一致的情况下签署员工持股协议。

第三节 案例解读

案例十九:某美容公司股权激励创客模式案例

美容健康公司A设立之初仿照其他公司采取门店模式经营,半年之后,门店业绩一直没有大的起色,公司A的业务也因此受到很大影响。针对这个问题,公司A实行单元分红激励方式,单元确定为店铺,并制定了分红核算机制如下(见表8-1、表8-2):

表8-1 店铺分红核算机制

分类	数值
A店铺上年度利润	40万元
估值	200万元
员工投入	10万元
分红比例	5%

表8-2 店铺分红核算机制

经营结果	利润(万元)	分红比例	预计分红金额(万元)	收益率
业绩不增长	40	5.0%	3.00	20%
业绩增长10%	46.4	7.0%	3.25	32%
业绩增长15%	50.4	9.0%	4.53	45%

随着公司A的单元分红模式的激励效果逐渐体现,公司和员工均获得了较大的收益,考虑到公司A所处的行业特点以及公司的长远激励计划,该公司又制定了切实可行的小微合伙激励方案:

首先,该方案确定了店铺利润的计算方式:店铺利润=年度毛利-费用-税费,毛利=销售回款-成本-库存折损。

其次,该方案将合伙对象确定为店长和员工。店长合伙人要求在公司任职一年以上,或在其他品牌担任店长两年以上且有优秀成绩表现,并且在合伙经营年度内无怀孕计划。店员合伙人要求工龄1年以上且合伙经营年度内无怀孕计划。

再次,该方案明确了公司与合伙人二者之间的风险承担比例,实现利润的由公司与合伙人按照30%、70%分配利润,亏损的金额则由公司承担。

最后,该小微合伙激励计划还对可能发生的退出情况的处理作出了规定:

1. 个人业绩低于店铺平均业绩的,取消店员次年店铺合伙人资格;

2. 店铺业绩同期下滑15%以上,或店铺完成率在区域排名中为最后一名的,则取消店长次年合伙人资格;

3. 员工在合伙经营年度内离职或累积请假超过30天,按自动退出核算;

4. 所有股权为在职股,员工离开当前岗位,按自动退出核算;

5. 店员有权随时提出退股,一旦退出,只能在下个核算年度开始前一个月提出书面申请加入,店长和区域经理在合同期内必须经公司同意后方可退出;

6. 区域经理的区域业绩未达到公司规定业绩85%的,且低于公司平均完成率的,取消区域经理次年合伙人资格;

7. 合伙人经营年度内退出时,按购买时价值返还股本,返还股本不计息,不参与分红。员工在合同期内退出的,自退出签字日开始,15个工作日内返还股本;

8. 合伙人退出时股本金不溢价,不减损,店铺的有形资产和无形资产不做分配。

这样的制度设计目的是在一个可行的范围内给小微合伙人更大的自由空间,提升店铺的管理能力和经营活力,让每一个店铺成为自主经营管理中心,实现绩效最大化。

Chapter 9

第九章

不同性质企业的股权激励

在本章，笔者将就不同性质的企业，主要针对国有企业和上市公司的股权激励的特殊要求和规定进行分析和提示，使实际操作设计方案时，既具备一般股权激励方案共性也结合国有企业或上市公司自身特点。

第一节　国有企业的股权激励

一、国有企业股权激励难点

国有企业股权激励的难点，即国有企业股权激励的特殊性在于：

（一）相关法律法规仍不完备

国有企业改革处于边实施、边探索的阶段，相关的法律法规尚不完备，尤其是非上市国有公司实施股权激励更是少有依据可循。因此，国有企业实施股权激励所面临的政策风险较大。

(二)审批程序烦琐

国有企业与国有资产息息相关，因此在实施股权激励时，为保障国有资产不因实施股权激励而流失，需要经过一系列的审批程序。国有企业的股权激励方案首先需要企业内部的董事会、股东大会通过，如果企业之上存在集团，还需要集团通过。

此外，还涉及国资委、财政部等多个政府部门的审批问题，程序极其烦琐，执行难度较之一般民营企业要大许多。较之央企，地方国企的激励计划往往还要经过当地市国资委、省国资委和国务院国资委的层层审批，因此沟通和实施的难度更大。

最后，因为国企的股权激励计划还涉及行权价格的评估问题，过高或者过低的评估结果，都无法通过审批，甚至会被扣上“通过股权激励融资”或者“国有资产流失”等帽子。

(三)公司尚不完全具备实施股权激励的条件

实施股权激励，首先需要有完善的法人治理结构，但是我国国有公司的高管往往具备双重身份，一是公司高管，二是“行政官员”，这也意味着其需要遵循两套管理系统，在某些情况下，难以直接根据市场情况实施行为。

同时，管理人员的双重身份也导致国有企业确定激励对象出现困难。许多国有企业的高管并非经过市场选择而产生，而是由政府任命，如此一来，其对企业的贡献无法正常评价，这就对考核标准的制定提出了挑战。

高管人员的双重身份也使得激励计划面临两难局面，如果薪酬过低，难以起到激励作用；但是如果薪酬过高，又对其他职业经理人不公，且可能造成国有资产流失。

因此，国有企业在实施股权激励之前，需加快完善公司法人治理结构、股权激励业绩考核体系，在激励计划中合理控制股权激励收益水平，强化对股权激励计划的管理。

(四)政策红线多

国有上市公司受到证监会和国资委的双重监管，相关规定对国有上市公司实施股权激励设定了更为严格的条件。例如，激励对象的收益有明确的上限，即激励对象股权激励收益占本期股票期权（或股票增值权）授予时的薪酬总水平的最高比重，其中境内上市公司及境外H股公司原则上不得超过40%。高级管理人员个人股权激励预期收益水平，应控制在其薪酬总水平（含预期的期权或股权收益）的30%以内。授予数量也有多条红线，如上市公司首次实施股权激励计划，其授予的股权数量原则上应控制在上市公司股本总额的1%以内；上市公司全部有效的股权激励计划所涉及的标的股票总数累计不得超过公司股本总额的10%等。

上述种种红线的限制，不仅导致国有上市公司的激励计划不容易实施，也大大削弱了激励效果。

二、国有企业股权激励的具体实施

以国有控股（境内）上市公司为例，根据《国有控股上市公司（境内）实施股权激励试行办法》的规定，其股权激励实施程序如下：

（一）计划拟订

公司拟定激励计划时应就股权激励方式、激励对象、激励条件、授予数量、授予价格及其确定方式、行权时间限制或解锁期限等主要内容进行规定。

激励对象不能包括以下对象：(1)上市公司的监事、独立董事以及由上市公司控股公司以外的人员担任的外部董事；(2)证券监管部门规定的不得成为激励对象的人员；(3)在股权授予日，任何持有上市公司5%以上有表决权的股份的人员，经股东大会批准的除外；(4)已参加上市公司股权激励计划的，在上市公司担任职务的上市公司母公司（控股公司）的负责人。

股票来源方面，不得由单一国有股股东支付或擅自无偿量化国有股权，即股权激励应由全体股东公平支付，不能由国资委独自“埋单”。同时，国有股权是有价的，不能无偿支付给公司高管。

授予数量是国有控股上市公司实施股权激励与一般企业的重要区别之一。授予的股权总量，应结合上市公司股本规模的大小和股权激励对象的范围、股权激励水平等因素，在0.1%至10%之间合理确定。但上市公司全部有效的股权激励计划所涉及的标的股票总数累计不得超过公司股本总额的10%。且上市公司首次实施股权激励计划授予的股权数量原则上应控制在上市公司股本总额的1%以内。同时,任何一名激励对象通过全部有效的股权激励计划获授的本公司股权,累计不得超过公司股本总额的1%,经股东大会特别决议批准的除外。

就限制期而言,行权限制期原则上不得少于2年。

另外,绩效考核制度也是国有控股上市公司实施股权激励的一大重要特点。绩效考核目标应由股东大会确定。业绩考核指标应包含反映股东回报和公司价值创造等综合性指标,反映公司赢利能力及市场价值等成长性指标,反映企业收益质量的指标,三类业绩考核指标原则上至少各选一个。而且,其授予和行使环节均应设置应达到的业绩目标,授予时的业绩目标水平,应不低于公司近3年平均业绩水平及同行业(或选取的同行业境内、外对标企业,行业参照证券监管部门的行业分类标准确定,下同)平均业绩(或对标企业50分位值[①])水平。行使权利时的业绩目标水平,应结合上市公司所处行业特点和自身战略发展定位,在授予时业绩水平的基础上有所提高,并不得低于公司同行业平均业绩(或对标企业75分位值)水平。

(二)计划申报

首先,对于不同的企业,申报程序不同。对中央企业及其所出资企业控股的上市公司,其股权激励计划在报股东大会审议表决前,由集团公司按照《国有控股上市公司(境内)实施股权激励试行办法》规定的程序报履行国有资产出资人职责的机构或部门审核;对中央企业所出资三级以下企业控股的上市公司,其股权激励计划在上市公司股东大会审议前,报履行国有资产出资人职责的机构或部门备案。

其次,对于不同的计划,申报程序也不同。上市公司国有控股股东在股东大会审议批准股权激励计划之前,应将上市公司拟实施的股权激励计划报履行国有资产出资人职责的机构或部门审核(控股股东为集团公司的由集团公司

① 分位值是随机变量的特征数之一,将随机变量分布曲线与X轴包围的面积作n等分,得$n-1$个值,这些值称为n分位值。

申报),经审核同意后提请股东大会审议。

上市公司按股权激励计划实施的分期股权激励方案,则需事前报履行国有资产出资人职责的机构或部门备案。

另外,当出现以下情形时,国有控股股东须重新履行申报审核程序:

1. 上市公司终止股权激励计划并实施新计划或变更股权激励计划相关事项的;

2. 上市公司因发行新股、转增股本、合并、分立、回购等原因导致总股本发生变动或其他原因需要调整股权激励对象范围、授予数量等股权激励计划主要内容的。

(三)计划的考核、管理

授予董事、高级管理人员的股权,应根据任期考核或经济责任审计结果行权或兑现。授予的股票期权,应有不低于授予总量的20%留至任职(或任期)考核合格后行权;授予的限制性股票,应将不低于20%的部分锁定至任职(或任期)期满后兑现。

此外,上市公司不得为激励对象按照股权激励计划获取有关权益提供贷款以及其他任何形式的财务资助,包括为其贷款提供担保。

三、案例解读

案例二十:上海东方明珠新媒体股份有限公司限制性股票激励计划[①]

上海东方明珠新媒体股份有限公司(以下简称东方明珠)于2016年9月发布《A股限制性股票激励计划》,成为首个在上市公司主体层面实施股权激励计划的文化传媒类国企。

该计划拟向激励对象授予的限制性股票总数不超过18,122,778股,即公司股本总额2,626,538,616股的0.69%,符合相关规定,也保证了国有资本控

---

① 参见《600637:东方明珠A股限制性股票激励计划(草案)》,载东方财富网:http://data.eastmoney.com/notices/detail/600637/AN201609190017656741,最后访问日期:2018年6月20日。

股地位不动摇。

在业绩考核方面，其就公司和个人层面均设置了考核制度，而且东方明珠作为国有企业，还增加了社会效益方面的指标。并经由上海市宣传文化部门研究审定，东方明珠将政治导向指标、受众反应指标、社会影响指标作为限制性股票授予条件及解锁条件。

公司的经济指标方面，以营业收入增长率和每股收益为标准。营业收入增长率是衡量公司持续业务成长能力的重要依据，而每股收益是投资者据以评价企业盈利能力、预测企业成长潜力、进而做出相关经济决策的重要财务指标之一。两个经济效益指标既充分考虑和保证了股东利益，也能够合理结合和反映东方明珠的发展要求。

该计划下的限制性股票的解锁期内设三个解锁日，依次为解锁期满的次日及该日的第一个、第二个周年日（遇节假日顺延为其后的首个交易日），解锁比例为33%、33%、34%。三个解锁期的公司指标分别如下：

1. 经济效益指标。第一个解锁期以2015年的营业收入为基准，2018年度相较2015年度营业收入复合增长率不得低于10%；后两个解锁期的增长率要求分别为11%、12%。2018年度归属母公司的扣除非经常性损益后的每股收益不低于0.91元；后两个解锁期的数据依次增加0.1。

2. 社会效益指标。在政治导向指标上，要求在2018年、2019年及2020年度公司未发生造成严重影响的政治性差错、重大技术性差错和严重泄密事故，同时不断加强公益媒体发布和公益性节目建设；在受众反应指标上，三个年度相较2015年度公司智能终端用户年复合增长率均不得低于10%；在社会影响指标上，三个年度均需保持全国文化企业30强的称号。

3. 个人考核方面。个人实际可解锁数量与激励对象上一年度绩效评价结果挂钩，为激励对象个人绩效评价结果对应的解锁系数乘以当期的解锁上限。在授予前一年度，个人绩效考核等级为不合格的激励对象不能参与限制性股票的授予。公司董事会薪酬与考核委员会负责领导与审核考核工作，并授权公司人力资源部负责具体实施考核工作。个人绩效等级与个人实际可被授予的限制性股票占本批应授予量的比例关系如下（见表9－1）：

表9-1　个人绩效考核

个人绩效考核等级	个人实际被授予的限制性股票占本批应授予量的比例
A-优秀	100%
B-良好	
C-合格	
D-基本合格	80%
E-不合格	0%

最后,由于东方明珠为国有控股上市企业,其股权激励需要额外的审批手续,该激励计划实施须经上海市文化体制改革和发展工作领导小组、中央文化体制改革和发展工作领导小组及上海市国资委审核同意后,再由东方明珠股东大会审议通过后方可实施。

案例二十一:某科研院所下属科技型企业员工持股计划①

某科研院所下属企业于2000年由研究所出资成立,是一个以冶金及重型机械行业非标设备设计成套及技术贸易为主业的科技型企业,目前在编人员80%以上为具有中高级职称的工程技术人员。公司成立以来,国家投入品牌和少量资金,通过管理层与员工的不懈努力,公司资产飞速增值。

为了解决公司员工的创业贡献与公司目前股权结构不相符合的问题,该公司决定进行股份制改造。经过改造,该公司的注册资本拟由原来的50万元增加至人民币500万元,同时在增资扩股中引入员工持股计划,其中公司40%的股份将通过实施员工持股计划由高管层和员工持有,另60%的股份仍由研究所持有。该方案已获上级主管部门批准,目前激励效果初步显现。

方案分解:

1. 授予对象:包括公司董事在内的所有在职员工。

2. 持股形式:员工持股计划拟在3年内完成,由公司担保从银行贷款给员工持股会,员工持股会用该贷款购买本公司40%的股份后再分配给员工,其中

① 参见范文九九网:《员工激励案例——股权激励》,https://www.fanwen99.cn/article/15046822.html,最后访问日期:2018年6月20日。

的 10% 由员工直接出资购买，另外 30% 由日后每年公司的分红归还本息，然后根据当年归还本息的数额再按照员工的持股比例将股份转给员工。

3. 授予数量：员工持股会的股份分配在全员范围内分三层次进行，第一层次为核心层（董事、总经理），占员工持股会持股总数的 50%，其中授予个人股份数量最高 20.44 万，最低 13.26 万；第二层次为技术骨干层，占员工持股会持股总数 30%，主要为工龄较长的且具有高级职称者，包括重要部门的部门经理，其中授予个人股份数量最高 9.75 万，最低 7.42 万；第三层次为员工层，占员工持股会持股总数的 20%，包括工龄较短或具有中级职称的部门经理、各部门业务员，其中授予个人股份数量最高 4.48 万，最低 0.63 万。

案例解析：

1. 从激励模式分析：该公司原先规模较小，且属国有研究所下属的科技型全资子公司，职工人数只有 30 人左右，多数为中高级职称的技术人员，因此在增资扩股中引入员工持股计划比较适合。一方面可以解决增资扩股的部分资金来源，另一方面可以让员工分享公司的成长价值，以未来公司的利润转化为员工的股份，有利于形成长期激励机制。

2. 从激励作用分析：该公司在职员工通过拥有公司股权参与分享企业利润，有助于增强企业员工的凝聚力，形成一种以“利益共享”为基础的企业文化，另外还有一定的福利作用，以上这些都体现了国有资产控股公司的特征。

第二节　上市公司的股权激励

一、上市公司股权激励概述

我国法律法规对上市公司的监管一直较为严格，同样对上市公司股权激励也有较多的规范与管理，证监会上市公司监管部于2008年连续发布了股权激励有关事项备忘录1号、2号、3号文件，证监会于2016年7月13日颁布《上市公司股权激励管理办法》，专门规范上市公司实施股权激励的行为，另外还有针对上市公司实施股权激励的各方面的指导意见，全面指导上市公司股权激励行为。

二、上市公司股权激励常用方法及其特点

上市公司股权激励的方式多种多样，华扬资本对2011年1月1日至2016年6月30日间1009个股权激励公告方案进行统计、整理，发现限制性股票和股票期权这两种方式占主导地位，结果如图9－1所示[①]。除却这两种方式，员工持股计划也是上市公司股权激励的常用方式之一。

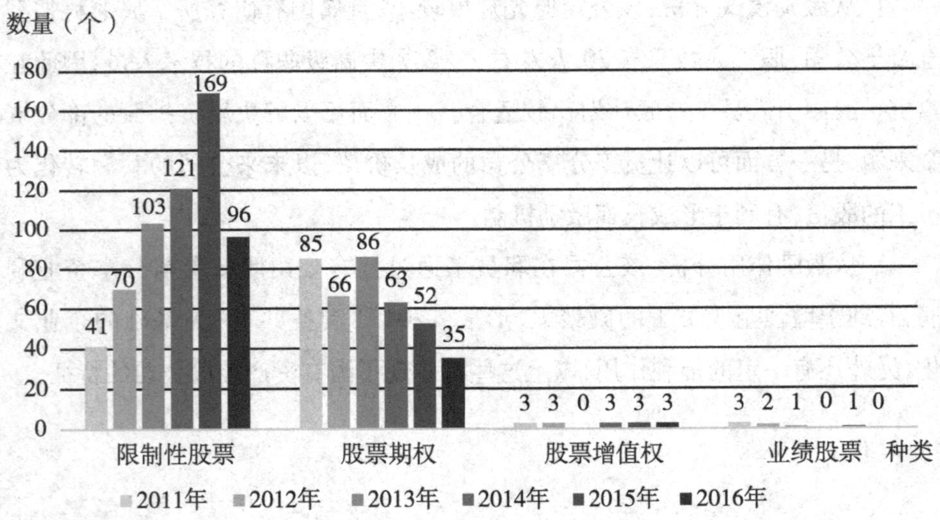

图9－1　历年不同激励模式方案数量

股权激励方案的制定涉及定人、定量、定来源、定价、定时等多方面，本文主要将从以下几个方面介绍上市公司实施股权激励的特点。同时，鉴于除国有企业外，国家对非上市公司的规范较少，一般参照上市公司的相关规定适用，在此

① 参见《2011～2016年A股上市公司股权激励情况总结分析》，载https://www.sohu/com/a/109189668_412638，最后访问日期：2016年8月8日。

不再作过多介绍。

（一）实施条件

股权激励的实施条件见表9-2。

表9-2　股权激励实施条件

<table>
<tr><th>限制性股票</th><th>股票期权</th><th>员工持股计划</th></tr>
<tr><td colspan="2">不可出现以下情形：
1. 最近一个会计年度财务会计报告被注册会计师出具否定意见或者无法表示意见的审计报告
2. 最近一个会计年度财务报告内部控制被注册会计师出具否定意见或无法表示意见的审计报告
3. 上市后最近36个月内出现过未按法律法规、公司章程、公开承诺进行利润分配的情形</td><td>无特别规定</td></tr>
</table>

（二）定人

股权激励的适格与不适格对象见表9-3。

表9-3　股权激励适格、不适格对象

<table>
<tr><th>限制性股票</th><th>股票期权</th><th>员工持股</th></tr>
<tr><td colspan="2">适格的激励对象：
董事、高级管理人员、核心技术人员或者核心业务人员，以及公司认为应当激励的对公司经营业绩和未来发展有直接影响的其他员工（包括在境内工作的前述外籍员工）</td><td rowspan="2">未明确规定，可面向全体员工，包括管理层人员</td></tr>
<tr><td colspan="2">不适格的激励的对象：
1. 独立董事和监事
2. 单独或合计持有上市公司5%以上股份的股东或实际控制人及其配偶、父母、子女
3. 最近12个月内被证券交易所认定为不适当人选
4. 最近12个月内被中国证监会及其派出机构认定为不适当人选
5. 最近12个月内因重大违法违规行为被中国证监会及其派出机构行政处罚或者采取市场禁入措施
6. 具有《公司法》规定的不得担任公司董事、高级管理人员情形的
7. 知悉内幕信息而买卖本公司股票的，不得成为激励对象，不属于内幕交易的情形除外
8. 泄露内幕信息而导致内幕交易发生的
9. 中国证监会认定的其他情形</td></tr>
</table>

(三)定量

股权激励的股本数量限制见表9-4。

表9-4 股权激励股本数量限制

限制性股票	股票期权	员工持股计划
总量:全部在有效计划所涉及的总数累计不得超过公司股本总额的10% 预留比例不得超过本计划拟授予权益数量的20% 个人:非经股东大会特别决议批准,累计不得超过公司股本总额的1%		数量同股票期权及限制性股票,且不包括首次公开发行股票上市前获得的、通过二级市场自行购买的及通过股权激励获得的股份
分期解锁、行权:每期比例不得超过总额的50%		—

(四)定来源

股权激励的股票来源见表9-5。

表9-5 股权激励股票来源

限制性股票	股票期权	员工持股计划
股票来源: (1)向激励对象发行股份 (2)回购本公司股份 (3)法律、行政法规允许的其他方式		1. 回购本公司股票 2. 二级市场购买 3. 认购非公开发行股 4. 股东自愿赠与 5. 法律、行政法规允许的其他方式
资金来源:自筹,上市公司不得提供贷款以及其他任何形式的财务资助,包括为其贷款提供担保		1. 员工的合法薪酬 2. 法律、行政法规允许的其他方式

(五)定价

股权激励授予价格和行权价格见表9-6。

表9-6 股权激励授予价格和行权价格

限制性股票	股票期权	员工持股计划
授予价格、行权价格不得低于股票票面金额		

续表

限制性股票	股票期权	员工持股计划
授予价格原则上不得低于下列价格较高者： (1)股权激励计划草案公布前1个交易日的股票交易均价的50% (2)股权激励计划草案公布前20个交易日、60个交易日或者120个交易日的公司股票交易均价之一的50%	行权价格原则上不得低于下列价格较高者： (1)草案公布前1个交易日的公司股票交易均价 (2)草案公布前20个交易日、60个交易日或者120个交易日的公司股票交易均价之一	非公开发行股票的发行价格不低于定价基准日前二十个交易日公司股票均价的90%
其他方法确定授予价格、行权价格的，应当作出说明		
回购价格： 1. 出现不可实施股权激励情形负有个人责任的，或出现不得成为激励对象情形的，回购价格不得高于授予价格 2. 出现其他情形的，回购价格不得高于授予价格加上银行同期存款利息之和	—	—

（六）定时

股权激励时间限制表见表9－7。

表9－7　股权激励时间限制

限制性股票	股票期权	员工持股计划
授予日与首次解除限售日之间的间隔不得少于12个月	授权日与获授股票期权首次可行权日之间的间隔不得少于12个月	1. 每期员工持股计划的持股期限不得低于12个月 2. 以非公开发行方式实施员工持股计划的，持股期限不得低于36个月 3. 自股票过户至本期持股计划名下时起算
分期解除限售的，每期时限不得少于12个月	分期行权，每期时限不得少于12个月，后一行权期的起算日不得早于前一行权期的届满日	
有效期从首次授予权益日起不得超过10年		未明确规定

(七)考核

股权激励业绩考核见表9-8。

表9-8 股权激励业绩考核

限制性股票	股票期权	员工持股计划
1. 激励对象为董事、高级管理人员的,应当设立绩效考核指标 2. 公司:(1)同行业可比公司相关指标,不少于3家;(2)公司历史业绩:净资产收益率、每股收益、每股分红、净利润增长率、主营业务收入增长率等 3. 个人:公司自行确定		未明确规定

(八)信息披露股权激励信息披露见表9-9。

表9-9 股权激励信息披露①

限制性股票	股票期权	员工持股计划
1. 公告草案的同时披露所设定指标的科学性和合理性 2. 同时实行多期激励计划,后期业绩指标低于前期的,说明其原因与合理性 3. 采用其他方法确定授予价格的,在计划中对定价依据及定价方式作出说明 4. 未按照建议聘请独立财务顾问的,应作特别说明 5. 在股东大会审议前5日披露监事会对激励名单审核及公示情况的说明 6. 股东会审议时,单独统计小股东投票情况,并予以披露 7. 未能在60日内授出权益并完成公告、登记的,披露原因 8. 董事会通过草案后,及时公告董事会决议、股权激励计划草案、独立董事意见及监事会意见 9. 股东大会审议计划前,拟变更的,及时披露董事会决议公告,同时披露变更原因、变更内容及独立董事、监事会、律师事务所意见 10. 发出召开股东大会的通知时,同时公告法律意见书、独立财务顾问报告 11. 股东会通过后,披露股东大会决议公告、激励计划以及内幕信息知情人买卖本公司股票情况的自查报告		1. 在员工持股计划届满前6个月公告到期计划持有的股票数量 2. 在董事会审议通过计划草案后的2个交易日内,公告董事会决议、员工持股计划草案摘要、独立董事及监事会意见及资产管理协议 3. 在召开股东大会前公告法律意见书 4. 股东大会通过后2个交易日内,披露主要条款 5. 采取二级市场购买方式实施的,每月公告一次购买股票的时间、数量、价格、方式等具体情况

① 参见《关于上市公司实施员工持股计划试点的指导意见》。

续表

限制性股票	股票期权	员工持股计划
12. 分次授出权益的，及时披露董事会决议公告，对拟授出的权益价格、行使权益安排、是否符合股权激励计划的安排等内容进行说明 13. 调整议案经董事会审议通过后，及时披露董事会决议公告，同时公告律师事务所意见 14. 在授予权益及股票期权行权登记完成后、限制性股票解除限售前，及时披露相关实施情况的公告 15. 授出权益时，再次披露股权激励会计处理方法、公允价值确定方法、涉及估值模型重要参数取值的合理性、实施股权激励应当计提的费用及对上市公司业绩的影响 16. 披露董事会对激励对象获授权益、行使权益的条件是否成就进行审议的决议，同时公告独立董事、监事会、律师事务所意见以及独立财务顾问意见（如有） 17. 公告回购股份方案及律师事务所意见、股东大会决议 18. 终止实施的，披露股东大会决议公告或董事会决议公告，并对终止实施股权激励的原因、股权激励已筹划及实施进展、终止实施股权激励对上市公司的可能影响等作出说明，并披露律师事务所意见 19. 在定期报告中披露报告期内的实施情况，包括： (1)报告期内激励对象的范围 (2)报告期内授出、行使和失效的权益总额 (3)至报告期末累计已授出但尚未行使的权益总额 (4)报告期内权益价格、权益数量历次调整的情况以及经调整后的最新权益价格与权益数量 (5)董事、高级管理人员各自的姓名、职务以及在报告期内历次获授、行使权益的情况和失效的权益数量 (6)因激励对象行使权益所引起的股本变动情况 (7)股权激励的会计处理方法及股权激励费用对公司业绩的影响 (8)报告期内激励对象获授权益、行使权益的条件是否成就的说明 (9)报告期内终止实施股权激励的情况及原因		6. 在完成标的股票的购买或将标的股票过户至员工持股计划名下的 2 个交易日内，以临时公告形式披露获得标的股票的时间、数量等情况 7. 员工持股计划持有公司股票达到公司已发行股份总数的 5% 时，应当依据法律规定履行相应义务 8. 上市公司至少应当在定期报告中披露报告期内下列员工持股计划实施情况： (1)报告期内持股员工的范围、人数 (2)实施员工持股计划的资金来源 (3)报告期内员工持股计划持有的股票总额及占上市公司股本总额的比例 (4)因员工持股计划持有人处分权利引起的计划股份权益变动情况 (5)资产管理机构的变更情况 (6)其他应当予以披露的事项

三、案例解读

案例二十二:伊利公司限制性股票和股票期权的股权激励方案[①]

伊利公司在2016年10月公布了其股权激励计划草案,伊利公司选择了两种常见激励方式,将同时进行限制性股票和股票期权的股权激励。激励对象只针对核心技术(业务)人员以及公司董事会认为需要进行激励的相关员工,不包括公司董事、监事和高级管理人员。其中,核心技术人员占主导地位,所占的比例为80.60%。可见,该计划的目的主要是为了有效调动核心员工,尤其是核心技术人员的积极性,吸引和保留业务骨干。

该计划的股票来源为公司向激励对象定向发行的公司A股普通股,有效期为股票期权和限制性股票授予之日起至所有股票期权行权或注销和限制性股票解锁或回购注销完毕之日止,最长不超过48个月,并且均分两期解锁或者行权。

根据《上市公司股权激励管理办法》的规定,因该激励计划不涉及公司董事、高级管理人员,因此是否规定业绩指标将由公司自行决定,而伊利公司仍旧在公司和个人两个层面设置了考核指标。

在公司层面,其规定在第一个行权期以2015年净利润为基数,2017年净利润增长率不低于30%,净资产收益率不低于12%时,激励对象才可行权或解锁;在第二个行权期则要求2018年利润增长率不低于45%,净资产收益率不低于12%。(见表9-10、表9-11)

表9-10 行业内可比公司2013~2015年度净利润增长率

年度 行业	2013年度	2014年度	2015年度	过去三年复合增速
蒙牛乳业	49.93%	30.72%	-7.51%	21.93%
光明乳业	18.26%	61.55%	-39.74%	4.81%

① 参见《600887:伊利股份股票期权与限制性股票激励计划(草案)》,载网易财经:quotes.money.163.com/flo/ggmx_60087_2816523.html,最后访问日期:2018年5月23日。

续表

年度 行业	2013 年度	2014 年度	2015 年度	过去三年复合增速
贝因美	34.73%	-92.63%	-30.68%	-59.02%
燕塘乳业	8.64%	15.19%	15.58%	13.09%
科迪乳业	-10.60%	20.64%	1.34%	3.01%
行业平均	20.19%	7.09%	-12.20%	-3.24%

注:(1)上述“净利润增长率”以归属于上市公司股东的扣除非经常性损益的净利润为计量依据;(2)三元股份由于扣除非经常性损益后的归属于上市公司股东的净利润为负数,所以未作为可比公司,下同。

表 9－11　行业内可比公司 2013～2015 年度净资产收益率

年度 行业	2013 年度	2014 年度	2015 年度	平均
蒙牛乳业	11.73%	12.76%	10.85%	11.78%
光明乳业	8.54%	13.02%	7.62%	9.72%
贝因美	19.07%	1.37%	0.98%	7.14%
燕塘乳业	23.48%	15.26%	12.32%	17.02%
科迪乳业	15.16%	15.88%	10.70%	13.91%
行业平均	15.60%	11.66%	8.49%	11.91%

(注:上述“净资产收益率”以归属于上市公司股东的扣除非经常性损益的净利润及归属上市公司净资产为计量依据。)

伊利在制定业绩指标时,参考行业平均利润增长水平和净资产收益率,设定 2016 年度～2018 年度净利润的年平均增长率为 15%,净资产收益率为 12%,均略高于行业平均水平,在保持指标合理性的同时,也对公司提出了一定的挑战,激励员工为公司献策献力。

在个人层面,则规定由董事会薪酬与考核委员会依据工作业绩、工作态度和工作能力等方面对激励对象进行个人业绩的综合考核,并对考核结果进行评审评估。评审结果分为四档,若激励对象年度绩效综合考核结果对应等级为及格及以上,则激励对象满足可行权或者解锁条件。在个人考核上,对比起部分公司要求激励对象在全部行权或解锁期内的个人考核均达标的规定来说,伊利公司的要求并不算特别严格,因为每期考核结果只影响当期行权或者解锁额度。

案例二十三:某上市公司业绩股票计划

某公司是一家综合类的上市公司,其业绩较为平稳,现金流量也较为充裕。因该公司对内部管理机制和行业及产品业务结构进行大刀阔斧地改革和重组创新,企业结构发生了较大的调整。为了保持业绩稳定和公司在核心人力资源方面的优势,该公司考虑对高级管理人员和核心骨干员工实行业绩股票计划,既是对管理层为公司做出的贡献的补偿,同时也有利于公司吸引和留住业务骨干,有利于公司管理制度的整体设计及与其他管理制度之间的协调和融合,降低制度安排和运行的成本。

方案分解:

1. 授予对象:公司高级管理人员和核心骨干员工。

2. 授予条件:根据年度业绩考核结果实施奖罚。考核合格的,公司将提取年度净利润的2%作为对公司高管的激励基金,购买本公司的流通股票并锁定;达不到考核标准的要给予相应的处罚,并要求受罚人员在6个月之内以现金清偿处罚资金。

案例解析:

1. 激励模式:这是一家综合类的上市公司,其业绩较为平稳,现金流量也较为充裕,因此比较适合实行业绩股票计划。

2. 激励对象:该方案的激励对象包括公司高级管理人员和核心骨干员工,既是对管理层历史贡献的补偿,又能激励管理层为公司的长期发展及股东利益最大化而努力,有利于公司吸引和留住业务骨干,保持公司在核心人力资源方面的优势。另外,这样的激励范围因为涉及人数不多,能有效控制公司的激励成本,因此总体来说激励范围比较合适。

3. 激励作用:该公司激励方案确定的激励力度为不大于当年净利润的2%,虽然公司的净利润基数较大,但分摊到每一个激励对象后再与实施业绩股票激励制度的大部分上市公司比较而言是偏低的。例如,公司某年度的净利润为1.334亿元,按规定可提取266.8万元的激励基金,激励对象如果按15人计算,平均每人所获长期激励仅为17.8万元。但近年来,该公司已逐步向基础设施公用事业转移,并在原有产业中重点投资发展了一些技术含量高、附加值高、市场潜力较大的高科技产品,以期实现产品的结构调整和高科技创新,因为高科技企业对人才的争夺将会比传统企业激烈得多,所以此时应随之调整激励力度,提高激励金额,保持企业在人力资源方面的优势。

在该方案中,所有的激励基金都被要求转化为流通股,这可以强化长期激励效果,但同时却也忽略了短期激励的效果。因此可以考虑将激励基金部分转化为股票,而部分作为现金奖励留给个人,这样就可以比较方便地调节短期激励和长期激励的力度,使综合的激励力度最大化。

Chapter 10

第十章

股权激励的常见问题

第一节　代持的法律问题

一、代持

（一）概念

股权代持指公司的实际出资人与名义出资人订立合同，约定由实际出资人出资并享有投资权益，以名义出资人为名义股东。《公司法解释（三）》确认了该种代持协议的合法性，其规定：有限责任公司中，实际出资人与名义股东对该合同效力发生争议的，如无《合同法》第52条规定的情形，人民法院应当认定该合同有效。

在代持关系中，由于实际出资人并不记载于股东名册之上，也不进行工商登记，因此其不是公司的股东，而名义股东虽未出资，却成为公司的正式股东。实际出资人若想成为公司股东，必须经公司其他股东半数以上同意，并请求公司办理变更股东、签发出资证明书，并记载于股东名册、公司章程，同时还需公司登记机关办理相关登记。

（二）代持原因

股权代持在投资中较为常见，究其原因，大致有以下几个方面：

1. 规避股东资格限制

公司，尤其是有限责任公司比较注重人合性，因此其可能对股东资格有所限制，当实际出资人无法满足资格时，即需通过代持解决烦恼。

2. 提高效率

当股东人数较多时，如果全部直接持股，不仅会导致工商手续繁杂，也会因股权过于分散而降低股东会或者股东大会等的决策效率。而通过代持，则大大减轻了公司进行工商登记的负担，也便于公司进行决策管理。

3. 规避法律

当股东人数众多时，会导致决策效率降低、工商手续繁杂。代持在这方面的作用与员工持股平台类似，可以大大减轻工商手续办理负担。

此外，我国现行法律还有许多其他限制。如《中外合资经营企业法》第1条规定："中华人民共和国为了扩大国际经济合作和技术交流，允许外国公司、企业和其它经济组织或个人（以下简称外国合营者），按照平等互利的原则，经中国政府批准，在中华人民共和国境内，同中国的公司、企业或其它经济组织（以下简称中国合营者）共同举办合营企业。"可见，我国现行法并不允许外国合营者与中国自然人以其自身名义共同举办合营企业。因此如实际出资人有此需求，则需通过让中国的公司、企业或其他经济组织代持的方式，举办合营企业。

4. 利用名义股东资源

如果名义股东拥有实际出资人不曾拥有的资源，且该资源对于公司经营或者吸引人才等方面具有重要影响时，实际出资人可能会考虑让名义股东代持股份，从而利用其资源促进公司发展。例如，影视公司可能需要利用某知名演员或者某知名导演的号召力，故而实际出资人可能以该知名演员或者导演为名义股东，代持其股份，以达到吸引更多人才或者提高公司电影票房等目的。

5. 个人原因

实际出资人因自身原因，如保护个人信息安全等，不愿意出面成为股东，此时可以通过代持，在不显名的情况下享有投资收益。

（三）法律风险

代持虽然具有种种优势，但其同时也存在许多风险，因此在选择代持方式时，相关当事人均应保持警惕，并做好各种防范措施。

1. 名义股东可能面临的风险

当实际出资人违约不愿再履行出资义务或者因发生客观情况导致实际出资人无能力继续出资时，公司可以请求名义股东履行出资义务，当名义股东为发起人时，还需要对其他发起人承担违约责任。而公司债权人也可以名义股东未履行出资义务为由，请求其对公司债务不能清偿的部分在未出资本息范围内承担补充赔偿责任。

虽然名义股东在承担上述责任后能够向实际出资人追偿，但是实际出资人是否有能力偿还却是不一定的，因此名义股东需面临巨大的风险。

2. 实际出资人可能面临的风险

实际出资人作为隐名股东，实际上获得了显名股东这一“保护伞”，但也可能反受其害。

因为名义股东与实际出资人之间仅通过一张协议维系，一旦名义股东背信弃义，实际出资人将陷入非常被动的局面。首先，如果实际出资人想要转为公司实际股东，其必须经过公司其他股东半数以上同意。其次，当实际出资人与名义股东因投资权益的归属发生争议时，实际控制人需承担举证责任证明其实际履行了出资义务。再次，名义股东将登记于其名下的股权转让、质押或者以其他方式处分，实际出资人以其对于股权享有实际权利为由，请求认定处分股权行为无效的，人民法院可以参照《物权法》第106条（善意取得制度）的规定处理。如此一来，如第三人符合善意取得的规定，实际出资人将完全丧失其股权，而只能请求名义股东赔偿损失，然而名义股东实际能够赔偿的范围也是不确定的。

代持还涉及双重征税的问题。虽然《关于企业转让上市公司限售股有关所得税问题的公告》规定：因股权分置改革造成原由个人出资而由企业代持有的限售股，企业转让上述限售股取得的收入，应作为企业应税收入计算纳税。完成纳税义务后的限售股转让收入余额转付给实际所有人时不再纳税；依法院判决、裁定等原因，通过证券登记结算公司，企业将其代持的个人限售股直接变更到实际所有人名下的，不视同转让限售股。但是这只是适用于企业转让上市公司限售股的情形，在其他情形下，名义股东或者实际出资人仍须向税务机关证明委托代持关系的存在，才能仅由一人缴税。因此在代持情况下，除非实际出资人能切实证明代持关系的存在，否则仍面临双重征税的风险。

3. 公司可能面临的风险

IPO 和新三板挂牌对股权代持都持否定态度，《首次公开发行股票并在创业板上市管理办法》第 15 条规定发行人的股权清晰，控股股东和受控股股东、实际控制人支配的股东持有的发行人股份不存在重大权属纠纷。而《全国中小企业股份转让系统业务规则（试行）》第二章也规定，股份有限公司申请股票在全国股份转让系统挂牌，应当保证股权明晰，股票发行和转让行为合法合规。

因此公司无论是计划上市还是在新三板挂牌，都需要提前清理代持情况，并做好相关信息的披露，否则公司将无法开展上市和挂牌的计划。

（四）案例解读

案例二十四：国信证券李绍武案（股权代持问题）①

国信证券李绍武案被称为“PE 腐败第一案”。本案中，证监会的处罚决定书中指出：自 2001 年起，李绍武利用其在国信证券投行部工作的职务便利，在对有关公司进行改制辅导和保荐上市过程中，通过配偶邱某、岳母冯某以及其本人可以控制的深圳市昕利科技发展有限公司等自然人及机构的名义持有、转让拟上市公司的股份或买卖其股票，涉及洛阳轴研科技股份有限公司、深圳莱宝高科技股份有限公司、河南佰利联化学股份有限公司、河南四方达超硬材料股份有限公司等 4 家公司，共获利 10, 216, 215. 19 元。最终证监会决定没收李绍武违法所得 10, 216, 215. 19 元，并处以 600 万元罚款，同时，还认定李绍武为市场禁入者。

其中，2007 年 11 月，佰利联对公司中高级管理人员进行股权激励，佰利联

---

① 《伪造虚假身份曲线入股国信证券李绍武“PE 第一腐败案”揭秘》，载新浪财经网：http://finance.sina.com.cn/roll/20120906/053913059479.shtml.，最后访问日期：2018 年 5 月 23 日。

股东东方博雅将其持有的佰利联股份全部转让给激励对象。因此前佰利联相关负责人曾就股权激励涉及的可行性、人员范围、持股比例等问题向李绍武进行多次咨询，故其知悉股权激励的有关情况，便主动向佰利联提出让邱某（李绍武对外称邱某是其朋友）以外部投资者身份参加股权激励。2007 年 11 月，邱某受让东方博雅转让的 35 万股佰利联股份。后佰利联要求李绍武将邱某持有的上述股份转出，邱某虽向其母亲冯某转让但未收到股权转让款，邱某仍实际控制上述股份，因此未达到佰利联的要求。2009 年 10 月，在佰利联的进一步要求下，冯某才将其持有的上述股份转让给佰利联指定的人员。

如果邱某当时在佰利联的进一步要求下仍未转让股份，那么佰利联的股权激励计划将无法顺利实施，佰利联还可能因此陷入诉讼僵局。因此在股权激励中采用代持方式存在很大风险，毕竟包括名义股东在内的任何人都无法保证名义股东能信守诺言。公司、激励对象等对此应该慎之又慎。

二、直接持股

拟上市公司计划通过限制性股票、股票期权等模式实施股权激励时，需要考虑员工的持股方式，员工持股方式包括直接持股和间接持股，其中间接持股又包括通过有限合伙持股、通过有限责任公司持股以及其他方式。本文主要介绍员工直接持股方式。

（一）利弊

1. 优点

（1）激励效果更明显

相对于间接持股，员工直接持股之后对公司享有更高的自主权利，以通过有限合伙间接持股为例，普通员工一般作为有限合伙人，其不具有执行事务的权利，因此对公司事务几乎没有参与、决策的权利，而员工通过直接持股则使其自身直接成为公司股东，享有参与决策权、优先认购新股等股东权利。

（2）税收负担更小

①限售股转让所得税

财政部、国家税务总局、证监会《关于个人转让上市公司限售股所得征收个人所得税有关问题的通知》及《关于个人转让上市公司限售股所得征收个人所得税有关问题的补充通知》规定：个人转让限售股，以每次限售股转让收入，减除股票原值和合理税费后的余额，为应纳税所得额，即

应纳税所得额 = 限售股转让收入 -（限售股原值 + 合理税费）

应纳税额 = 应纳税所得额 ×20%

如果纳税人未能提供完整、真实的限售股原值凭证的，不能准确计算限售股原值的，主管税务机关一律按限售股转让收入的 15% 核定限售股原值及合理税费。

②股息红利所得税

现行《个人所得税法》第 3 条第 5 款规定，利息、股息、红利所得，适用比例税率，税率为 20%。同时，其第 6 条第 6 款规定利息、股息、红利所得，以每次收入额为应纳税所得额。

根据财政部、国家税务总局、证监会《关于实施全国中小企业股份转让系统挂牌公司股息红利差别化个人所得税政策有关问题的通知》（财税〔2014〕48 号）第 1 条的规定，个人持有全国中小企业股份转让系统（简称全国股份转让系统）挂牌公司的股票，持股期限在 1 个月以内（含 1 个月）的，其股息红利所得全额计入应纳税所得额；持股期限在 1 个月以上至 1 年（含 1 年）的，暂减按 50% 计入应纳税所得额；持股期限超过 1 年的，暂减按 25% 计入应纳税所得额。

根据财政部、国家税务总局、证监会《关于上市公司股息红利差别化个人所得税政策有关问题的通知》（财税〔2015〕101 号）第 1 条的规定：个人从公开发行和转让市场取得的上市公司股票，持股期限超过 1 年的，股息红利所得暂免征收个人所得税。个人从公开发行和转让市场取得的上市公司股票，持股期限在 1 个月以内（含 1 个月）的，其股息红利所得全额计入应纳税所得额；持股期限在 1 个月以上至 1 年（含 1 年）的，暂减按 50% 计入应纳税所得额。对个人持有的上市公司限售股，解禁后取得的股息红利，按照（财税〔2012〕85 号）通知的规定计算纳税，持股时间自解禁日起计算；解禁前取得的股息红利继续暂减按 50% 计入应纳税所得额。

而间接持股方式，如果是通过有限公司持股，根据《企业所得税法》的相关

规定，公司转让限售股时，公司按25%的税率缴纳企业所得税，同时公司向自然人股东分红时，自然人股东按20%的税率缴纳个人所得税。因此，员工通过有限公司持股，需要双重征税，税负更高。

2. 缺点

(1)程序烦琐

如果激励对象众多或者变更较为频繁，则每一次增减变动都需要进行相应的工商登记手续，或者召开股东大会。这样一来，不仅给公司增添了程序上的不便，也会降低公司的决策效率，不利于公司的高效运营。

(2)人数受限

我国《公司法》规定，有限责任公司的股东为1～50人，股份有限公司的股东在上市前最多为200人。如果公司的激励对象全部直接持股，很可能导致公司股东人数超过法律限制，甚至导致公司面临非法集资的风险。

(3)控制权难以掌控

激励对象直接持股，意味着其成为公司正式的股东，具有经营决策的权利。如果在公司的经营决策上激励对象与原始股东、管理层等发生分歧，则将导致管理者无法顺利地把控公司发展方向。而通过平台持股，特别是通过有限合伙持股，激励对象一般为有限合伙人，不具有执行合伙事务的能力，自然也不可能对公司的经营决策产生影响。

(二)注意事项

企业选择直接持股方式，除了判定合理的决策机制，以避免发生丧失控制权的风险外，还需要对采用直接持股的激励对象的范围仔细斟酌。直接持股虽然激励效果更好，但是总体而言是对激励对象更有利的，而且具有很多风险。因此，一般除了创业元老、最核心员工或者公司发展不可或缺的极少数人员可应用直接持股模式之外，其他被激励对象应当通过持股平台等方式间接持股。

此外，员工持股比例和期限也需要满足一定的要求。中国证券监督管理委员会公告〔2014〕33号《关于上市公司实施员工持股计划试点的指导意见》规定：每期员工持股计划的持股期限不得低于12个月，以非公开发行方式实施员工持股计划的，持股期限不得低于 36 个月，自上市公司公告标的股票过户至本期持股计划名下时起算；上市公司应当在员工持股计划届满前 6 个月公告到期计划持有的股票数量。

上市公司全部有效的员工持股计划所持有的股票总数累计不得超过公司股本总额的 10%，单个员工所获股份权益对应的股票总数累计不得超过公司股本总额的 1%。员工持股计划持有的股票总数不包括员工在公司首次公开发行股票上市前获得的股份、通过二级市场自行购买的股份及通过股权激励获得的股份。

（三）案例解读

案例二十五：广东温氏食品集团股份有限公司员工持股计划[①]

广东温氏食品集团股份有限公司于 2016 年 8 月公布了其 2016 年度员工持股计划（草案修订稿）。该员工持股计划的股票来源为认购本公司本次非公开发行的 A 股股票，认购的股份数量不超过 3415.11 万股，未超过该公司股本总额的 10%，单个员工所持持股计划份额所对应的股票总数也未超过公司股本总额的 1%。

该员工持股计划的持有人涉及众多的高管和骨干，主要包括董事长温鹏程、副董事长温志芬、董事严居然、黎沃灿、温均生、黄松德等以及 4 个监事、5 个副总裁和董事会秘书梅锦方以及其他员工等，可见直接持股的员工均是对公司发展起着决定性作用的人。

该员工持股计划将持有人大会作为内部管理的最高权力机构，持有人大会由员工持股计划全体持有人组成，并设立常设机构——管理委员会，负责监督员工持股计划的日常管理，代表全体持有人行使股东权利。

同时其规定了一系列的退出机制，如持有人辞职或擅自离职的、劳动合同

① 《温氏股份：2016 年度员工持股计划（草案修订案）（非公开发行股票方式认购）（更新后）》，载东方财富网：http://guba.eastmoney.com/news,300498,527579263.html.，最后访问日期：2018 年 6 月 20 日。

到期后公司或者持有人任何一方拒绝续签的以及持有人因违反法律、行政法规或公司规章制度而被公司或子公司解除劳动合同的公司有权取消该持有人参与本次员工持股计划的资格，并将其持有的份额及权益按照初始认购金额和相应份额对应的公司股票市价孰低的原则，作价转让给管理委员会指定的符合员工持股计划参与条件的受让人。类似的种种约定在激励员工的同时，也对员工的行为作出了限制，有效地约束员工实施可能损害公司利益的行为，从而实现共赢。

三、有限合伙持股平台

公司出于减轻税负、工商手续以及其他方面的综合考虑，往往会选择让激励对象通过平台间接持股，这种平台包括有限责任公司和有限合伙企业，下文主要介绍有限合伙企业作为持股平台的方式。

（一）优势

1. 税负小

根据财政部、国家税务总局《关于合伙企业合伙人所得税问题的通知》规定，合伙企业生产经营所得和其他所得采取“先分后税”的原则。合伙企业以每一个合伙人为纳税义务人。合伙企业合伙人是自然人的，缴纳个人所得税。

同时根据财政部、国家税务总局《关于个人独资企业和合伙企业投资者征收个人所得税的规定》，合伙企业每一纳税年度的收入总额减除成本、费用以及损失后的余额，作为投资者个人的生产经营所得，比照个人所得税法的“个体工商户的生产经营所得”应税项目，适用5%～35%的五级超额累进税率，计算征收个人所得税。

因此，相对于通过有限责任公司持股平台而言，合伙企业无须缴纳企业所得税，由合伙人直接纳税，避免了企业所得税和个人所得税的双重纳税。

2. 方便管控

根据《合伙企业法》的相关规定，有限合伙人不执行合伙事务，不得对外代表有限合伙企业。因此公司可以在设立有限合伙后，指定一名原始股东作为普通合伙人，普通合伙人作为执行事务合伙人，全权处理合伙事务。同时，即便普通合伙人需要承担无限连带责任,但由于该有限合伙不从事经营活动,因此作为普通合伙人的原始股东的风险也是很有限的。如果该有限合伙需要从事经营业务,则可由该原始股东建立一个有限责任公司,再使该一人公司成为普通合伙人,这样既可掌握有限合伙的执行事务的权利,也可避免普通合伙人的无限连带责任。

此外,合伙人之间的权利义务关系、收益分配方式等均可以在合伙协议约定,便于公司安排各方面事项。

3. 退出自由

根据《合伙企业法》规定,有限合伙人只要提前 30 日通知其他合伙人,即可以按照合伙协议的约定向合伙人以外的人转让其在有限合伙企业中的财产份额。而有限责任公司的股东对外转让股份,一般需要经过半数股东的同意。相对而言,有限合伙方式下员工退出更为自由,也给公司省却了很多程序上的麻烦。

(二)劣势

1. 法律制度不完善

相对于公司制度而言,我国的合伙制度建设并不完善,存在许多制度上的疏漏,因此采用有限合伙方式,公司面临的政策风险更大。且由于治理制度不如公司,有限合伙在管理上更多靠"人",而非依靠"制度",出现疏忽的可能性更大。

2. 自主性不足

对于一般员工而言,其仅能成为有限合伙人,无执行合伙事务的权利,更不必说参与激励公司本身的管理,因此在有限合伙方式下,员工的主动性不足。

3. 一定情况下,税负更高

合伙企业虽然只征收一重所得税,但根据财政部、国家税务总局《关于个人独资企业和合伙企业投资者征收个人所得税的规定》规定,其税率最高可达 35%,而直接持股税率为 20%。此外,现行法律针对缴纳企业所得税的企业制定了许多税收优惠政策,例如高新技术企业税收优惠政策,企业研究开发费用的 150% 在税前加计扣除的优惠政策等,而有限合伙企业则无法适用此类税收优惠政策。

4. 无法规避《公司法》的股东人数限制

《公司法》规定有限责任公司的股东不能超过 50 人，股份有限公司的股东不能超过 200 人。过去一些公司便通过建立有限合伙持股平台，让激励对象间接持有公司的股权。但是《非上市公众公司监管指引第 4 号——股东人数超过 200 人的未上市股份有限公司申请行政许可有关问题的审核指引》中明确规定：股份公司股权结构中存在工会代持、职工持股会代持、委托持股或信托持股等股份代持关系，或者存在通过“持股平台”间接持股的安排以致实际股东超过 200 人的，应当按照本指引的相关规定进行规范，在依据本指引申请行政许可时，应当已经将代持股份还原至实际股东、将间接持股转为直接持股，并依法履行了相应的法律程序。

因此，企业试图通过建立有限公司或者有限合伙企业等持股平台来规避股东人数限制已经无法实现。

不过，该《指引》同时规定，以私募股权基金、资产管理计划以及其他金融计划进行持股的，如果该金融计划是依据相关法律法规设立并规范运作，且已经接受证券监督管理机构监管的，可不进行股份还原或转为直接持股。因此，企业可以考虑通过私募股权基金、资产管理计划实施股权激励计划。

（三）注意事项

采用有限合伙方式持股时，公司需要掌握合伙事务的执行权利，以便控制合伙企业，从而实现管理股权激励计划的目的。公司可以让某一高管担任普通合伙人，如果要求具有独立性的话，可以让高管信任的人来担任普通合伙人，同时可以约定普通合伙人以劳务出资，这样高管及其信任之人无资金压力。

如果需要规避无限连带责任的风险，则可以让高管及其信任之人成立一人公司，并将其作为普通合伙人，从而控制有限合伙企业。

此外，公司可以在具有税收优惠政策的地区注册成立有限合伙企业，以便利用当地的税收优惠政策合理避税。例如，《新疆维吾尔自治区促进股权投资类企业发展暂行办法》中规定合伙制股权投资类企业的合伙人为自然人的，合伙人的投资收益，按照“利息、股息、红利所得”或者“财产转让所得”项目征收个人所得税，税率为 20%。

(四)案例解读

案例二十六:江西博雅生物制药股份有限公司设立有限合伙企业作为员工持股平台①

2011年7月19日,江西博雅生物制药股份有限公司以"盛阳投资"(有限合伙企业)作为高管持股平台的操作方式得到了证监会的认可。从此,以有限合伙企业作为高管持股平台从理论走向了实践。

徐菲菲为盛阳投资的执行事务合伙人,而徐菲菲的身份是高特佳集团(博雅生物的第一大股东)的投资经理。盛阳投资的14名合伙人包括博雅生物的董事长、总经理、财务总监兼董事会秘书、副总、监事、总经理助理等。

博雅生物的另一股东是厦门顺加投资合伙企业,其由17名有限合伙人和1名普通合伙人构成。

上述合伙人员都是"资本一号信托计划"的受益人,其通过该信托计划向博雅生物投资。在准备上市的过程中,博雅生物终止了信托计划,廖昕晰等14名自然人、王华等18名自然人退出信托计划,并于2010年9月5日分别成立盛阳投资和顺加投资两个有限合伙企业,其合伙人的出资结构与各自然人在"资本一号信托计划"中的权益比例相同。

9月19日,海峡创投及其控股股东港务集团与厦门信托、盛阳投资和顺加投资签订了相关协议,海峡创投将其所持有的博雅生物的9.375%和6.25%的股份分别转让给两个合伙企业。至此,两个合伙企业的合伙人最终实现通过合伙企业平台间接持有博雅生物股份的目的,也实现了公司的激励计划。

四、有限责任公司持股平台

上文介绍了有限合伙企业这一持股平台,下文将介绍有限责任公司持股平台。

---

① Beiniu2000:《博雅生物近期第一家高管通过有限合伙持有拟上市公司股份且过会的企业》,载新浪博客网:http://blog.sina.com.cn/s/blog_551faf420100tkcm.html.,最后访问日期:2018年6月20日。

(一)优势

1. 税收优惠

虽然有限责任公司需要缴纳企业所得税,但同时其也可以适用许多税收优惠政策,而这些优惠政策有限合伙企业并不适用。例如,《企业所得税法》第28条规定,国家需要重点扶持的高新技术企业,减按15%的税率征收企业所得税;《企业所得税法》第30条规定,企业开发新技术、新产品、新工艺发生的研究开发费用可以在计算应纳税所得额时加计扣除等。

此外,企业符合条件的居民企业之间的股息、红利等权益性投资收益为免税收入,根据《企业所得税法实施条例》的规定,该权益性投资收益是指居民企业直接投资于其他居民企业取得的投资收益,不包括连续持有居民企业公开发行并上市流通的股票不足12个月取得的投资收益。因此,员工持股平台取得该等股息分红时,无需缴纳企业所得税,只需在平台向员工分红时由员工按照20%的税率缴纳个人所得税。

2. 政策风险小

相对于合伙企业,公司的相关制度更加完备。《公司法》对有限责任公司有许多强制性的规定,在制约股东自由的同时,也保障了公司的有效运行。而合伙企业虽然几乎事事都能通过合伙协议约定,但自由的背后也有很多潜在的风险。员工的力量有限,在订立合伙协议时很难保障自身权益,而对激励公司而言,其在订立合伙协议的时候也很难面面俱到。

此外,因国家对公司制的企业的规制更多,相对而言,在某些方面对其的容忍度也就更大。而有限合伙企业由于自治性较强,国家在实施某些政策时可能有所顾虑。因此,相对而言,有限责任公司平台所面临的后续政策风险更小。

3. 有限责任

有限责任公司的所有股东均适用有限责任制度,因此激励公司所选定的控制平台的人所面临的经营风险有限。而对于有限合伙企业,激励公司如果想要控制平台,必须担任普通合伙人,而普通合伙人需要承担无限连带责任,所以为了规避风险,其需再设立一人公司。因此,相对而言,有限责任公司持股平台在这方面更为便捷。

（二）劣势

1. 双重征税

有限责任公司持股平台的最大缺陷是需要双重征税，这也是很多企业选择有限合伙平台的重要原因。虽然根据《企业所得税法》，有限责任公司平台取得符合条件的股息分红时，无需缴纳企业所得税，只需在平台向员工分红时由员工按照20%的税率缴纳个人所得税，但是平台取得财产转让收入时，仍需要按照25%的税率缴纳企业所得税，而平台向员工分红时，员工还需缴纳个人所得税，而平台转让限售股等的收入分红是激励对象收益的主要来源。因此，员工通过有限责任公司间接持股时，税负较重。

2. 自主性不足

虽然相对于有限合伙企业持股平台方式而言，员工能够直接参与平台的经营决策，但是其对公司的影响力也是极其有限的。此外，通过间接持股，员工只能与平台同步实现收益，不能直接转让公司的限售股等实现收益，也无法直接参与激励公司的经营决策，因此其仍然处于被动局面。

再者，有限合伙企业的有限合伙人只需提前30天通知其他合伙人即可对外转让其合伙财产份额，而有限责任公司的股东则需经过过半数股东的同意才能对外转让股权。因此，相对而言，有限责任公司制下，员工退出更不自由。

3. 无法规避人数限制

如同有限合伙企业持股平台一样，通过有限责任公司间接持股在审核时，股东人数要追溯到以持股为目的设立的持股公司的自然人。因此，也无法规避《公司法》的股东人数限制。

（三）注意事项

2015年11月24日公布的《非上市公众公司监管问答——定向发行（二）》［以下简称《定向发行（二）》］，对平台持股设置了新的限制。其规定，根据《非上市公众公司监督管理办法》相关规定，为保障股权清晰、防范融资风险，单纯以认购股份为目的而设立的公司法人、合伙企业等持股平台，不具有实际经营业务的,不符合投资者适当性管理要求,不得参与非上市公众公司的股份发行。

对此限制,可以采取以下应对措施:

1. 使平台具有经营业务。

2. 转变持股方式:《定向发行(二)》并未限制资产管理计划等参与,因此可以以基金、资产管理计划等代替有限合伙企业或者有限责任公司作为持股平台。

3. 转变股票、股权来源:(1)激励公司以原股东转让股权作为激励计划的股票来源,而不采用定向发行方式。(2)有股权激励计划的公司可以提前预留股份。

4. 提前实施激励计划。公司可以在全国中小企业股份转让系统挂牌之前,完成以有限合伙企业或者有限责任公司作为平台持股的股权激励计划。

(四)案例解读

案例二十七:安徽新宁装备股份有限公司设立有限责任公司作为员工持股平台

2015 年 3 月 16 日,安徽新宁装备股份有限公司(以下简称新宁股份)控股股东和实际控制人周道宏以其持有该公司另一股东宁国市新宁投资管理有限公司(以下简称新宁投资)的出资额对该公司的高级、中级管理人员和业务骨干实施股权激励。激励对象以新宁投资为持股平台,实现间接持股。

新宁股份通过新宁投资授予(实际投资人周道宏间接授予)方式将公司 183.50 万股股权转让给激励对象。股权转让分两次完成,第一次在激励计划通过后立即实施,第二次在激励对象服务期满三年后至公司 IPO 前完成。因此,激励对象要想获得全部收益至少需要在该公司持续工作至 2017 年 12 月31 日。

激励对象自 2017 年 12 月 31 日后,可享有获授股权的全部利益(包括获授股权本身及其派生的各种利益、分红及其他收益等),但是,如果公司在中国境内 A 股(含主板、中小板或创业板)申请公开发行股票并上市,则激励对象需要自获授限制性股权之日起在公司工作至 2017 年 12 月 31 日或者工作至公司股票上市之日(二者以较长者为准)。

当然公司在限制激励对象获得收益的同时，也给了激励对象一定的保障。新宁股份授予了激励对象特别回售权，即在连续服务的服务期满三年后至 IPO 申报前，如果原激励对象受让的股份愿意回售的，周道宏必须按照历史成本价（即激励对象购买新宁投资股权的原始价格）不计息回购，原激励对象不享有回售时点时公司所属的其他一切权利。

其他公司也曾采用有限责任公司平台模式，“如 2007 年中国平安公司数千名员工股东通过三家持股公司代持数百亿市值的股票，3 年后，限售股解禁，按照税法规定需要交两道税，迫于税负压力，持股公司进行了税收迁移，将注册地由深圳迁移至西部地区，才解决了这一难题”。①

第二节　股权出资的法律问题

一、认缴制与实缴制

（一）认缴制与实缴制的含义

认缴和实缴对应的是当今世界各国在公司立法上主要采用的两种注册资本制度，即授权注册资本制和法定注册资本制。法定注册资本制度是指在设立公司时，发起人必须按照章程中所确定的资本数额，足额缴齐或募足后，才能使公司成立的一种资本制度。法定注册资本制的核心是资本确定原则。授权注册资本制度，则以股东认缴的出资额或者认购的股本作为公司的注册

① 刘天永：《境内“持股平台”的主要模式与选择》，载搜狐财经网：http://www.sohu.com/a/141414588_473252，最后访问日期：2018 年 6 月 20 日。

资本，并且允许股东在公司成立时只缴足法定或者约定的比例，剩余部分在一定期限内缴足即可。我国的资本制度经历了很多变化，在2013年之前的《公司法》中，规定的是实缴制，即必须在公司设立时就缴齐注册资本，而在2013年的《公司法》修订中，最终确定了认缴制作为现行的资本制度，即允许公司股东在一定期限内缴齐注册资本，而不再要求在公司设立时缴齐注册资本的一种制度。

根据现行《公司法》规定，如果法律、行政法规以及国务院决定没有特别规定，则有限责任公司的注册资本为在公司登记机关登记的全体股东认缴的出资额；股份有限公司采取发起设立方式设立的，注册资本为在公司登记机关登记的全体发起人认购的股本总额。在发起人认购的股份缴足前，不得向他人募集股份。股份有限公司采取募集方式设立的，注册资本为在公司登记机关登记的实收股本总额。可见，《公司法》修改后，基本取消了我国过去一直坚持的法定注册资本制度，只在法律、行政法规以及国务院决定另有规定的情形中，如前述募集设立的股份有限公司，其仍旧适用实缴资本制度。

（二）认缴制与实缴制的区别

由于法定注册资本制度严格坚持资本确定原则，其要求在公司成立之时即需缴足所有注册资本，这对于债权人来说当然更真实、可靠。该制度也因一直能够有效防止公司设立中的欺诈和投机行为，保障债权和交易安全等优点而为许多国家所推崇，但是这种制度也不乏缺陷：

（1）其保障债权人的作用有限。企业往往以其净资产承担责任，而法定注册资本与其净资产并无必然联系，我们也曾看到一些法定注册资本巨大的公司出现财务困难，资不抵债的情况。

（2）法定注册资本需全额缴足且不得随意挪用，这导致发起人成立公司必然要将大量的资本固定在法定注册资本上，这不仅提高了市场准入的门槛，给希望设立公司开拓事业的人，尤其是年轻创业者很大的资金压力。同时，也导致数额巨大的资本无法有效地在市场上进行流动，进而无法有效地促进市场的发展。

我国在2013年的《公司法》修改中，将侧重点从保障债权人的权益转到保障债权人权益的同时兼顾市场发展方向，取消了实缴资本制度：

(1)授权注册资本制度虽然在一定程度上可能会削弱对债权人的保护,但实际上影响有限。一方面,最低注册资本并不是评估公司承担债务能力的唯一或最关键的衡量标准。另一方面,在企业信用信息公开制度的保护下,债权人可综合考虑交易风险,且债权人更多应该关注企业的净资产与资产负债表来评估交易方的债务承担能力。

(2)现行《公司法》规定,有限责任公司的股东以其认缴的出资额为限对公司承担责任;股份有限公司的股东以其认购的股份为限对公司承担责任。因此,如果公司的设立者妄图通过投机行为,虚大注册资本,则同时也需要承担更多的法定责任。这在一定程度上制约了设立者的行为,缓解了授权注册资本制度的不确定性。

(3)认缴制度并不等于无需出资,只不过放宽了出资的时限。这样一来,不但可以保证注册资本的真实性,也有利于缓解设立者的资金压力,同时还能够促进资本流通,为市场发展注入新的活力。

此外,根据我国现行《公司法》的规定,除全体股东约定不按照出资比例分取红利或者不按照出资比例优先认缴出资的外,股东按照实缴的出资比例分取红利;公司新增资本时,股东有权优先按照实缴的出资比例认缴出资。因此,股东随意认缴出资额并不能为其带来更高的收益,其收益仍旧以其实缴的资本为基础。这对引导股东正确、恰当地认购出资额具有重要意义。

二、股权出资的方式

股东出资是指股东(包括发起人和认股人)在公司设立或者增加资本时,为取得股份或股权,根据协议的相关约定以及法律和章程的规定向公司交付财产或履行其他给付义务。股东出资可以通过多种方式。根据我国现行《公司法》第27条规定,股东可以用货币出资,也可以用实物、知识产权、土地使用权等可以用货币估价并可以依法转让的非货币财产作价出资;但是,法律、行政法规规定不得作为出资的财产除外。对作为出资的非货币财产应当评估作价,核实财产,不得高估或者低估作价。法律、行政法规对评估作价有规定的,从其规定。《公司法》第83条第1款规定,以非货币财产出资的,应当依法办理其财产权的转移手续。

根据我国《公司法》的前述条款、《公司登记管理条例》第14条规定，以及2014年修正的《最高人民法院关于适用〈中华人民共和国公司法〉若干问题的规定（三）》的相关规定，我国股东的出资方式及其注意事项如下：

（一）以货币出资

1.因现行《公司法》取消了法定最低注册资本制度，因此，以货币出资没有数额限制，一元钱也可以设立公司。

2.《最高人民法院关于适用〈中华人民共和国公司法〉若干问题的规定（三）》第7条第2款规定，以贪污、受贿、侵占、挪用等违法犯罪所得的货币出资后取得股权的，对违法犯罪行为予以追究、处罚时，应当采取拍卖或者变卖的方式处置其股权。这表明以违法所得的货币进行出资可以取得股权，公司取得相关出资货币的所有权。

3.以货币出资无需评估。

（二）以实物出资

1.应当评估作价，核实财产，不得高估或者低估作价。未依法评估作价，公司、其他股东或者公司债权人请求认定出资人未履行出资义务的，人民法院应当委托具有合法资格的评估机构对该财产评估作价。评估确定的价额显著低于公司章程所定价额的，人民法院应当认定出资人未依法全面履行出资义务。以下其他非货币出资情况与之相同。

2.需要办理相应的财产权的转移手续。如果以动产，如原材料、设备等出资，则需要交付。如果以房屋这种不动产出资，则需要办理权属登记手续。股东不能仅以实物的使用权出资。

3.出资人仅交付公司使用但未办理权属变更手续的，公司、其他股东或者公司债权人有权向人民法院主张认定出资人未履行出资义务，出资人应在指定的合理期间内办理权属变更手续，否则人民法院将认定其未履行出资义务。

4.出资人自实际交付财产给公司使用时享有相应的股权权利。如果已经交付但未办理相关权属变更手续，出资人在期限内办理权属变更手续后，可主张自其实际交付财产给公司使用时享有相应股东权利。如果已经办理权属变更手续但未交付给公司使用，公司或者其他股东可以主张出资人向公司交付、并在实际交付之前不享有相应股东权利的。

5. 出资人以不享有处分权的财产出资，当事人之间对于出资行为效力产生争议的，人民法院可以参照《物权法》第 106 条（善意取得）①的规定予以认定。

（三）以土地使用权出资

1. 需以出让方式合法持有的土地使用权出资。

2. 其属于非货币财产，因此需要评估，处理方式同实物出资。

3. 需要办理权属转移手续，办理权属变更手续的时间与财产实际交付给公司使用的时间不一致的，处理方式同实物出资。

4. 出资人以划拨土地使用权出资，或者以设定权利负担的土地使用权出资，需在指定的合理期间内办理土地变更手续或者解除权利负担，否则将被认定为未依法全面履行出资义务。

（四）以知识产权出资

1. 需要进行法定评估。

2. 需要办理权属转移手续，办理权属变更手续的时间与财产实际交付给公司使用的时间不一致的，处理方式同实物出资。

（五）以股权出资

1. 出资人以其他公司股权出资，须符合以下条件：

（1）出资的股权由出资人合法持有并依法可以转让；

---

① 《物权法》第 106 条规定："无处分权人将不动产或者动产转让给受让人的，所有权人有权追回；除法律另有规定外，符合下列情形的，受让人取得该不动产或者动产的所有权：

"（一）受让人受让该不动产或者动产时是善意的；

"（二）以合理的价格转让；

"（三）转让的不动产或者动产依照法律规定应当登记的已经登记，不需要登记的已经交付给受让人。

"受让人依照前款规定取得不动产或者动产的所有权的，原所有权人有权向无处分权人请求赔偿损失。

"当事人善意取得其他物权的，参照前两款规定。"

(2)出资的股权无权利瑕疵或者权利负担;

(3)出资人已履行关于股权转让的法定手续;

(4)出资的股权已依法进行了价值评估。

2. 股权出资不符合第(1)项、第(2)项、第(3)项的规定,公司、其他股东或者公司债权人有权请求认定出资人未履行出资义务,如果出资人在法院指定的合理期间内未采取补正措施,则将被认定未依法全面履行出资义务。

3. 股权出资不符合第(4)项的规定,处理方式同实物出资。

(六)禁止的出资方式

股东不得以劳务、信用、自然人姓名、商誉、特许经营权或者设定担保的财产等作价出资。

三、干股

(一)概念

本文所称干股是指股东不实际出资或者以《公司法》不认可的出资方式,如无法进行评估的技术、人脉、商誉等"出资"而享有的股份。我国《公司法》规定股东应当按期足额缴纳认缴的出资额,因此干股股份并非真的无需出资,而是由其他股东代替干股持有者出资。所谓干股实际上因股权赠与(双方可能会签署股权赠与协议)而产生。

有人将不实际出资,仅享有分红权的股份或者股票增值权、虚拟股票等也纳入干股的范围内,但笔者认为前述种种已经有对应的概念对其进行归类,无需再将其纳入干股范畴,因此本文所称干股仅指不出资而享有的真实股份。

(二)特点

就本文所指的干股而言,其与湿股(一般意义上的股份)的区别在于持股人无需出资。为保护干股持有者的利益,干股持有者也应记载于股东名册等让并进行工商登记。

干股持有者办理了除出资以外的手续后,即成为公司正式的股东之一,享有与其他股东平等的股东权利，可以参与公司管理、享有利益分配，也需对公司债务承担有限责任。

可见，干股的收受者享有的利益包含两个方面，一是无偿受让的公司股份，二是享有所受让股份的股息、分红和转让收入。

因无需出资，这极大地减轻了激励对象的资金压力，而其所能得到的股份又使其不单单享有分红权，还能成为公司的正式股东，因此该种激励方式的激励效果是显而易见的。同时，虽然干股持有者需要承担公司的经营风险，但因我国公司实行有限责任制度，因此持有者最大的损失也不会超过其“出资额”。

当然，干股的地位可能受到无偿赠与协议的种种制约，如约定干股持有者只能担任一般职位、离职必须转让干股、限制投票权利等。

（三）注意事项

由于干股持有者的股份因赠与协议而获得，而赠与协议可能出现瑕疵甚至无效，因此干股持有者将面临许多风险。

首先，干股需要进行必要的手续，否则干股股东的法律地位可能被否定。如在有限责任公司中，股东对外转让股份需要经过其他股东过半数的同意，且其他股东需要放弃优先购买权。干股股东的股份一般由大股东无偿赠与而来，也属于股份转让，所以需要履行前述程序。

其次，赠与协议可能无效或者被撤销。《合同法》规定，赠与人在赠与财产的权利转移之前可以撤销赠与，具有救灾、扶贫等社会公益、道德义务性质的赠与合同或者经过公证的赠与合同除外。受赠人不履行赠与合同约定的义务的，赠与人也可以撤销赠与。因此，如果赠与协议附义务，则干股股东必须履行相关义务，否则可能会导致丧失获得干股的权利。

另外，如果赠与协议出现《合同法》第 52 条的情形，如以合法形式掩盖非法目的等，则协议可能被认定无效，干股股东将一无所获。企业与干股股东还可能面临行贿受贿的指控。

对公司而言，干股这种激励方式也存在一定的风险，例如由于赠与的是真正的股权，因此可能导致公司股权结构的变动甚至控制权转移。故而公司需在协议中限制受赠人的股份权利，如约定离职必须转让干股、限制投票权利等。同时，企业也不能忽视违约责任条款，企业应制定详细的违约责任条款，以此约束受赠人的行为，避免其损害公司利益。

（四）案例解读

案例二十八：干股纠纷案

［二审民事判决书—（2008）一中民终字第4688号

（2009）一中民终字第300号］

2002年7月，龚某与陈某等3人共同出资成立安邦公司，注册资金100万元。龚某出资80万元，占出资总额的80%，陈某出资15万元，占出资总额的15%。《安邦公司章程》关于股东转让出资规定为：股东转让出资由股东会讨论通过；股东向股东以外的人转让其出资时，必须经全体股东过半数同意；不同意转让的股东应当购买该转让的出资，如果不购买该转让的出资，视为同意转让。

2003年10月，于某到安邦公司工作，被任命为该公司副总经理兼总工程师，因其对公司的贡献突出，龚某与于某在2006年5月24日签订了股权转让协议，约定龚某将所持有的安邦公司25%的股份无偿转让给于某，于某同意接受，并以其出资额为限对公司承担责任。

2006年12月20日，甲方龚某与乙方陈某（为龚某的妻子）签订股权转让协议书，约定："1. 甲方撤销对于某北京华亘安邦公司25%股权的转让，将该部分股权转让给乙方；2. 转让价款为人民币25万元，由乙方在本协议生效后15日内支付甲方。"2007年1月，陈某支付龚某股权转让款16万元。

2007年9月，龚某向于某发出《关于撤销股权赠与的通知》并进行了公证。之后，先是陈某请求确认于某和龚某之间的股权转让协议无效，该案件经过两次审理，法院最终认定该协议成立但未生效。后于某又起诉要求龚某赔偿经济损失25万元，该案件同样经过了两次审理，但法院最终并未支持于某的诉讼请求。

本案的纠纷产生有许多原因：

首先，于某与龚某的股权转让协议未履行必要的前置程序。我国《公司法》对有限责任公司的股东对外转让股份做了一定的限制，规定需经其他股东过半数同意。其同时也规定章程优先，由于安邦公司的章程有相关规定，因此本案应适用章程有关约定。根据公司章程的规定，龚某向于某转让股份必须经全体股东过半数通过。这是于某获得股份需要跨越的第一道障碍。安邦公司的另一股东自始至终未参与诉讼，也未提出任何请求，可见其对于股权的转让并无异议。因此该股权转让已经经过过半数的股东的同意。而由于《公司法》规定，其他股东在同等条件下享有优先购买权。因此陈某可以以同等价格优先购买该股份，从其与龚某的股权转让协议书也可看出陈某有购买的意向，且其已经向龚某支付了16万元的转让款。其他股东优先权的行使为于某获得股份设立了第二道障碍。

其次，赠与人有法定的撤销权。由于于某与龚某虽然签订了股权转让协议，但是双方并未办理股权转让的相关登记手续，因此根据《合同法》的相关规定，龚某有权撤销该赠与协议，且无须承担违约责任。这第三道障碍最终导致于某无法获得股权。

同时，因于某无法举证证明自己的财产损失，其要求赔偿的诉讼请求也无法得以支持。

由此可见，公司采用干股这种激励方式存在种种隐患，且不说程序繁杂的问题，即使股权转让经过同意，还需考虑其他股东的优先购买权问题。一旦其他股东要求行使优先购买权，则受赠人得到股权将再无希望。而由于法定撤销权的存在，受赠人追究赠与人违约责任的可能性也不复存在，结果将如本案当事人一样，双方闹得不可开交，最终两败俱伤。如此一来，公司的股权激励也无法继续开展，同时还将失去一个核心员工，这甚至会使公司其他员工对公司丧失信心。而激励对象对公司所做的更大的贡献也将不能获得更多回报。

总而言之，干股激励方式有利有弊，公司与员工在实施干股激励中，应谨慎处理，提前规避种种风险，争取实现“双赢”。

四、股权稀释

（一）概述

公司采用限制性股票、股票期权等与实股有关的股权激励方式时，可能产生的一大后果是股权稀释。本文所指的股权稀释，通俗来讲，是指由于新股东的加入，导致原股东所持公司股权比例下降。股权激励时，产生股权稀释的结果大致有两种方式：一是在公司注册资本不变的情况下，由原股东向激励对象转让一定股份，原股东的持股比例因此下降；二是公司进行增资，同时原股东放弃全部或者部分优先认购权，并由新股东认购相应股份，从而导致原股东持股比例下降。

举例来说，A 公司的注册资本是 100 万元，甲乙丙丁四个股东分别出资 40 万元，30 万元，20 万元，10 万元，依次持股 40%、30%、20%、10%。如果采用第一种方式，由四个股东等比例转让共 20% 的股权给激励对象，则四个股东的持股比例依次变为（100% －20%）×40%，（100% －20%）×30%，（100% －20%）×20%，（100% －20%）×10%，即甲乙丙丁四位股东的持股比例分别约为 32%、24%、16%、8%。

基本资料同前，如果采用第二种方式，公司增资 20 万元，甲乙丙丁四位股东均放弃优先认购权，全部由激励对象认购。则甲乙丙丁四位股东所持股份依次变为 40/（100＋20）×100%，30/（100＋20）×100%，20/（100＋20）×100%，10/（100＋20）×100%，即分别约为 33.3%、25%、16.7%、8.3%。全体激励对象的持股比例为 20/（100＋20）×100%＝16.7%。

（二）增资扩股与股权转让两种方式实现股权激励的法律要求

1. 增资扩股

我国现行《公司法》第 34 条规定，有限责任公司新增资本时，股东有权优先按照实缴的出资比例认缴出资。但是，全体股东约定不按照出资比例优先认缴出资的除外。因此，如果公司计划向激励对象定向发行股份，则可以由全体股东约定不按照出资比例行使新股优先认购权。

对于有限责任公司而言，其增资扩股的程序大致如下（见图 10－1）：

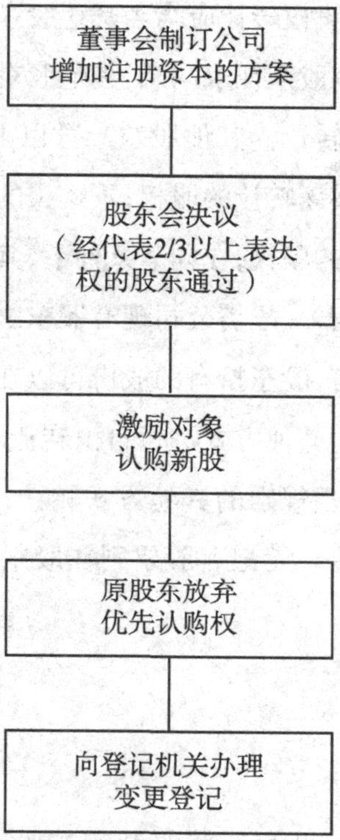

图 10-1　有限责任公司增资扩股程序

股份有限公司与有限责任公司在增资方面的区别主要是：股东会决议须由经出席会议的股东所持表决权的 2/3 以上通过，而非公司全部表决权的 2/3。其他程序与有限责任公司类似。

2. 股权转让

《公司法》对不同组织形式的公司的股权转让事宜有不同的规制，且由于有限责任公司的人合性特征，《公司法》对有限责任公司股权转让的法律规制较多。对于有限责任公司而言，如果激励对象本就持有公司一定的股权，则大股东以转让股权方式对其进行激励将相对简单，因为法律规定有限责任公司的股东之间可以相互转让其全部或者部分股权。双方只需达成协议，并办理相应的登记手续即可。

但是激励对象往往之前并不持有公司的股权，因此该种激励方式涉及有限责任公司的股权的对外转让，即股东向非股东转让股权。在此种情形下，除非公司章程另有规定，否则该股权转让应当经其他股东过半数同意。股东应就其股权转让事项书面通知其他股东征求同意，其他股东自接到书面通知之日起满三十日未答复的，视为同意转让。其他股东半数以上不同意转让的，不同意的股东在同等条件下应当购买该转让的股权；不购买的，视为同意转让。

同时，经股东同意转让的股权，在同等条件下，其他股东有优先购买权。为保证激励对象顺利认购股权，一般需公司现有股东书面承诺放弃优先购买权。

对于股份有限公司而言，股东持有的股份可以在依法设立的证券交易场所进行或者按照国务院规定的其他方式进行自由转让。其中，记名股票由股东以背书方式或者法律、行政法规规定的其他方式转让；转让后由公司将受让人的姓名及住所记载于股东名册。无记名股票则在股东将该股票交付给受让人后即发生转让的效力。

（三）案例解读

1. 增资扩股案例

案例二十九：北京百华悦邦科技股份有限公司通过增资扩股进行股权激励[①]

北京百华悦邦科技股份有限公司（以下简称百华悦邦）在 2014 年曾同时实施股票期权与限制性股票激励计划，并于当年 9 月 29 日公布了其激励计划。计划显示，股票来源为公司向激励对象定向发行新股，向激励对象授予权益总计 200 万份，涉及的标的股票种类为公司普通股，约占激励计划签署时公司股本总额 4000 万股的 5%，其中股票期权和限制性股票各占 50%。

此后百华悦邦先后实施了三次股票发行，公司截至 2015 年 1 月 29 日在册股东均自愿放弃本次股票发行股份的优先认购权。第一次股票发行以非公开定向发行股票的方式，向刘保元等 35 名主要管理层人员和核心员工发行 473，500 股人民币普通股，募集资金人民币 3，551，250 元。刘保元因此成为公司第十大股

① 《北京百华悦邦科技股份有限公司股票期权与限制性股票激励计划》，载网易财经网：http://quotes.money.163.com/f10/ggmx_300736_1519436.html.，最后访问日期：2018 年 6 月 20 日。

东,持股0.31%,公司第一大股东北京达安世纪投资管理有限公司的持股比例从42.32%下降为41.82%,其他原股东的持股比例相应被稀释。第二次向汪艳等35名激励对象非公开定向发行144,500股普通股。该次发行后,前十名股东未发生变化,但其持股比例有所变动。第三次向冯华等33名激励对象发行113,500股普通股,发行后,前十名股东仍未发生变化,但是其持股比例有所变动。

公司于2015年4月8日公告称已办理完毕上述全部工商变更登记手续,并取得了变更后的营业执照。公司注册资本从4000万元相应增加至4073.15万元。

基于上述激励计划的实施,百华悦邦建立健全长效的激励机制,吸引和留住优秀人才,充分调动中高层管理人员及主要技术(业务)人员的积极性,激励员工的同时通过控制增资扩股数量防止大股东的股权在可控范围内被稀释,使各方共同关注公司的长远发展。

2. 股权转让案例

案例三十:上海财安金融服务股份有限公司通过股权转让进行股权激励①

上海财安金融服务股份有限公司(以下简称财安金融)于2014年10月29日公布的股权激励计划草案显示,公司为激励部分分公司总经理、事业部总经理及其部门经理、财务部及行政人事部负责人,以及总公司其他部门经理以上级别等人员,计划实施股权激励方案,并于2015年3月27日公告称已经完成激励方案的实施。

激励对象共计35名员工参与该股权激励计划,共出资794,011元,并通过上海财浩投资合伙企业(有限合伙)间接持有公司股权。

而上海财浩投资合伙企业(有限合伙)(以下简称上海财浩)所增持的股份则来自于上海时福投资合伙企业(有限合伙)(以下简称上海时福)的转让。上海时福于2015年3月26日通过中小企业股份转让系统中的"协议转让互报成

---

① 《财安金融〈关于股权激励计划(草案)的议案〉实施完成的公告》,载方正证券网:https://www.foundersc.com/jrts/15/03/28/5K51379682FS.shtml.,最后访问日期:2018年6月20日。

交确认卖出与买入”将所持有的财安金融50万股转让给上海财浩，转让价格为人民币3.33元/股，共计1,665,000元。

上海财浩在2014年底的持股比例为8.186071%，而上海时福则为5.300036%，而在2015年的半年度报告中，财安金融公司的前十名股东中已经无上海时福的身影，上海财浩的持股比例则增加为11.137272%，成为公司第二大股东。

激励对象通过上海财浩间接持有公司股权，而财安金融因公司股权激励计划的实施，也使公司原股东上海时福退出，公司的股本结构因股权激励计划的实施而发生变动。在激励员工的同时，公司大股东的经营管理权也更加稳固。

第三节　绩效考核的问题

一、一般方法

（一）“德能勤绩”考核法

“德能勤绩”分别对应员工的道德品质、工作能力、勤劳工作和工作业绩，是该考核方法的主要内容。由于这种考核办法操作简单，灵活方便，而且非常符合我国的传统思想和文化习惯，因此长期被企业用于对员工的考核评估。但是该方法仅从总体上进行考核，没有具体的考核标准和量化指标，考核结果受考核人员的主观态度的影响较大。因此，该种方法存在考核结果不精确且不够客观的缺陷。

（二）目标管理法

该方法由美国著名管理学大师彼得·德鲁克提出，强调领导者与下属之间的双向互动过程。

公司订立的任务必须分解为各个部门和各个员工的小目标，才能使公司任务顺利完成。管理者则可以根据小目标的完成情况对下级进行考核、评价、奖惩。

该种方法的优势在于确定分目标后，各个员工和各个部门可以充分发挥自己的才能，促进分目标的完成，并为总目标的实现提供助力。同时，相对于"德能勤绩"考核法而言，其评估标准更加具体，评估结果也更具有客观性。但是这种方法对于管理层制定总目标的能力要求较高，如果总目标不切实际，则可能导致整个考核无法正常开展。而且该方法需要企业制定长期战略，不能局限于短期目标。此外，该种方法主要考核各个部门各自的完成情况，对于跨部门的合作考核有所欠缺。

（三）360 度绩效考核法

360 度绩效考核法，又称为全方位考核法，由英特尔公司最先开始适用。其主要是从员工自己、上司、下属、同事、客户等各个角度来全方位地了解个人的工作绩效。这种考核通过多方面了解员工的工作绩效，使得结果更具有可靠性。但是我国属于人情社会，依靠"人"来评价有时不如依靠"数据"来得真实客观。因此，该方法也存在一定的适用弊端。

（四）平衡计分卡法

平衡计分卡法产生的初衷是为了解决适用单一的财务制度衡量业绩的不足。该方法强调从财务因素、客户因素、内部经营管理过程和员工的学习成长等方面对员工进行考核评价，以使公司的策略能够转变为行动的绩效考核办法。

该方法克服了单一财务指标考核的局限性，但同时也对企业管理层提出了更高的要求，因为企业需要考虑如何设定非财务指标，建立非财务指标体系，并在财务和非财务指标中寻找到一个平衡点。

除却上述方法外，评估考核还可适用 PDCA 循环绩效考核法等多种方法，在此不再多加赘述。

二、标准制定

（一）法定要求

1. 公司层面

根据《上市公司股权激励管理办法》第 10 条规定，激励对象为董事、高级管理人员的,上市公司应当设立绩效考核指标作为激励对象行使权益的条件。同时,根据《上市公司股权激励管理办法》第11条规定,绩效考核指标应当包括公司业绩指标和激励对象个人绩效指标。相关指标应当客观公开、清晰透明,符合公司的实际情况,有利于促进公司竞争力的提升。上市公司可以公司历史业绩或同行业可比公司相关指标作为公司业绩指标对照依据,公司选取的业绩指标可以包括净资产收益率、每股收益、每股分红等能够反映股东回报和公司价值创造的综合性指标,以及净利润增长率、主营业务收入增长率等能够反映公司盈利能力和市场价值的成长性指标。以同行业可比公司相关指标作为对照依据的,选取的对照公司不少于3家。

而且,上市公司应当在公告股权激励计划草案的同时披露所设定指标的科学性和合理性。

非上市公司可参考上市公司的有关规定确定绩效考核指标。

2. 个人层面

(1)根据《证券经营机构参与打击非法证券活动工作指引》第17条规定,证券经营机构应当将参与打非工作情况纳入相关部门、分支机构和员工的绩效考核,对参与打非工作表现突出的给予奖励,对参与非法证券活动或协助不法分子从事非法证券活动的追究责任。

(2)激励对象个人绩效指标由上市公司自行确定。相关指标应当客观公开、清晰透明,符合公司的实际情况,有利于促进公司竞争力的提升。

(3)中央企业负责人的业绩指标的制定需符合《中央企业负责人经营业绩考核暂行办法》的相关规定。

(4)非上市公司可根据实际情况制定员工的业绩指标考核标准,但应遵循客观、合理的原则。

三、常用标准

考核标准可以采用市值、主营业务收入增长率、研发投资增长率、每股收益、利润总额、劳动生产效率、个人业绩等指标。企业既可以选择适用一种指标,也可以考虑综合适用多种指标。同时,企业可以将个人指标与公司层面的指标结合适用。

当然,由于治理一般都需在考核结果形成后才能展开,而在结果形成后,公司已经无法挽回局面。因此,企业在制定考核标准的同时,也应该实施精益管理等有效的公司治理方式,以最小资源投入,包括人力、设备、资金、材料、时间和空间,创造出尽可能多的价值,以便财务指标的顺利实现。

四、案例解读

案例三十一:三一重工股份有限公司的绩效考核方式

三一重工股份有限公司(以下简称三一重工)于2016年10月19日公布了《三一重工股份有限公司2016年股票期权与限制性股票激励计划(草案)》①,其中就绩效考核内容,规定如下:

1. 公司业绩考核要求

本计划授予的股票期权,在行权期的3个会计年度中,分年度进行绩效考核并行权,以达到绩效考核目标作为激励对象的行权条件。

首次授予股票期权的各年度业绩考核目标如表10-1所示:

表10-1　各行权期业绩考核目标

行权期	业绩考核目标
首次授予第一个行权期	三一重工2017年净利润较2016年增长10%或以上
首次授予第二个行权期	三一重工2018年净利润较2017年增长10%或以上
首次授予第三个行权期	三一重工2019年净利润较2018年增长10%或以上

预留部分股票期权的各年度业绩考核目标如表10-2所示:

① 《三一重工股份有限公司2016年股票期权与限制性股票激励计划激励对象名单》,载网易财经网:http://quotes.money.163.com/f10/ggmx_600031_2809930.html.,最后访问日期:2018年6月20日。

表 10 – 2　预留部分股票期权的各年度业绩考核目标

行权期	业绩考核目标
预留部分第一个行权期	三一重工 2017 年净利润较 2016 年增长 10% 或以上
预留部分第二个行权期	三一重工 2018 年净利润较 2017 年增长 10% 或以上
预留部分第三个行权期	三一重工 2019 年净利润较 2018 年增长 10% 或以上

其中,净利润指归属于上市公司股东的净利润。由本次股权激励产生的期权成本将在管理费用中列支。期权的行权条件达成,则激励对象按照计划规定比例行权。反之,若行权条件未达成,则公司按照本计划,激励对象所获期权当期可行权份额注销。

2. 个人层面绩效考核要求

激励对象的个人层面的考核按照公司相关规定组织实施(见表 10 – 3)。

表 10 – 3　个人考核目标

个人层面上一年度考核结果	个人层面系数
卓越	100%
优秀	90%
良好	70%
不合格	0%

若各年度公司层面业绩考核达标,激励对象个人当年实际行权额度 = 个人层面系数 × 个人当年计划行权额度

激励对象考核当年不能行权的股票期权,由公司注销。

3. 考核指标说明

三一重工股票期权考核指标分为两个层次,分别为公司层面业绩考核与个人层面绩效考核。

公司层面业绩指标体系为净利润,净利润指标体现公司综合运营绩效,能够反映公司市场竞争能力及经营管理能力,能够树立较好的资本市场形象。其体现了公司主营业务的盈利能力、成本费用控制能力和产品附加值提高能力

等，是广大投资者最为关注的指标之一。三一重工经过合理预测并兼顾该激励计划的激励作用，设定的净利润的业绩考核目标，充分考虑到了整体经济环境和本行业的发展状况，同时结合公司目前的经营状况、业务规模、盈利能力、资产运营能力等实际情况和未来发展的预期以及同行业的股权激励业绩考核指标的设置，有利于公司持续发展，同时具有可行性、可实现性。

除公司层面的业绩考核外，公司对个人还设置了严密的绩效考核体系，能对激励对象的工作绩效作出较为准确、全面的综合评价。

综上，公司 + 个人的考核体系具有全面性、综合性及可操作性，激励与约束并存，能够促使本次激励计划的考核目的的实现。

案例三十二：贝因美公司股票计划①

贝因美公司曾于 2014 年 4 月 7 日召开董事会，审议通过了实施股票期权激励计划的议案，经中国证监会备案无异议且公司股东大会审议通过后，公司开始着手期权办理的相应手续，但直至当年年底，公司仍未办理完毕登记手续。随后，贝因美公司于 2014 年 12 月 11 日发布了《关于终止实施〈股票期权激励计划（草案）〉的公告》，公告称：自公司推出股票期权激励计划以来，受市场环境变化、配方奶粉行业变革和公司进行业务转型和流程再造等综合因素的影响，公司经营业绩与股权激励考核指标有较大偏差，若公司继续实施该计划，将很难真正达到预期的激励目的和效果。鉴于此，公司决定终止实施股票期权激励计划。公司将根据有关法律法规的规定，结合公司的实际情况，继续研究推出其他有效的激励方式，促进公司的持续、健康发展。

同日，其公告称公司将研究推出员工持股计划，并于次年 5 月公布了其员工持股计划的草案。贝因美之所以终止股票期权计划，与其业绩的下滑密不可分。根据其股票期权激励计划，员工第一次行权的公司业绩条件是：以 2013 年为基准年，2014 年公司实现营业收入增长率不低于 23.00%；2014 年公司实现

---

① 《贝因美终止股票期权激励计划》，载人民网：http://shipin.people.com.cn/n/2014/1211/c85914-26187614.html.，最后访问日期：2018 年 6 月 20 日。

归属于母公司所有者的扣除非经常性损益后的净利润增长率不低于15.00%。但根据该公司所公布的2014年业绩快报,该年公司业绩明显下滑。

报告期内,贝因美实现的营业总收入为506,272.80万元,比上年同期下降17.24%;营业利润10,447.47万元,比上年同期下降88.88%;归属于上市公司股东的净利润6,567.77万元,比上年同期下降90.89%(见表10-4)。可见贝因美公司的实际业绩远未达到行权标准,且受市场环境等的影响,公司实现下一期业绩指标的可能性也非常小,因此该股票期权激励计划已经失去激励效果,贝因美不得不选择终止此计划。

表10-4 贝因美2014年度主要财务数据和指标

项目	本报告期	上年同期	增减幅度(%)
营业总收入(元)	5,062,728,049.40	6,117,117,758.15	-17.24
营业利润(元)	104,474,676.31	939,190,819.88	-88.88
利润总额(元)	110,357,147.01	960,851,941.29	-88.51
归属于上市公司股东的净利润(元)	65,677,726.06	721,046,392.12	-90.89
基本每股收益(元)	0.06	0.71	-91.55
加权平均净资产收益率	1.77%	19.73%	减少17.96个百分点
	本报告期末	本报告期初	增减幅度(%)
总资产(元)	4,622,737,815.14	5,092,089,015.31	-9.22
归属于上市公司股东的所有者权益(元)	3,563,623,452.34	3,913,039,476.28	-8.93
股本(股)	1,022,520,000.00	639,075,000.00	60.00
归属于上市公司股东的每股净资产(元)	3.49	3.83	-8.88

通过本案例得到启示是,企业在制定绩效考核标准时,须根据公司发展能力综合考虑,同时应根据具体情况调整业绩标准,尽可能地实现激励效果。过高的绩效标准不但无法起到预期的激励效果,甚至可能会起到反作用,影响员工对企业发展的信心。

第四节　股权激励涉及的税收问题

一、不同股权激励模式的个税区别

（一）区别

1. 授予股权激励模式的个税计算方式如表 10－5 所述。

表 10－5　授予股权激励模式的个税计算方式

种类 项目	股票期权	限制性股票	股票增值权
纳税时点	行权日	每批解禁日	兑现所得日
应纳税所得额	（行权股票的每股市场价－员工取得该股票期权支付的每股施权价）×股票数量	（股票登记日股票市价＋本批次解禁股票当日市价）÷2×本批次解禁股票份数－被激励对象实际支付的资金总额×（本批次解禁股票份数÷被激励对象获取的限制性股票总份数）	（行权日股票价格－授权日股票价格）×行权股票份数
应纳税款	境内取得： 首次：应纳税额＝（股票期权形式的工资薪金应纳税所得额/规定月份数×适用税率－速算扣除数）×规定月份数 纳税年度内以后每次： （本纳税年度内取得的股票期权形式工资薪金所得累计应纳税所得额÷规定月份数×适用税率－速算扣除数）×规定月份数－本纳税年度内股票期权形式的工资薪金所得累计已纳税款 每次月份不同的：规定月份数＝∑各次或各项股票期权形式工资薪金应纳税所得额与该次或该项所得境内工作期间月份数的乘积/∑各次或各项股票期权形式工资薪金应纳税所得额		

续表

种类 项目	股票期权	限制性股票	股票增值权
纳税项目	工资、薪金所得		
税率	适用超额累进税率,3% ~45%		

2. 转让股权激励模式的个税计算方式见表 10 -6。

表 10 -6　转让股权激励模式的个税计算方式

纳税时点	转让时
应纳税所得额	境内上市:免征个人所得税 境外上市:按《个人所得税法》的规定计算 非上市公司股票:按税法 限售股:限售股转让收入 -(限售股原值 + 合理税费) 如果未能提供完整、真实的限售股原值凭证的,按限售股转让收入的 15% 核定限售股原值及合理税费 流通股:免征
纳税项目	财产转让所得
税率	20%

3. 分配股息红利股权激励模式的个税计算方式见表 10 -7。

表 10 -7　分配股息红利股权激励模式的个税计算方式

纳税项目	利息、股息、红利所得
税率	20%
应纳税所得额	上市公司: 持股时间在 1 个月以内的,全额 持股期限在 1 个月以上至 1 年(含 1 年)的,减按 50% 持股期限超过 1 年的,免征 新三板:持股超过 1 年的,减按 25% ,其他同上市公司
非上市公司: 行权时全部计入当月薪金,不适用上市公司计算公式 转让时,税率为 20% 股息、红利:除新三板外,正常纳税	

(二)递延纳税政策

递延的纳税政策见表 10－8。

表 10－8　递延纳税政策

种类 项目	上市公司	非上市公司(含新三板)
条件	向主管税务机关备案	向主管税务机关备案＋同时满足: 1. 属于境内居民企业的股权激励计划 2. 股权激励计划经公司董事会、股东(大)会审议通过 3. 激励标的应为境内居民企业的**本公司股权**。股权奖励的标的可以是技术成果投资入股到其他境内居民企业所取得的股权。**(所以通过平台间接持股的不适用递延政策)** 4. 激励对象应为公司董事会或股东(大)会决定的技术骨干和高级管理人员,激励对象人数累计不得超过本公司最近 6 个月在职职工平均人数的 30% 5. 股票(权)期权自授予日起应持有满 3 年,且自行权日起持有满 1 年;限制性股票自授予日起应持有满 3 年,且解禁后持有满 1 年;股权奖励自获得奖励之日起应持有满 3 年 6. 股票(权)期权自授予日至行权日的时间不得超过 10 年 7. 实施股权奖励的公司及其奖励股权标的公司所属行业均不属于《股权奖励税收优惠政策限制性行业目录》范围
纳税时点	行权、解锁、取得奖励之日起 12 **个月内**	取得时,暂不纳税 转让时,按财产转让所得缴纳个人所得税
应纳税所得额	不变	股权转让收入－取得成本－合理税费 取得成本: 股票(权)期权:行权价 限制性股票:实际出资额 股权奖励:零
纳税项目	不变	财产转让所得
税率	不变	20%
不递延		激励计划不同时满足全部条件,或递延纳税期间公司情况发生变化,不再符合第 4 项至第 6 项条件的

二、案例解读

案例三十三：某境内上市公司股权激励计划的税收问题

(1)假设境内上市公司 A 于 2015 年 10 月开展股票期权激励计划，1 年后可行权，员工甲于 2016 年 11 月 1 日行权 10,000 股，行权价格 3 元，行权股票当日每股市场价格 15 元，规定月份数为 12 个月，甲在该月的工资为 3500 元，则甲应如何缴纳个人所得税？(见表 10－9)

表 10－9　个人所得税税率(工资、薪金所得适用)

级数	全月应纳税所得额	税率(%)	速算扣除数
1	不超过 1500 元的	3	0
2	超过 1500 元至 4500 元的部分	10	105
3	超过 4500 元至 9000 元的部分	20	555
4	超过 9000 元至 35,000 元的部分	25	1005
5	超过 35,000 元至 55,000 元的部分	30	2755
6	超过 55,000 元至 80,000 元的部分	35	5505
7	超过 80,000 元的部分	45	13,505

(注：本表所称全月应纳税所得额是指每月收入额减除费用 3500 元以及附加减除费用后的余额)

应纳税所得额：(15－3)×10,000＝120,000 元

适用的税率及速算扣除数：120,000/12＝10,000 元，所以税率为 25%，速算扣除数为 1005

应纳税额：(120,000/12×25%－1005)×12＝17,940 元

A 为上市公司，因此可以适用递延纳税政策，在行权之日起 12 个月内缴纳税款。

(2)接(1)，假设甲于 2017 年 11 月 1 日转让该股份，在 2017 年获得股息、红利 1000 元。不考虑之后的税收政策变化，应如何缴纳个人所得税？

转让上市公司的股权，免征个人所得税。

因持有期限为1年，所以股息、红利收入也免征个人所得税。

(3)假设A为非上市公司，且符合递延纳税的7个条件，其余情况同(1)，则甲应如何纳税？

甲可以选择适用新政策，选择递延纳税，即在11月1日不纳税，等到转让时，再按“财产转让所得”计算缴纳个人所得税。

(4)假设A为非上市公司，且符合递延纳税的7个条件，甲于2016年12月1日转让该股份，转让所得为155,000元，不考虑相关税费，则甲应如何纳税？

应纳税额＝(155,000－3×10,000)×20%＝25,000元。

Chapter 11 第十一章

股权激励范本

第一节　期权范本

范本一:期权激励计划

【　　】有限公司

期权激励计划

【　　】年【　　】月【　　】日

第一章　定义及释义

在本计划中：首先要弄清楚名词的含义，见表11－1。

表11－1　释义

有关名词	详细释义
公司	【　　】有限公司
管理人	由公司董事会/执行董事指定，代表公司董事会/执行董事负责激励计划中所有与激励股权相关事务的具体实施及执行工作的人员
章程	公司章程
股东会	公司的股东会
董事会/执行董事	公司的董事会或执行董事（公司只有一位董事的情形下）
授予	公司通过签署期权授予协议的方式使被授予人有权依照本计划获得一定数量的激励股权
被授予人	根据本计划被授予公司激励股权的任何激励对象。本计划中也称激励对象
授予日	被授予人依据本计划和期权授予协议的规定被授予激励股权的日期
期权	根据本计划和期权授予协议的规定，由公司向被授予人授予的依据期权授予协议约定的条款和条件购买一定公司股权的权利
期权授予协议	公司和被授予人签署的向被授予人授予期权的协议
期权的成熟	被授予人获授的期权在授予期限内符合本计划或期权授予协议规定的时间及条件视为成熟
行权	期权被授予人在满足一定的条件后，通过支付行权价款购买公司部分股权的行为
行权日	期权授予协议中规定的，对已成熟的期权行权的日期
行权价格	被授予人根据期权授予协议的约定行权需支付的单位价格
激励股权	公司向被授予人授予的期权，以及被授予人在行权后获得的公司股权

续表

有关名词	详细释义
每批次激励股权	依据本计划，在同一时点授予一个或多个被授予人的全部激励股权
退出事项	(1)公司合格的上市或挂牌；(2)公司股东出售公司全部或绝大部分股权并导致公司控制权发生实质性变更；(3)有管辖权的法院发出生效的法律文书，要求公司解散或清算
合格的公开发行	公司在被全体股东认可的证券市场，包括但不限于上海证券交易所、深圳证券交易所、全国中小企业股份转让系统、香港证券交易所，公开发行公司股票或其他资本证券
本计划	本股权激励计划

1.1 本计划中的各标题仅为理解方便，不得作为解释本计划的依据。

第二章 总 则

2.1 为了进一步完善公司治理结构，健全公司激励与约束相结合的中长期激励机制，充分调动公司管理人员、技术和业务骨干的积极性，特制定本计划。

2.2 本计划经董事会/执行董事审议批准后方可实施。

2.3 制定本计划的原则

(1)坚持股东利益、公司利益和员工利益相一致，有利于维护股东利益，有利于公司的可持续发展；

(2)坚持激励与约束相结合，风险与收益相对称；

(3)坚持从实际出发，循序渐进，不断完善。

2.4 制定本计划的目的

(1)完善公司治理结构，建立公司、股东与员工之间的利益共享、风险共担机制；

(2)建立长期激励约束机制，实现人力资本参与分配，健全和完善公司薪酬激励体系；

(3)吸引、激励和稳定公司员工，充分调动公司员工的积极性，支持公司战略的实现和长期可持续发展。

2.5 本计划的有效期

本计划有效期为【　　】年，自董事会/执行董事批准本计划之日起生效，公司董事会/执行董事可通过决议延长本计划的有效期。在本计划有效期内，公司可以依据本计划向激励对象授予激励股权。

如果在本计划期限届满前，发生退出事项或其他足以影响本计划的事件，公司董事会/执行董事可以做出决议，提前终止本计划。如本计划失效或提前终止，则公司不得再根据本计划授予员工激励股权。

2.6 本计划的管理机构

(1)本计划经公司董事会/执行董事和全体股东审议批准后方可实施。

(2)公司董事会/执行董事可授权公司管理人负责本计划的实施、管理工作。

(3)公司董事会/执行董事及管理人针对与本计划有关的所有事项、计划的解释、效力等有关的问题所做出的决议对期权授予协议的各方均具有约束力。

(4)所有针对本计划的变更与修改应经董事会/执行董事批准后方可生效。

第三章　激励对象

3.1 激励对象的范围

本计划的激励对象包括公司的联合创始人、公司董事、高级管理人员、员工、外部顾问以及经公司管理人认定的对公司经营业绩和未来发展有重大影响的工作人员。

3.2 激励股权的数量及激励对象的确定程序

每批次激励股权的数量由公司管理人提出，经董事会/执行董事审议通过。激励对象及该激励对象获得激励股权的数量由公司管理人确定。

3.3 被授予人放弃权

被授予公司期权的激励对象可以放弃行使期权行权的权利，但应及时书面通知公司管理人或公司。

第四章　激励股权计算方式、来源、类型

4.1 激励股权的计算方式

为方便授予及计算，将公司100%股权，对应当前总注册资本人民币【　　】元，虚拟为【　　】股股权份额，该虚拟股份的设置仅为计算方便，不影响公司作为有限责任公司的组织形式，如公司发生股份制改造或搭建返程投资结构等情况，则需将该虚拟股份与股份制改造后的公司股权结构或返程投资离岸公司的股权结构进行相应置换。

公司拟将虚拟股份中的【　　】，对应当前注册资本人民币【　　】元，对应虚拟股数【　　】股，以本计划项下激励股权的形式授予合格激励对象。

4.2 激励股权的来源

受限于我国法律法规，(1)本计划所述的【　　】股激励股权由公司指定人员在其直接持有的公司股权中提供(本条款间接持有是指公司指定人员通过有限合伙企业间接持有的公司股权，公司可依据本计划设立相应有限合伙持股平台并指定相应人员作为该有限合伙企业的合伙人)；(2)本计划所述的【　　】股激励股权由公司指定人员在其直接持有的公司股权中提供(公司可依据本计划指定相应人员作为激励股权的代持股东)；(3)本计划所述的【　　】股激励股权由公司指定人员在其直接持有的公司股权中提供。(三种模式选择其一)

如公司需要增加除前述股权以外的激励股权，应由公司全体股东另行协商。

4.3 激励股权的类型

本计划的激励股权主要采取期权的形式，董事会/执行董事可以根据公司具体情况决定修改本计划采取的激励股权的类型。

第五章　激励股权的授予

5.1 授予日

授予日是指公司向被授予人授予期权的日期，具体以期权授予协议中的规

定为准。

5.2 授予条件

公司管理人可对不同批次的授予对象设定不同的授予条件,具体可在期权授予协议中进行约定。

5.3 授予程序

经董事会/执行董事批准后,由被授予人与公司及其他相关主体签订相关协议,并依据期权授予协议中约定的条件和程序获得相应激励股权。

5.4 持股方式

(1)依据本计划授予的期权形式的激励股权在其行权后,【通过公司或其他主体设立的合伙企业(员工持股平台)】或【通过指定人员与被授予人签署股权代持协议/股权转让协议】,被授予人间接或直接持有公司股权。

(2)公司管理人可根据实际情况调整激励股权的持有方式。

5.5 期权授予协议的修改

为了符合适用法律的要求,公司管理人可以修改和/或补充按照本计划授予激励对象激励股权的条款或条件。在行使本条规定的权利时,公司管理人可以:

(1)修改和/或补充按照本计划授予激励对象任何激励股权的条款和/或条件,但该修改和/或补充不应对持有激励股权的激励对象在修改/或补充之前的既得经济利益产生负面影响;

(2)要求被授予人做出声明或采取法律要求的其他行动;

(3)通过激励股权有关的其他补充规则和程序行使本条规定的权利;

(4)采取公司管理人认为合适的,不违反本计划条款的其他行动。

第六章　期权的行使

6.1 期权的成熟

依据本计划授予的期权分期成熟,具体的成熟期安排以期权授予协议中的约定为准。若被授予人在未与公司解除劳动/顾问服务合作关系的前提下,在授予期权期间请假(法定请假事由除外),单次超过 30 日或在一个自然年的范围内累积超过 90 日，则该休假期间应从成熟期间中去除，相应的期权成熟期间依次延后。

6.2 期权的成熟条件

(1)公司可以被授予人的工作年限为条件对被授予人设定一定的期权成熟条件，具可在期权授予协议中进行约定。

(2)公司管理人根据公司具体情况设定其他成熟条件。

6.3 期权的加速成熟

根据本计划获授的期权，原则上不得加速成熟，但在发生特定事件时，包括但不限于公司被并购、公司上市、经公司书面批准的其他情况，被授予人持有的尚未成熟的期权经公司董事会/执行董事批准后可以加速成熟。

6.4 可行权日

由公司管理人根据期权授予情况统一安排。

6.5 行权价格

本计划下期权的行权价格应以公司与被授予人签订的期权授予协议中的约定为准。除非本计划、期权授予协议或公司董事会/执行董事另有明确规定，该价格原则上应参照公司最近财务审计报告确定。

6.6 行权有效期

本次期权的行权有效期由管理人根据公司具体情况决定。在合理有效期内，管理人确定期权可行权日。在各个可行权日内，若被授予人虽满足期权行权条件，但并未对已成熟的期权进行行权，则该部分未按时行权的期权将自动累积到下一可行权日；若至本协议项下成熟期满后的最近一个可行权日，被授予人仍有虽满足行权条件但未进行行权的期权，则该部分未行权的期权将被终止行权，被授予人后续不可对该部分期权行权。

6.7 终止行权

发生本计划或期权授予协议规定的特定事项，被授予人持有的尚未行权的全部期权终止行权，自动失效。

6.8 期权的行权程序

若期权被授予人拟对获授期权行权，需按下列程序进行：

(1)由公司管理人或者其指定的主体向被授予人通知其可行权的期权;

(2)被授予人以书面方式向管理人或其指定的主体发出如**附件一**所示的《期权行权通知》,要求对其持有的已成熟期权行权;

(3)公司管理人或其指定主体收到被授予人的行权通知后,对被授予人是否满足行权条件进行审核;

(4)经审核,安排满足行权条件的被授予人签署相关法律文件;

(5)公司管理人或者其指定的主体应将审核及行权的相关信息进行备案;

(6)被授予人按期权授予协议中规定的付款方式向激励股权提供者支付行权价款及依据法律规定的公司应代扣缴的税款。

第七章　被授予人的权利及激励股权的处置

7.1 被授予人的股东权利

获授期权后,在行权前,被授予人不享有任何与被授予期权相对应的公司股东权利;行权后,被授予人方可享有股东财产权(包括但不限于获得分红的权利和其他依据本计划和授予协议的约定处置股权有关的财产权利),但不享有股东管理权和表决权。

7.2 退出事项发生前激励股权的处置

(1)对于尚未行权的激励股权,被授予人未经公司管理人的书面许可,不得向任何第三方出售、转让、设定质押、担保或以任何其他形式进行处置,除非本计划、期权授予协议另有约定或公司管理人另行决议通过。

(2)在退出事项发生前,被授予人(无论其与公司解除劳动/顾问服务合作关系与否)持有的已行权的激励股权,未经公司管理人的书面同意,不得向任何第三方出售转让、设置质押、担保或以任何其他形式进行处置,但本计划或授予协议另有约定或公司管理人另行决议通过的除外。

(3)当可能出现退出事项时,公司应尽所有合理努力(在法律许可范围内)在退出事项发生前通知所有尚未行权的被授予人。对于已达到行权条件尚未行权的期权,可在公司管理人规定时间内行权。对于尚未达到可行权条件的期权,除被批准加速行权外,应立即作废。

7.3 退出事项发生后激励股权的处置

(1)公司上市后被授予人所持激励股权的处置

公司在合格的公开市场上市后,被授予人可以根据公开市场交易规则出售其持有的已行权的激励股权,同时被授予人应:

①若相关中国法律法规有规定、公司上市的资本市场有要求或被授予人自愿承诺锁定期的,在相应锁定期内,被授予人不得对其所持有的已行权的激励股权进行转让、质押、设定担保、委托持股或其他形式的处置,法律法规或规范性文件另有规定的除外;

②签署任何公司或公司上市的牵头承销商或保荐人在公司上市发行期间要求其签署的反映本条上述第 7.3.1.1 项规定要求的协议或文件。

(2)公司股东出售全部或绝大部分股权并导致公司控制权发生实质性变更时被授予人所持激励股权的处置如下:

此时,经收购方同意,被授予人可以其持有的已行权的激励股权间接参与该等并购交易。被授予人持有的尚未成熟的期权与收购方协商处理。

(3)公司解散或清算时被授予人所持激励股权的处置

此时,除非公司管理人另行作出决议,否则被授予人持有的尚未行权的激励股权终止行权,被授予人可以其持有的已行权的激励股权参与公司清算财产的分配。

第八章　被授予人的权利及激励股权的处置

8.1 过错情形的处理

被授予人发生如下事项(以下简称过错事项)的,未行权的期权终止行权;对于被授予人持有的已行权的激励股权,无论公司是否完成上市,公司或公司管理人有权要求被授予人按照行权时实际支付的价款将其全部转让给公司或者公司管理人指定的主体;已转让或出售激励股权获益的,被授予人应向公司或者公司管理人返还所得现金或其他收益。授予协议或管理人可对此作出另行规定或决定。被授予人有义务积极配合完成相应法律文件的签署工作。

过错事项包括如下所列各项，具体以期权授予协议中的约定为准：

（1）被授予人因故意或重大过失行为，严重违反公司或其关联公司的规章制度、劳动合同/顾问服务协议或有其他严重不当行为，使公司或其关联公司遭受重大损失或者损害的；

（2）被授予人因针对公司或其关联公司的不当行为而构成刑事犯罪的；

（3）被授予人违反本计划第十章保密义务的；

（4）被授予人违反公司或其关联公司关于反腐败及反商业贿赂的内部制度的；

（5）被授予人违反公司或其关联公司的竞业禁止、禁止劝诱义务的；

（6）被授予人在其任职/提供顾问服务期间或者离职/终止顾问服务后具有不正当竞争行为如在公共场合或通过其他公共渠道故意诋毁公司声誉、散布不利于公司的言论等其他污蔑、诽谤公司的行为。

8.2 被授予人离职/终止顾问服务时的处理

（1）被授予人非因过错离职，包括但不限于辞职、与公司协商一致解除劳动关系、退休或因公司裁员、丧失劳动能力、身故或被依法宣告死亡、劳动合同到期不续约等。

（2）被授予人在退出事项发生前，或在公司上市但按相关法律或证券交易所的制度未到股票解限期之前，与公司或其关联公司解除劳动/顾问服务合作关系的（除本协议第 8.1 条所述情形之外），未成熟的期权终止成熟，公司管理人有权要求该被授予人将其所持有的激励股权按一定价格转让给管理人指定的主体。对于已成熟的期权（不论其是否行权），公司或公司管理人可以选择以下方式处理：

①公司选择回购，公司或公司管理人有权要求该被授予人将其所持有的已成熟的激励股权转让给公司或公司管理人指定的主体，转让价格的计算方式为：

（a）按离职/终止顾问服务前公司最后一轮融资估值的一定折扣进行计算；

(b)按离职/终止顾问服务时公司前一年底净资产总额乘以拟转让股权占公司股本总额的比例;

(c)公司或者公司管理人根据公司具体情况决定的价格。

②如公司不回购,则由被授予人继续持有。

(3)如前述拟回购激励股权为已成熟但未行权的期权,则该等期权的行权价格应从转让款中扣除。

(4)如因任何法律规定致使本条款之约定在一定时期内不能执行的,则双方应在该时期终止后或法律允许转让的情况发生时一个月内按本条所约定之方式执行。

8.3 继承

被授予人在退出事项发生前,或在公司上市但按相关法律或证券交易所的制度未到股票解限期之前(除本协议第 9.1 条所述情形之外),若被授予人死亡或被宣告死亡的,非经公司管理人书面同意,该被授予人获得的激励股权均不得继承,该被授予人的继承人可按本协议第 8.2 条的规定执行,由公司管理人按本协议第 8.2 条的规定予以回购。

第九章　资本结构重构

9.1 因公司或其关联公司股份制改造,搭建返程投资架构,利润或储备资金的资本化,出售公司全部或绝大部分股权并导致公司控制权发生实质性变更,公司注册资本增加或减少等引起公司资本结构变化的情况下,公司管理人可以根据本条做出其认为合适的调整。调整后,公司管理人应尽快就此调整书面通知被授予人。

9.2 本计划第 9.1 条所述之调整,包括但不限于:

(1)对依据本计划授予的激励股权所对应的股权比例进行调整,或对其中的权利义务进行调整;

(2)在期权已行权,但对应的股权尚未交割完成的情况下,针对该部分拟交割的股权进行调整。

第十章　保密义务

10.1 尽管本计划、期权授予协议等相关文件可能终止或失效，被授予人仍应保证不向任何第三方透露本计划下激励股权的相关信息，包括但不限于公司信息、本计划、期权授予协议、其他股权激励相关文件中规定的内容以及上述文件的存在，直至该信息非因被授予人违反保密义务的行为而已为公众所知。

10.2 被授予人对其历次所获得的激励股权数额或比例负有保密义务，未经公司管理人书面同意或法律的强制性要求不得向任何第三方披露，如被授予人确有必要向其直系亲属等关联方披露本条所述信息的，则该保密责任自动扩延至该被授予人关联方，即该被授予人关联方未遵守保密义务的，视为该被授予人未遵守保密义务。

10.3 尽管如前款所述，但若被授予人被要求依法披露本计划、期权授予协议或本计划下其他激励股权相关文件的内容，该被授予人应立即书面通知公司及公司管理人并咨询公司的寻求对保密信息采取保护措施。

第十一章　其　　他

11.1 任何与本计划条款有关的争议应当被提交至公司管理人，并与其协调解决，公司董事会/执行董事或经董事会/执行董事授权的公司管理人对本计划及本计划相关的协议、通知、承诺等相关法律文件的条款有最终解释权。

11.2 本计划及依据本计划制定的所有激励股权相关的文件均应排他的适用中华人民共和国法律。

11.3 被授予人应独自承担与其持有的激励股权相关的税费，包括但不限于其持有股权的转让、继承等产生的纳税义务。

11.4 本计划应优先于任何公司之前就本计划下激励股权所做的任何计划、方案、安排。

11.5 若本计划与具体期权授予协议中的条款有冲突，则应以期权授予协议中的约定为准。

11.6 若公司发生股份制改造或者公司被并购或公司管理人认为发生了有必要修改或终业本计划的情形，则公司董事会/执行董事可以对本计划进行修改或者终止。

11.7 其他约定及条款：

附件一：行权通知

【　　】有限公司

期权行权通知

致股权激励计划管理人：

1. 本人__________，身份证号：______________，在此依据《【　　】公司股权激励计划》、《【　　】公司期权授予协议》，共获授______________股对应的期权，现申请对其中______________股对应的期权行权。

2. 本人对该部分期权行权的总行权价款为人民币______________元，本人选择下述第______________种方式支付：

(1) 现金；

(2) 银行汇款；

(3) 由公司认可的其他方法，如下描述：______________。

行权申请人签字：

年　　月　　日

范本二：期权授予协议

【　　】有限公司

期权授予协议

本期权授予协议（以下简称本协议）由×××有限公司与×××（被授予

人)订立。

本协议的用词,如无特别规定,具有与《×××有限公司股权激励计划》(以下简称激励计划)中相同的含义。若本协议规定的条款与激励计划规定的条款或者条件不一致的,除另有说明外,本协议的规定优先。

鉴于:

A.《×××有限公司股权激励计划》已经由公司董事会决议/执行董事决定通过。

B.(1)配合公司实施股权激励的相关人员,即期权持股平台×××合伙企业(以下简称持股平台)的合伙人已向公司出具授权书,授权公司处分其所持有的部分或全部的持股平台的财产份额用于公司的本次激励计划。同意并承诺配合公司完成相关的激励股权授予、转让及相关文件的签署事宜。公司基于该授权并依据激励计划,制定本协议;

(2)公司股东【　　】(以下简称指定股东或代持股东)已向公司出具授权书,授权公司处分其持有的部分或全部公司股权用于公司的本次激励计划。同意并承诺配合公司完成相关的激励股权授予、转让及相关文件的签署事宜。公司基于该授权并依据激励计划,制定本协议;

(3)被授予人同意并承诺配合公司完成相关的激励股权授予、转让及相关文件的签署事宜。公司基于该授权并依据激励计划,制定本协议。

(具体根据激励计划选择采用何种模式)

C. 被授予人忠诚于公司或其关联公司,并努力为公司或其关联公司的发展做出贡献。

基于以上,公司拟依据本协议规定的条款和条件于本协议生效之日向被授予人授予相应的期权。

为方便授予及计算,将公司100%股权,虚拟为【　　】股股权份额,该虚拟股份的设置仅为计算方便,不影响公司作为有限责任公司的组织形式,如公司发生股份制改造或搭建返程投资结构等情况,则需将该虚拟股份与股份制改造后的公司股权结构或返程投资离岸公司的股权结构进行相应置换。

授予信息(见表11-2)

表11-2 期权授予信息

授予信息	具体内容
被授予人姓名:	【 】
授予日期:	本协议生效日
授予类型	期权
授予数量:	【 】股
成熟起算日期:	【 】年【 】月【 】日
行权单价:	【 】元/股
成熟安排:	(1)【 】年【 】月【 】日即成熟该批次期权的【 】%,对应【 】股; (2)从【 】年【 】月【 】日至【 】年【 】月【 】日成熟该批次期权的【 】%,对应【 】股; (3)从【 】年【 】月【 】日至【 】年【 】月【 】日成熟该批次期权的【 】%,每【 】月成熟【 】%,每【 】月成熟数量对应【 】股

授予条款

1. 授予

1.1 授予条件

被授予人于本协议生效日前在公司或其关联公司任职并持续与公司或其关联公司保持劳动关系或者向公司或其关联公司提供顾问服务。

1.2 直接持股/间接持股/代持

(1)被授予人在其持有的期权行权后直接享有行权后的股权对应的财产性权利;

(2)被授予人的期权将在行权后通过持有【 】(持股平台名称)对应的财产份额(以下简称财产份额)间接持有公司的股权;

(3)被授予人同意在其持有的期权行权后交由代持股东代持,并间接享有行权后的股权对应的财产性权利。

2. 期权的成熟

2.1 成熟条件

本次被授予人所获得的期权的成熟条件为:

(1)被授予人在本协议**授予信息**规定的成熟安排时限内与公司或者经公司认可的公司或公司关联方保持劳动/顾问服务合作关系;

(2)公司没有发生解散、清算、破产、被撤销、吊销营业执照或责令关闭等无法继续存续的情形。

2.2 成熟起算日

被授予人获授的期权以授予信息中约定的成熟安排方式,从成熟起算日开始计算成熟时间。

2.3 成熟递延

若被授予人在获授激励期权未成熟期间请假(法定请假事由除外),单次超过 30 日或在一个自然年的范围内累积超过 90 日,则该休假期间应从成熟期间中去除,相应的期权成熟期间依次延后。

2.4 加速成熟

根据本协议获授的期权原则上不得加速成熟,但在发生特定事件时,包括但不限于公司被并购、公司上市、经公司董事会/执行董事书面批准的其他情况,被授予人持有的尚未成熟的期权经公司董事会/执行董事批准后可以加速成熟。

2.5 成熟终止

被授予人与公司或其关联公司的劳动/顾问服务合作关系终止的,则在该终止之日其持有的未成熟的期权全部终止成熟。

3. 行权

3.1 可行权日

公司管理人根据公司具体情况设定某日作为行权日(以下简称可行权日),供被授予人就已成熟的期权进行行权。

3.2 行权条件

除本协议另有规定外，满足以下条件，被授予人方可对获授的已成熟期权行权：

(1)至可行权日，被授予人所持有的拟行权期权已成熟；

(2)满足公司要求的相关业绩考核指标(如有)；

(3)没有发生本协议第6.1条所规定的过错事项。

3.3 行权价款

被授予人于行权时，将依据**授予信息**中约定的行权单价乘以行权股数所得的总行权价款支付给公司董事会/执行董事指定的主体。公司也可根据具体情况对行权价款的支付时间另行规定。

3.4 行权程序

在可行权日，被授予人依据当时有效的公司激励计划及相关文件规定的行权程序行权。公司在收到被授予人的行权要求后应尽快促使被授权人签署相关的文件或履行相应的法律程序，协助被授予人完成行权。

3.5 期权行权

被授予人行权，由公司指定的持股平台合伙人将其持有的与本协议对应的持股平台的财产份额转让给被授予人。转让后被授予人成为持股平台的有限合伙人，间接持有公司股权。公司也可视实际情况安排其他形式的激励股权行权后持股方式。

3.6 行权有效期

在本协议项下的各个可行权日，若被授予人虽满足期权行权条件，但并未对已成熟的期权进行行权，则该部分未按时行权的期权将自动累积到下一可行权日；若至本协议项下成熟安排期满后的最近一个可行权日，被授予人仍有虽满足行权条件但未进行行权的期权，则该部分未行权的期权将被终止行权，被授予人后续不可对该部分期权行权。

4. 被授予人的权利

4.1 行权前被授予人的权利

在行权之前，被授予人不享有任何与被授予期权相对应的公司股东权利或持股平台合伙人权利。

4.2 行权后被授予人的权利

行权后，被授予人即可享有与激励股权对应的包括公司分红权在内的经济受益权利，但不享有股东表决权（在间接持股或代持情形下），其所持有的激励股权对应的表决权由该持股平台的普通合伙人/代持股东享有，直至公司整体上市或出售。

5. 期权的处置

5.1 退出事项发生前期权的处置

（1）退出事项是指：①公司合格的上市或挂牌；②公司股东出售公司全部或绝大部分股权并导致公司控制权发生实质性变更；③有管辖权的法院发出生效的法律文书，要求公司解散或清算。

（2）在退出事项发生前，对于被授予人获授的期权（不论其是否行权，以及是否与公司或其关联公司终止劳动/顾问服务合作关系），在事先未经公司或公司管理人书面同意情况下，被授予人不得向任何第三方出售、转让、赠予、抵押、设定质押、担保或以其他任何形式进行处置，但激励计划、本授予协议另有约定或公司另行规定的除外。

5.2 退出事项发生后激励股权的处置

（1）公司上市后被授予人所持激励股权的处置

公司在合格的公开市场上市后，被授予人可以根据公开市场交易规则出售其持有的已行权的激励股权（公司可根据实际情况对激励股权的持有方式以及对应的激励股权数量根据上市安排做相应调整），同时被授予人应：

①若我国法律法规有规定、公司上市的资本市场有要求或被授予人自愿承诺锁定期的，在相应锁定期内，被授予人不得对其所持有的激励股权进行转让、质押、设定担保、委托持股或其他形式的处置，法律法规或规范性文件另有规定的除外；

②签署任何公司或公司上市的牵头承销商或保荐人在公司上市发行期间要求其签署的反映本条上述第 5.2.1.1 项规定要求的协议或文件。

（2）公司出售全部或绝大部分股权并导致公司控制权发生实质性变更时

被授予人所持激励股权的处置

此时,经收购方同意,被授予人可以其持有的已行权的激励股权间接参与该等并购交易。被授予人持有的尚未成熟的期权,除被批准加速行权外,应立即作废。

(3)公司解散或清算时被授予人所持激励股权的处置

被授予人持有的尚未成熟的期权,除被批准加速行权外,应立即作废。被授予人可以其持有的已行权的激励股权参与公司清算财产的分配。

6. 被授予人发生过错及离职时激励股权的处理

6.1 被授予人发生过错时激励股权的处理

被授予人发生如下事项(以下简称过错事项)的,未行权的期权终止行权;已行权的期权,公司有权要求被授予人按照行权时实际支付的价格将其全部转让给公司指定的主体。已转让或出售激励股权获益的,被授予人应向公司或者公司指定的主体返还所得现金或其他收益。被授予人发生过错事项时,应同时承担因此而给公司或其关联方造成的任何损失及费用。公司可对此作出另行规定或决定。被授予人有义务积极配合完成相应法律文件的签署工作。

过错事项具体包括以下各项:

①被授予人因故意或重大过失行为,严重违反公司或其关联公司的规章制度、劳动合同/顾问服务协议或有其他严重不当行为,使公司或其关联公司遭受重大损失或者损害的;

②被授予人因针对公司或关联公司的不当行为而构成刑事犯罪的;

③被授予人违反本协议第7条保密义务及泄露公司或其关联公司的商业秘密的;

④被授予人违反公司或其关联公司关于反腐败及反商业贿赂的内部制度的;

⑤被授予人违反公司或其关联公司的竞业禁止、禁止劝诱义务的;

⑥被授予人在其任职/提供顾问服务期间或者离职/终止顾问服务后具有对公司或其关联公司的不正当竞争行为如在公共场合或通过其他公共渠道故意诋毁公司声誉、散布不利于公司的言论等其他污蔑、诽谤公司的行为。

6.2 劳动/顾问服务合作关系终止时激励股权的处理

(1)被授予人在退出事项发生前,或在公司上市但按相关法律或证券交易所的制度未到股票解限期之前,与公司或其关联公司解除劳动/顾问服务合作关系的(除本协议第6.1条所述情形之外),未成熟的期权终止成熟,已经成熟的激励股权(不论其是否行权),公司管理人有权在劳动/顾问服务合作关系终止之日起30日内要求该被授予人将其所持有的激励股权转让给管理人指定的主体,转让价格按以下第【　　】种方式处理:

①按离职/终止顾问服务前公司最后一轮融资估值的【　　】%进行计算;

②按离职/终止顾问服务时公司前一年底净资产总额乘以拟转让股权占公司股本总额的比例;

③按获得激励股权实际支付价格的【　　】倍进行计算。

(2)如前述拟回购激励股权为已成熟但未行权的期权,则该期权的行权价格应从转让款中扣除。如公司在30日内未能作出回购决定,则被授予人有权在此后90天内选择是否行权,如被授予人逾期未对已成熟期权行权,则该等期权应即时作废。

(3)如因任何法律规定致使本条款之约定在一定时期内不能执行的,则双方应在该时期终止后或法律允许转让的情况发生时一个月内按本条所约定之方式执行。

6.3 继承

被授予人在退出事项发生前,或在公司上市但按相关法律或证券交易所的制度未到股票解限期之前(除本协议第6.1条所述情形之外),若被授予人死亡或被宣告死亡的,对该被授予人持有的已成熟未行权的期权,如公司在被授予人死亡之日起30日内未能按本协议第6.2条的规定作出回购决定的,则公司应及时通知被授予人的适格的继承主体在此后90日内对已成熟未行权的期权行权,如继承人逾期未对已成熟期权行权,则该期权应即时作废。对该被授予人的继承人持有的已行权的期权,由公司按本协议第6.2条的规定予以处理。

7. 保密义务

7.1 尽管激励计划、授予协议等相关文件可能终止或失效,被授予人仍应保证不向任何第三方透露本计划下激励股权的相关信息，包括但不限于公司信息、本计划、授予协议、其他股权激励相关文件中规定的内容以及上述文件的存在，直至该信息非因被授予人违反保密义务的行为而已为公众所知。

7.2 被授予人对其历次所获得的激励股权数额或比例负有保密义务，未经公司书面同意或法律的强制性要求不得向任何第三方披露，如被授予人确有必要向其直系亲属等关联方披露本条所述信息的，则该保密责任自动扩延至该被授予人关联方，即该被授予人关联方未遵守保密义务的，视为该被授予人未遵守保密义务。

7.3 尽管如前款所述，但若被授予人被要求依法披露激励计划、授予协议或激励计划下其他股权激励相关文件的内容，该被授予人应立即书面通知公司并咨询公司的寻求对保密信息采取保护措施。

8. 违约

8.1 协议各方应积极履行本协议下其应承担的义务，若任何一方违反本协议的约定，并在守约方要求其纠正之日起 3 日内，未对其违约行为予以纠正，则该违约方构成对本协议的违反，除本协议其他条款约定外，守约方仍有权要求违约方赔偿其因此遭受的全部经济损失。

8.2 若需要通过法院或者行政程序强制执行本协议的任何条款，则胜诉方应有权被判定获得必要的诉讼费用的赔偿，包括合理的律师费用。

9. 税收

被授予人应当承担因本协议下期权的行权及转让等行为所产生的税费。

10. 可分割性

本协议任何条款的无效或不可执行均不影响其他条款的效力，所有条款均各自独立，并在法律许可的范围内具有可执行性。

11. 修订

任何一方对本协议的任何修改或对某条款的放弃均应以书面形式作出，并经本协议各方签字方才生效。

12. 终止履行

如发生公司股份制改造或搭建返程投资模式等对公司股权架构进行整体性调整的事件,公司有权根据需要修改或终止本协议。

13. 放弃

在中国法律许可的范围内,协议各方未行使或延迟行使其在本协议项下的权利不构成放弃其权利,任何单独的或部分的行使权利也不排除其进一步的行使。

14. 转让

本协议一经签署,未经协议双方的书面同意,任何一方不得全部或部分转让其在本协议项下的权利和义务。

15. 适用法律及争议解决

15.1 本协议依据中华人民共和国法律起草并接受中华人民共和国法律管辖。

15.2 任何与本协议有关的争议双方应友好协商解决,协商不能达成一致的,任何一方有权向公司住所地有管辖权的人民法院提起诉讼。

16. 其他

16.1 本协议及其附件构成双方就本次期权授予达成的完整协议,并取代双方此前关于本次期权授予所达成的任何约定(无论以书面或口头形式),且本协议(包括其修改协议)包含了各方就本协议项下事项的唯一和全部协议。为避免疑义,任何之前约定中规定的与本协议相冲突或重叠的条款自本协议生效之日起失效。

16.2 本协议中的各标题仅为提示之目的,不对本协议的各项条文发生限制、扩展或其他解释作用。

16.3 本协议及其附件(如有)自协议双方或其授权代表签字或使用电子签名工具签署完成之日起生效,该日即为生效日。

16.4 其他【　　】

【以下为协议签字页,无正文】

【本页无正文,为《×××有限公司期权授予协议》签字页】

兹证明,协议各方或其授权代表于【　　】年【　　】月【　　】日签署本协议,以昭信守。

授予人:【　　】有限公司

授权代表:

签字:

被授予人:

签字:

第二节　限制性股权

范本三:限制性股权激励计划

【　　】有限公司

限制性股权激励计划

【　　】年【　　】月【　　】日

第一章　定义及释义

1.1 在本计划中，有关名词的含义见表 11－3。

表 11－3　释义

有关名词	详细释义
公司	【　　】有限公司
管理人	由公司董事会/执行董事指定，代表公司董事会/执行董事负责激励计划中所有与激励股权相关事务的具体实施及执行工作的人员
章程	公司章程
股东会	公司的股东会
董事会/执行董事	公司的董事会或执行董事（公司只有一位董事的情形下）
授予	公司通过签署受限股授予协议的方式使被授予人有权依照本计划获得一定数量的激励股权
被授予人	根据本计划被授予公司激励股权的任何激励对象，本计划中也称激励对象
授予日	被授予人依据本计划和受限股授予协议的规定被授予激励股权的日期
受限股	根据本计划和受限股授予协议的规定，由公司向被授予人授予的依据受限股授予协议约定的条件和价格直接或间接购买的相应股东权利受到一定限制的公司股权
受限股授予协议	公司和被授予人签署的向被授予人授予受限股的协议
购买价格	被授予人根据受限股授予协议的约定购买受限股的单位价格
解限	被授予人在满足一定的条件后，所获授的受限股的限制被解除或部分解除的情形
激励股权	公司向被授予人授予的受限股，以及被授予人在解限后获得的公司股权

续表

有关名词	详细释义
每批次激励股权	依据本计划,在同一时点授予一个或多个被授予人的全部激励股权
退出事项	(1)公司合格的上市或挂牌;(2)公司股东出售公司全部或绝大部分股权并导致公司控制权发生实质性变更;(3)有管辖权的法院发出生效的法律文书,要求公司解散或清算
合格的公开发行	公司在被全体股东认可的证券市场,包括但不限于上海证券交易所、深圳证券交易所、全国中小企业股份转让系统、香港证券交易所,公开发行公司股票或其他资本证券
本计划	本股权激励计划

1.2 本计划中的各标题仅为理解方便,不得作为解释本计划的依据。

第二章 总　　则

2.1 为了进一步完善公司治理结构,健全公司激励与约束相结合的中长期激励机制,充分调动公司管理人员、技术和业务骨干的积极性,特制定本计划。

2.2 本计划经董事会/执行董事审议批准后方可实施。

2.3 制定本计划的原则

(1)坚持股东利益、公司利益和员工利益相一致,有利于维护股东利益,有利于公司的可持续发展;

(2)坚持激励与约束相结合,风险与收益相对称;

(3)坚持从实际出发,循序渐进,不断完善。

2.4 制定本计划的目的

(1)完善公司治理结构,建立公司、股东与员工之间的利益共享、风险共担机制;

(2)建立长期激励约束机制,实现人力资本参与分配,健全和完善公司薪酬激励体系;

(3)吸引、激励和稳定公司员工,充分调动公司员工的积极性,支持公司战略的实现和长期可持续发展。

2.5 本计划的有效期

本计划有效期为【　　】年,自董事会/执行董事批准本计划之日起生效,公司董事会/执行董事可通过决议延长本计划的有效期。在本计划有效期内,公司可以依据本计划向激励对象授予激励股权。

如果在本计划期限届满前,发生退出事项或其他足以影响本计划的事件,公司董事会/执行董事可以做出决议,提前终止本计划。如本计划失效或提前终止,则公司不得再根据本计划授予员工激励股权。

2.6 本计划的管理机构

(1)本计划经公司董事会/执行董事和全体股东审议批准后方可实施。

(2)公司董事会/执行董事可授权公司管理人负责本计划的实施、管理工作。

(3)公司董事会/执行董事及管理人针对与本计划有关的所有事项、计划的解释、效力等有关的问题所做出的决议对受限股授予协议的各方均具有约束力。

(4)所有针对本计划的变更与修改应经董事会/执行董事批准后方可生效。

第三章　激励对象

3.1 激励对象的范围

本计划的激励对象包括公司的联合创始人、公司董事、高级管理人员、员工、外部顾问以及经公司管理人认定的对公司经营业绩和未来发展有重大影响的工作人员。

3.2 激励股权的数量及激励对象的确定程序

每批次激励股权的数量由公司管理人提出,经董事会/执行董事审议通过。激励对象及该激励对象获得激励股权的数量由公司管理人确定。

第四章　激励股权计算方式、来源、类型

4.1 激励股权的计算方式

为方便授予及计算，将公司100%股权，对应当前总注册资本人民币【　　】元，虚拟为【　　】股股权份额，该虚拟股份的设置仅为计算方便，不影响公司作为有限责任公司的组织形式，如公司发生股份制改造或搭建返程投资结构等情况，则需将该虚拟股份与股份制改造后的公司股权结构或返程投资离岸公司的股权结构进行相应置换。

公司拟将虚拟股份中的【　　】，对应当前注册资本人民币【　　】元，对应虚拟股数【　　】股，以本计划项下激励股权的形式授予合格激励对象。

4.2 激励股权的来源

受限于我国法律法规，(1)本计划所述的【　　】股激励股权由公司指定人员在其间接持有的公司股权中提供(本条款间接持有是指公司指定人员通过有限合伙企业间接持有的公司股权，公司可依据本计划设立相应有限合伙持股平台并指定相应人员作为该有限合伙企业的合伙人)；(2)本计划所述的【　　】股激励股权由公司指定人员在其直接持有的公司股权中提供(公司可依据本计划指定相应人员作为激励股权的代持股东)；(3)本计划所述的【　　】股激励股权由公司指定人员在其直接持有的公司股权中提供。(三种模式选择其一)

如公司需要增加除前述股权以外的激励股权，由公司全体股东另行协商。

4.3 激励股权的类型

本计划的激励股权主要采取受限股的形式，董事会/执行董事可以根据公司具体情况决定修改本计划采取激励股权的类型。

第五章　激励股权的授予

5.1 授予日

授予日是指公司向被授予人授予受限股的日期，具体以受限股授予协议中的规定为准。

5.2 授予条件

公司管理人可对不同批次的授予对象设定不同的授予条件,具体可在受限股授予协议中进行约定。

5.3 授予程序

经董事会/执行董事批准后,由被授予人与公司及其他相关主体签订相关协议,并依据受限股授予协议中约定的条件和程序获得相应激励股权。

5.4 持股方式

(1)依据本计划授予的受限股形式的激励股权在其授予后,【通过公司或其他主体设立的合伙企业(员工持股平台)】或【通过指定人员与被授予人签署股权代持协议/股权转让协议】,被授予人间接或直接持有公司股权。

(2)公司管理人可根据实际情况调整激励股权的持有方式。

5.5 受限股授予协议的修改

为了符合适用法律的要求,公司管理人可以修改和/或补充按照本计划授予激励对象激励股权的条款或条件。在行使本条规定的权利时,公司管理人可以:

(1)修改和/或补充按照本计划授予激励对象任何激励股权的条款和/或条件,但该修改和/或补充不应对持有激励股权的激励对象在修改/或补充之前的既得经济利益产生负面影响;

(2)要求被授予人做出声明或采取法律要求的其他行动;

(3)通过激励股权有关的其他补充规则和程序行使本条规定的权利;

(4)采取公司管理人认为合适的,不违反本计划条款的其他行动。

第六章 受限股的获取

6.1 获取程序

被授予人在与公司及其他方签署受限股授予协议后,应按照受限股授予协议中规定的方式向指定股东或合伙企业支付相应的购买价款;公司促使合伙企业及时办理合伙企业相应的工商变更手续;管理人将被授予人的相关信息在公司进行备案。

6.2 购买价格

本计划下受限股的购买价格应以公司与被授予人签订的受限股授予协议中的约定为准。除非本计划、受限股授予协议或公司董事会/执行董事另有明确规定,该价格原则上应参照公司最近的财务审计报告确定。

6.3 解限安排

受限股自授予日起分期解限。公司管理人可对不同批次的被授予人或同一批次的不同被授予人设定不同的解限期,具体的解限安排以受限股授予协议中的约定为准。

在解限期内,被授予人不得将其持有的受限股进行转让、用于担保或偿还债务。解限期满后,未满足解限条件的受限股由公司或公司指定的主体以购买价格回购。

6.4 解限程序

在解限日,被授予人需按照下列程序进行解限:

(1)在解限日,由管理人对被授予人是否满足解限条件进行审核;

(2)在各个解限日,由管理人针对已经满足解限条件的受限股向被授予人发出解限通知(见附件二)或者针对未满足解限条件的受限股向被授予人发出回购通知。公司要求回购受限股,被授予人应予以配合;

(3)管理人应将解限相关信息进行备案。

6.5 加速解限

根据本协议获授的受限股原则上不得加速解限,但在发生特定事件时,包括但不限于公司被并购、公司上市或挂牌、经公司书面批准的其他情况,被授予人持有的尚未解限的受限股经公司董事会/执行董事批准后可以加速解限。

6.6 解限终止

发生本计划或受限股授予协议规定的特定事项,被授予人持有的尚未解限的全部受限股终止解限,由公司董事会/执行董事的指定管理人及其他的主体收回。

第七章　被授予人的权利及激励股权的处置

7.1 被授予人的股东权利

获授受限股后，被授予人可享有股东财产权(包括但不限于获得分红的权利和其他依据本计划和激励股权授予协议的约定与股权有关的财产权利)，但不享有股东管理权，其所持有的激励股权对应的表决权由该代持股东享有。

7.2 退出事项发生前激励股权的处置

(1)对于尚未解限的激励股权，被授予人未经公司管理人的书面许可，不得向任何第三方出售、转让、设定质押、担保或以其他任何形式进行处置，除非本计划、受限股授予协议另有约定或公司管理人另行决议通过。

(2)在退出事项发生前，被授予人(无论其与公司解除劳动/顾问服务合作关系与否)持有的已解限的激励股权，未经公司管理人的书面同意，不得向任何第三方出售、转让、设定质押、担保或以其他任何方式进行处置，但本计划或受限股授予协议另有约定或公司管理人另行决议通过的除外。

(3)当可能出现退出事项时，公司应尽所有合理努力(在法律许可的范围内)在退出事项发生前通知所有尚未解限的被授予人。对于未达到解限条件的受限股，除加速解限外，未解限部分由公司或公司指定主体按照被授予人购买该受限股时实际支付的购买价款予以回购。

7.3 公司上市或挂牌后被授予人所持激励股权的处置

(1)公司在合格的公开市场上市或挂牌后，被授予人可以根据公开市场交易规则出售其持有的已解限的激励股权，同时被授予人应：

①若我国法律法规有规定、公司上市或挂牌的资本市场有要求或被授予人自愿承诺锁定期的，在相应锁定期内，被授予人不得对其所持有的已解限的激励股权进行转让、质押、设定担保、委托持股或其他形式的处置，法律法规或规范性文件另有规定的除外；

②签署任何公司或公司上市的牵头承销商或保荐人在公司上市发行期间要求其签署的反映上述第7.3.(1)①项规定要求的协议或文件。

(2)公司股东出售全部或绝大部分股权并导致公司控制权发生实质性变更时被授予人所持激励股权的处置

此时,经收购方同意,被授予人可以其持有的已解限的激励股权间接参与该等并购交易。公司对被授予人持有的尚未解限的激励股权按照被授予人购买该等受限股时实际支付的购买价款予以回购。

(3)公司解散或清算时被授予人所持激励股权的处置

此时,除非公司管理人另行作出决议,否则被授予人持有的尚未解限的激励股权终止解限,被授予人可以其持有的已解限的激励股权参与公司清算财产的分配。

第八章　被授予人的权利及激励股权的处置

8.1 过错情形的处理

被授予人发生如下事项(以下简称过错事项)的,未解限的受限股,终止解限;对于被授予人持有的已解限的激励股权,无论公司是否完成上市或挂牌,公司或公司管理人有权要求被授予人按照购买该等激励股权时实际支付的价款将其全部转让给公司或者公司管理人指定的主体;已转让或出售激励股权获益的,被授予人应向公司或者公司管理人返还所得现金或其他收益。授予协议或管理人可对此作出另行规定或决定。被授予人有义务积极配合完成相应法律文件的签署工作。

过错事项包括如下所列各项,具体以受限股授予协议中的约定为准:

①被授予人因故意或重大过失行为,严重违反公司或其关联公司的规章制度、劳动合同/顾问服务协议或有其他严重不当行为,使公司或其关联公司遭受重大损失或者损害的;

②被授予人因针对公司或其关联公司的不当行为而构成刑事犯罪的;

③被授予人违反本计划第10章保密义务的;

④被授予人违反公司或其关联公司关于反腐败及反商业贿赂的内部制度的;

⑤被授予人违反公司或其关联公司的竞业禁止、禁止劝诱义务的；

⑥被授予人在其任职/提供顾问服务期间或者离职/终止顾问服务后具有不正当竞争行为如在公共场合或通过其他公共渠道故意诋毁公司声誉、散布不利于公司的言论等其他污蔑、诽谤公司的行为。

8.2 被授予人离职/终止顾问服务时的处理

(1)被授予人非因过错离职，包括但不限于辞职、与公司协商一致解除劳动关系、退休或因公司裁员、丧失劳动能力、身故或被依法宣告死亡、劳动合同到期不续约等。

(2)被授予人在退出事项发生前，或在公司上市但按相关法律或证券交易所的制度未到股票解限期之前，与公司或其关联公司解除劳动/顾问服务合作关系的(除本协议第 8.1 条所述情形之外)，未解限的受限股终止解限，公司管理人有权要求该被授予人将其所持有的激励股权按一定价格转让给管理人指定的主体，转让价格按被授予人购买该等激励股权时支付的价格进行计算。已解限的受限股，公司或公司管理人可以选择以下方式处理：

①公司选择回购，公司或公司管理人有权要求该被授予人将其所持有的已解限的激励股权转让给公司或公司管理人指定的主体，转让价格的计算方式为：

(a)按离职/终止顾问服务前公司最后一轮融资估值的一定折扣进行计算；

(b)按离职/终止顾问服务时公司前一年底净资产总额乘以拟转让股权占公司股本总额的比例；

(c)公司或者公司管理人根据公司具体情况决定的价格。

②如公司不回购，则由被授予人继续持有。

(3)如因任何法律规定致使本条款之约定在一定时期内不能执行的，则双方应在该时期终止后或法律允许转让的情况发生时一个月内按本条所约定之方式执行。

8.3 继承

被授予人在退出事项发生前，或在公司上市但按相关法律或证券交易所的制度未到股票解限期之前(除本协议第9.1条所述情形之外),若被授予人死亡或被宣告死亡的,非经公司管理人书面同意,该被授予人获得的激励股权均不得继承,该被授予人的继承人可按本协议第8.2条的规定执行,由公司管理人按本协议第8.2条的规定予以回购。

第九章 资本结构重构

9.1 因公司或其关联公司股份制改造,搭建返程投资架构,利润或储备资金的资本化、出售公司全部或绝大部分股权并导致公司控制权发生实质性变更,公司注册资本增加或减少等引起公司资本结构变化的情况下,公司管理人可以根据本条做出其认为合适的调整。调整后,公司管理人应尽快就此调整书面通知被授予人。

9.2 本计划第9.1条所述之调整,包括但不限于:

(1)对依据本计划授予的激励股权所对应的股权比例进行调整,或对其中的权利义务进行调整;

(2)在受限股已解限,但对应的股权尚未交割完成的情况下,针对该部分拟交割的股权进行调整。

第十章 保密义务

10.1 尽管本计划、受限股授予协议等相关文件可能终止或失效,被授予人仍应保证不向任何第三方透露本计划下激励股权的相关信息,包括但不限于公司信息、本计划、受限股授予协议、其他股权激励相关文件中规定的内容以及上述文件的存在,直至该信息非因被授予人违反保密义务的行为而已为公众所知。

10.2 被授予人对其历次所获得的激励股权数额或比例负有保密义务,未经公司管理人书面同意或法律的强制性要求不得向任何第三方披露,如被授予人确有必要向其直系亲属等关联方披露本条所述信息的,则该保密责任自动扩延至该被授予人关联方,即该被授予人关联方未遵守保密义务的,视为该被授予人未遵守保密义务。

10.3 尽管如前款所述,但若被授予人被要求依法披露本计划、受限股授予协议或本计划下其他激励股权相关文件的内容,该被授予人应立即书面通知公司及公司管理人并咨询公司的寻求对保密信息采取保护措施。

第十一章 其　　他

11.1 任何与本计划条款有关的争议应当被提交至公司管理人协调解决,公司董事会/执行董事或经董事会/执行董事授权的公司管理人对本计划及本计划相关的协议、通知、承诺等相关法律文件的条款有最终解释权。

11.2 本计划及依据本计划制定的所有激励股权相关的文件均应排他的适用中华人民共和国法律。

11.3 被授予人应独自承担与其持有的激励股权相关的税费,包括但不限于其持有的股权的转让、继承等产生的所有纳税义务。

11.4 本计划应优先于任何公司之前就本计划下激励股权所做的所有计划、方案、安排。

11.5 若本计划与具体受限股授予协议中的条款有任何冲突,则应以受限股授予协议中的约定为准。

11.6 若公司发生股份制改造或者公司被并购或公司管理人认为有必要修改本计划的情形,则公司公司董事会/执行董事可以对本计划进行修改或者终止。

11.7 其他约定及条款

附件二:解限通知

【　　】有限公司

受限股解限通知

致______________:

1. 依据《×××有限公司股权激励计划》《×××有限公司受限股授予协

议》,您共获授________股对应的受限股,其中第________期受限股已达到解限条件,本期解限时间为________年____月____日,包括本次解限受限股在内的总解限受限股对应的比例为________%

2. 本人已了解本人应当承担的受限股解限可能产生之权利义务。

【　　】有限公司

(盖章)

管理人签字:____________________　　________年____月____日

范本四:受限股授予协议

【　　】有限公司
受限股授予协议

本受限股授予协议(以下简称本协议)由【　　】(以下简称公司或授予人)与【　　】(以下简称被授予人)订立。

本协议的用词,如无特别规定,具有与《×××有限公司股权激励计划》中相同的含义。若本协议规定的条款与股权激励计划规定的条款或者条件不一致的,除另有说明外,则本协议的规定应优先。

鉴于:

A. 公司股权激励计划《×××有限公司股权激励计划》(以下简称激励计划)已经由公司董事会决议/执行董事决定。

B. (1)配合公司实施股权激励的相关人员,即持股平台【　　】(以下简称持股平台)的合伙人已向公司出具授权书,授权公司处分其各自所持有的部分或全部的持股平台的出资份额用于公司的本次激励计划。同意并承诺配合公司完成相关的激励股权授予、转让及相关文件的签署事宜。公司基于该授权并依据激励计划,制定本协议。

(2)公司股东【　　】(以下简称指定股东或代持股东)已向公司出具授权

书,授权公司处分其持有的部分或全部公司股权用于公司的本次激励计划。同意并承诺配合公司完成相关的激励股权授予、转让及相关文件签署。公司基于该授权并依据激励计划,制定本协议。

(3)被授予人同意并承诺配合公司完成相关的激励股权授予、转让及相关文件签署。公司基于该授权并依据激励计划,制定本协议。

(具体根据激励计划选择采用何种模式)

C. 被授予人忠诚于公司或其关联公司,并努力为公司或其关联公司的发展做出贡献。

基于以上,公司拟依据本协议规定的条款和条件于本协议生效之日向被授予人授予相应的激励股权。

为方便授予及计算,将公司100%股权,对应当前总注册资本【　　】元,虚拟为【　　】股股权份额,该虚拟股份的设置仅为计算方便,不影响公司作为有限责任公司的组织形式,如公司发生股份制改造或搭建返程投资结构等情况,则需将该虚拟股份与股份制改造后的公司股权结构或返程投资离岸公司的股权结构进行相应置换。

授予信息(见表11-4)

表11-4 受限股授予信息

授予信息	具体内容
被授予人姓名:	
授予日期:	本协议生效日
授予类型	受限股
授予数量:	【　　】股
解限起算日期:	【　　】年【　　】月【　　】日
购买单价:	【　　】元/股
购买总价	【　　】元

续表

授予信息	具体内容
解限安排:	(1)【　　】年【　　】月【　　】日且被授予达到【　　】解限条件,解限本批次股权的【　　】%,对应【　　】股 (2)从【　　】年【　　】月【　　】日至【　　】年【　　】月【　　】日且被授予达到【　　】解限条件,解限本批次股权的【　　】%,对应【　　】股 (3)从【　　】年【　　】月【　　】日至【　　】年【　　】月【　　】日被授予达到【　　】解限条件,解限本批次股权的【　　】%,对应【　　】股

授予条款

1. 授予

1.1 授予条件

被授予人于本协议生效日前在公司或其关联公司任职并持续与公司或其关联公司保持劳动/顾问服务合作关系或者向公司或其关联公司提供服务。

1.2 直接持股/间接持股/代持

(1)被授予人在其持有的受限股解限后直接享有解限后的股权对应的财产性权利;

(2)被授予人的期权将在行权后通过持有【　　】(持股平台名称)对应的财产份额(以下简称财产份额)间接持有公司的股权;

(3)被授予人同意在其持有的受限股解限后交由代持股东代持,并间接享有解限后的股权对应的财产性权利。

1.3 购买价款

获授受限股后,被授予人将依据授予信息中约定的**购买单价**乘以**授予数量**所得的总购买价款支付给公司董事会/执行董事指定的主体,公司也可根据具体情况对购买价款的支付时间另行规定。

2. 受限股的解限

2.1 解限条件

本次被授予人所获得的受限股的解限条件为:

(1)被授予人在本协议第2.2条所规定的解限安排时限内与公司或者经公司认可的公司或公司关联方保持劳动关系或顾问服务关系;

(2)公司没有发生解散、清算、破产、被撤销、吊销营业执照或责令关闭等无法继续存续的情形;

(3)被授予人已经缴纳全额购买价款;

(4)没有发生本协议第5.1条所规定的过错事项。

经公司董事会/执行董事另行通过,也可对被授予人的解限条件作出另行规定或豁免。

2.2 解限起算日

被授予人获授的受限股以授予信息中约定的解限安排方式,从解限起算日开始计算解限时间。

2.3 解限程序

在解限日,被授予人需按照下列程序进行解限:

(1)在解限日,由管理人对被授予人是否满足解限条件进行审核;

(2)在各个解限日,由管理人针对已经满足解限条件的受限股向被授予人发出解限通知(见附件二)。

(3)管理人应将解限相关信息进行备案。

2.4 加速解限

根据本协议获授的受限股原则上不得加速解限,但在发生特定事件时,包括但不限于公司被并购、公司上市或挂牌、经公司董事会/书面董事书面批准的其他情况,被授予人持有的尚未解限的受限股经公司董事会/执行董事批准后可以加速解限。

2.5 解限终止

被授予人发生本协议规定的情形或者与公司或其关联公司的劳动/顾问服务合作关系终止的,则在该终止之日其持有的未解限的受限股全部终止解限。

3. 被授予人的权利

获授激励股权后,被授予人可享有股东财产权(包括但不限于获得分红的权利和其他依据本计划和受限股授予协议的约定与股权有关的财产权利)，但不享有股东表决权。其所持有的激励股权对应的表决权由持股平台执行事务的合伙人享有。

4. 受限股的处置

4.1 退出事项发生前受限股的处置

(1)退出事项是指：①公司合格的上市或挂牌；②公司股东出售公司全部或绝大部分股权并导致公司控制权发生实质性变更；③有管辖权的法院发出生效的法律文书，要求公司解散或清算。

(2)在退出事项发生前，对于被授予人获授的受限股(不论其是否解限，以及是否与公司或其关联公司终止劳动/顾问服务合作关系)，在事先未经公司或公司管理人书面同意情况下，被授予人不得向任何第三方出售、转让、赠予、抵押、设定质押、担保或以任何其他形式进行处置，但激励计划、本授予协议另有约定或公司另行规定的除外。

4.2 退出事项发生后受限股的处置

(1)公司上市或挂牌后被授予人所持激励股权的处置

公司在合格的公开市场上市或挂牌后，被授予人可以根据公开市场交易规则出售其持有的已解限的激励股权，同时被授予人应：

①若我国法律法规有规定、公司上市或挂牌的资本市场有要求或被授予人自愿承诺锁定期的，在相应锁定期内，被授予人不得对其所持有的激励股权进行转让、质押、设定担保、委托持股或其他形式的处置，法律法规或规范性文件另有规定的除外；

②签署任何公司或公司上市的牵头承销商或保荐人在公司上市发行期间要求其签署的反映本条上述第4.2.1.1项规定要求的协议或文件。

(2)公司出售全部或绝大部分股权并导致公司控制权发生实质性变更时被授予人所持激励股权的处置

此时，经收购方同意，被授予人可以其持有的已解限的激励股权间接参与该等并购交易。被授予人已获授的尚未解限的受限股终止解限，由公司对被授予人持有的尚未解限的受限股按照被授予人购买该等受限股时实际支付的购买价款予以回购。

(3)公司解散或清算时被授予人所持激励股权的处置

此时,除非公司另行作出决议,否则被授予人持有的尚未解限的受限股终止解限,被授予人可以其持有的已解限的激励股权参与公司清算财产的分配。

5. 被授予人发生过错及离职时受限股的处理

5.1 被授予人发生过错时受限股的处理

被授予人发生如下事项(以下简称过错事项)的,公司有权要求被授予人按照授予时实际支付的价格将其全部受限股转让给公司指定的主体。已转让或出售激励股权获益的,被授予人应向公司或者公司指定的主体返还所得现金或其他收益。公司可对此作出另行规定或决定。被授予人有义务积极配合完成相应法律文件的签署工作。

过错事项具体包括以下各项:

①被授予人因故意或重大过失行为,严重违反公司或其关联公司的规章制度、劳动合同或有其他严重不当行为,使公司或其关联公司遭受重大损失或者损害的;

②被授予人因针对公司或关联公司的不当行为而构成刑事犯罪的;

③被授予人违反本协议第 6 条保密义务及泄露公司或其关联公司的商业秘密的;

④被授予人违反公司或其关联公司关于反腐败及反商业贿赂的内部制度的;

⑤被授予人违反公司或其关联公司的竞业禁止、禁止劝诱义务的;

⑥被授予人在其任职期间或者离职后具有对公司或其关联公司的不正当竞争行为如在公共场合或通过其他公共渠道故意诋毁公司声誉、散布不利于公司的言论等其他污蔑、诽谤公司的行为。

5.2 劳动/顾问服务合作关系终止时受限股的处理

(1)被授予人在退出事项发生前,或在公司上市但按相关法律或证券交易所的制度未到股票解限期之前，与公司或其关联公司解除劳动/顾问服务合作关系的（除本协议第5.1条所述情形之外），公司管理人有权在劳动/顾问服务合作关系终止之日起30日内要求该被授予人将其所持有的激励股权转让给管理人指定的主体。对于未解限的受限股，转让价格按被授予人购买该等激励股权时支付的价格进行计算；对于已解限的受限股，转让价格按以下第【　　】种方式处理：

①按获得激励股权实际支付价格的【　　】倍进行计算；

②按离职/终止顾问服务前公司最后一轮融资估值的【　　】%进行计算；

③按离职/终止顾问服务时公司前一年底净资产总额乘以拟转让股权占公司股本总额的比例。

（2）如因任何法律规定致使本条款之约定在一定时期内不能执行的，则双方应在该时期终止后或法律允许转让的情况发生时一个月内按本条所约定之方式执行。

5.3 继承

被授予人在退出事项发生前，或在公司上市但按相关法律或证券交易所的制度未到股票解限期之前（除本协议第5.1条所述情形之外），若被授予人死亡或被宣告死亡的，对该被授予人的继承人持有的的受限股，由公司按本协议第5.2条的规定予以处理。

6. 保密义务

6.1 尽管激励计划、授予协议等相关文件可能终止或失效，被授予人仍应保证不向任何第三方透露本计划下激励股权的相关信息，包括但不限于公司信息、本计划、授予协议、其他股权激励相关文件中规定的内容以及上述文件的存在，直至该信息非因被授予人违反保密义务的行为而已为公众所知。

6.2 被授予人对其历次所获得的激励股权数额或比例负有保密义务，未经公司书面同意或法律的强制性要求不得向任何第三方披露，如被授予人确有必要向其直系亲属等关联方披露本条所述信息的，则该保密责任自动扩延至该被授予人关联方，即该被授予人关联方未遵守保密义务的，视为该被授予人未遵守保密义务。

6.3 尽管如前款所述，但若被授予人被要求依法披露股权激励计划、授予协议或股权激励计划下其他股权激励相关文件的内容，该被授予人应立即书面通知公司并咨询公司以寻求对保密信息采取保护措施。

7. 违约

7.1 协议各方应积极履行本协议下其应承担的义务，若任何一方违反本协议的约定，并在守约方要求其纠正之日起3日内，未对其违约行为予以纠正，则该违约方构成对本协议的违反，除本协议其他条款约定外，守约方仍有权要求违约方赔偿其因此遭受的全部经济损失。

7.2 若需要通过法院或者行政程序强制执行本协议的任何条款，则胜诉方应有权被判定获得必要的诉讼费用的赔偿，包括合理的律师费用。

8. 税收

被授予人应当承担因本协议下激励股权的授予及转让等行为所产生的税费。

9. 可分割性

本协议任何条款的无效或不可执行均不影响其他条款的效力，所有条款均各自独立，并在法律许可的范围内具有可执行性。

10. 修订

任何一方对本协议的任何修改或对某条款的放弃均应以书面形式作出，并经本协议各方签字方才生效。

11. 终止履行

如发生公司股份制改造及搭建返程投资模式等对公司股权架构进行整体性调整的事件，公司有权根据需要修改或终止本协议。

12. 放弃

在中国法律许可的范围内，协议各方未行使或延迟行使其在本协议项下的权利应不构成放弃其权利，任何单独的或部分的行使权利也不排除其进一步的行使。

13. 转让

本协议一经签署，未经协议各方的书面同意，任何一方不得全部或部分转让其在本协议项下的权利和义务。

14. 适用法律及争议解决

14.1 本协议依据中华人民共和国法律起草并接受中华人民共和国法律管辖。

14.2 任何与本协议有关的争议各方应友好协商解决，协商不能达成一致的，任何一方有权向公司住所地有管辖权的人民法院提起诉讼。

15. 其他

15.1 本协议及其附件构成双方就本次受限股授予达成的完整协议，并取代双方此前关于本次受限股授予所达成的任何约定（无论以书面或口头形式），且本协议（包括其修改协议）包含了各方就本协议项下事项的唯一和全部协议。为避免疑义，任何之前约定中规定的与本协议相冲突或重叠的条款自本协议生效之日起终止。

15.2 本协议中的各标题仅为提示之目的，不对本协议的各项条文发生限制、扩展或其他解释作用。

15.3 本协议及其附件（如有）自协议各方或其授权代表签字或使用电子签名工具签署之日（生效日）起生效。

15.4 其他【　　】

【以下为协议签字页，无正文】

兹证明，协议各方或其授权代表于【　　】年【　　】月【　　】日签署本协议，以昭信守。

授予人：【　　】有限公司

盖章：

被授予人：

签字：

第三节　分红权激励范本

范本五：分红权激励办法

【　　】公司
分红权激励办法

【　　】年【　　】月

第一章　总　　则

第一条　为了建立现代企业制度和完善公司治理结构，实现对职工的激励与约束，使公司职工的利益与企业的长远发展更紧密地结合，充分调动其积极性和创造性，促使决策者和经营者行为长期化，实现企业的可持续发展，【　　】公司（以下简称公司）决定实施公司职工分红权激励计划。

第二条　公司依据《公司法》等有关法律法规，以及【　　】公司《公司章程》制定《分红权激励办法》（以下简称本办法），待股东会和董事会通过相关决议后,由股东会授权董事会负责组织实施。

第三条 本办法所称的分红权激励,是指公司根据每年业绩水平,在完成公司既定业绩目标的情况下,从每年净利润中提取一定比例的专项激励基金,按照个人岗位分配系数和绩效考核系数,以长期激励形式奖励给公司的职工。

第四条 本办法是董事会具体组织实施分红权激励方案的工作依据。

第五条 实施分红权激励的原则:

(一)对公司职工的激励应与公司的经营业绩挂钩;

(二)按劳分配与按生产要素分配相结合;

(三)短期利益与长期利益相结合;

(四)坚持先考核后兑现。

第二章 分红权激励制度的实施流程(见图 11 -1)

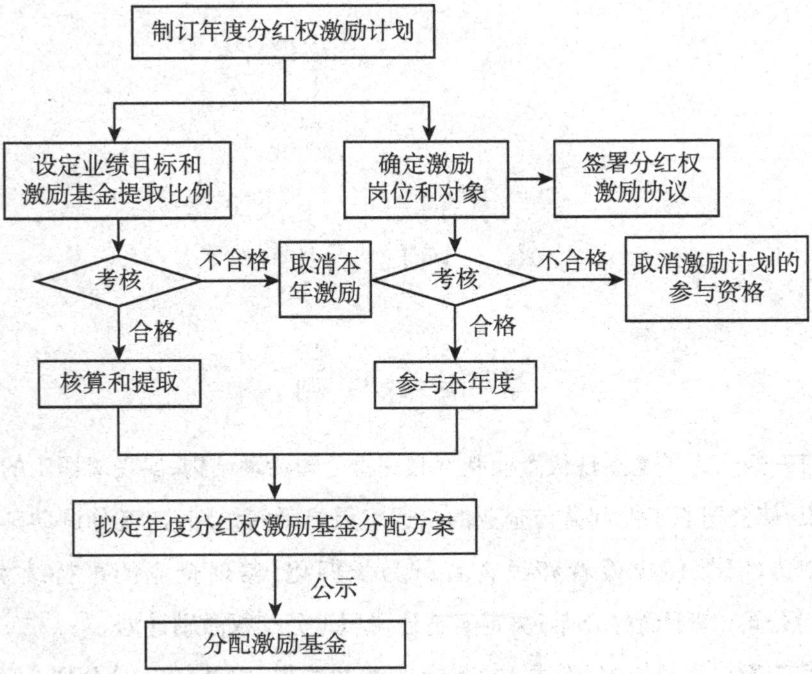

图 11 -1 分红权激励制度的实施流程

第三章　分红权激励制度激励对象的确定

第六条　分红权激励制度的激励对象是公司的正式职工，包括下列人员：

（一）副总经理级高层管理人员；

（二）各部门主任级中层管理人员；

（三）财务经理、出纳；

（四）业务技术骨干。

第七条　董事会根据公司的组织结构、岗位设置、岗位重要性和人才的变化情况，可在本办法规定的范围内合理确定激励对象，并在《年度分红权激励计划》（见附件1，以下简称《年度计划》）中提出当年度具体的激励岗位和激励对象名单。《年度计划》制定后进入公司的新员工如果符合第六条所列条件，董事会可以调整当年度的《年度计划》，将其列入激励对象范围。

对已确定的激励对象，均应与公司分别签订《分红权激励协议》。

第四章　业绩考核指标、业绩目标的确定

第八条　公司以年度净利润作为业绩考核指标。设定的每年业绩目标为下列第【____】项（供选择）：

1. 年度净利润增长率不低于【____】%（含【____】%）；

2. 年度净利润不少于上一年度净利润的【____】%（含【____】%）。

“净利润”为公司年度实收营业收入扣除相应的生产经营成本支出（购置设备、原材料、配件、租赁厂房、支付水电等费用）、管理费用、财务费用以及相关税费后的余额。

每年的__1__月__1__日至__12__月__31__日为一个考核年度（下文所提“每年”，均指每个考核年度）。

公司以【____】年度为本办法的首次业绩考核年度。

上述业绩目标作为确定是否授予年度分红权激励基金的基准指标。

第九条　若某一年度经营环境发生变化，且董事会认为年度净利润目标需调整，则可在《年度计划》中提出新的年度净利润目标，如果调整后的年度净利

润目标值低于原年度净利润指标的【____】%，则须由董事会重新审议通过后才能执行。

第十条 每个考核年度期满后【____】天内，由董事会组织财务部门考核是否实现公司业绩目标。

公司业绩目标实现的，开始实施当年度的分红权激励计划，向激励对象授予分红权激励基金。业绩目标未能实现的，不得授予分红权激励基金。

第十一条 当出现如下情况时，由董事会审议决定，可对公司业绩目标做出相应调整以剔除下述因素对利润的影响：

（一）会计政策及会计处理办法发生重大变更；

（二）国家税收政策直接导致公司的税收发生重大变化；

（三）国家经济环境、经济政策、行业政策等的重大变化直接对公司产品的市场和价格产生重大影响；

（四）战争、自然灾害等不可抗拒因素影响公司正常经营；

（五）发生管理人员职责范围外的其他不可控制风险。

第五章 激励基金核算、提取及处理方法

第十二条 在实现公司业绩目标的情况下，按照公司当年度净利润的【____】%核算和提取分红权激励基金。

第十三条 若某一年度经营环境发生变化，且董事会认为激励基金提取比例需调整，则可在《年度计划》中提出新的激励基金提取比例。如果调整后的激励基金提取比例高于原比例的____%或低于原比例的____%，则须由董事会重新审议通过后才能执行。

第十四条 激励基金在下一年度的经营成本中列支。

第十五条 激励基金总数核算公式为：

$$F = X \times R$$

其中 F：本年度为实施分红权激励提取的激励基金总数；

X：本年度净利润；

R：本年度激励基金的提取比例；

第十六条 综合考虑激励对象个人所担任岗位的重要性和个人绩效评估结果，分别确定岗位分配系数和绩效考核系数，公平合理地分配激励基金。

第十七条 个人绩效评估由董事会根据本办法第六章的绩效考核办法对激励对象组织实施。

第十八条 单个激励对象的激励基金岗位分配系数不得高于当年激励基金总量的10%。具体岗位分配系数参见表11－5

表11－5 具体岗位分配系数

序号	岗位名称	人 数	岗位分配系数
1	总经理	1	10%
2	副总经理	2	10%
3	部门主任	3	8%
4	财务会计	1	5%
5	财务出纳	1	5%
6	预留职位	1	6%
7	预留职位	1	6%
8	预留职位	1	5%
9	预留职位	1	5%
10	预留职位	1	5%
11	预留职位	1	3%
12	预留职位	1	3%
13	预留职位	1	3%
合 计		16	100%

（注：上述岗位分配系数为初设，公司可根据实际情况具体设定）

第十九条 激励对象可分配激励基金数计算公式：

$$FAT = F \times GW_i \times JX_i \times (1 - T)$$

其中 FAT：激励对象税后可分配所得的激励基金；

F：本年度为实施分红权激励提取的激励基金总数；

GW_i：第 i 个激励对象的激励基金岗位分配系数；

JX_i:第 i 个激励对象的绩效考核系数;

T:激励对象应交纳的个人所得税税率。(20%)

第二十条 当年度未分配激励基金的处理方法:对依照各激励对象岗位分配系数(GW_i)和绩效考核系数(JX_i)所计算的各激励对象税前可分配激励基金总数小于本年度为实施分红权激励提取的激励基金总数(F)时,余额部分转入下一考核年度的激励基金总数进行激励基金的再分配。

第六章 绩效考核办法

第二十一条 绩效考核原则:

(一)体现本公司的愿景、宗旨与战略目标;

(二)将公司发展目标和个人发展目标紧密地结合起来;

(三)定性与定量指标相结合;

(四)公正、公平、合理地评估组织和个人绩效。

第二十二条 绩效考核周期:以公司业绩目标考核年度为一个周期。

第二十三条 每年年初,董事会根据激励对象所在岗位的岗位职责,确定绩效考核内容,包括工作态度、工作能力和工作业绩等方面的绩效考核,其中工作业绩是重点考核内容。

第二十四条 对工作业绩的绩效考核指标与该岗位的工作性质密切相关,通常包括财务类指标,如净利润、投资回报率等;经营类指标,如市场份额,新业务收入占公司总收入比重等;管理类指标,如流程规范性、员工满意度等;技术类指标,如技术先进性、新品研发进度等。

第二十五条 具体各岗位的绩效考核办法,由董事会设计制定。

第二十六条 每年年末,根据年初确定的考核内容,进行个人绩效评估,根据考核得分结果确定绩效考核系数,并将绩效考核系数作为计算激励对象可分配分红权激励基金数额的一个依据。

第七章 激励基金的分配与发放

第二十七条 按本办法第三章产生的分红权激励计划激励岗位名单和本

办法第五章的激励基金核算、提取、分配及处理方法，由董事会建立《年度分红权激励计划参与者名册》。

第二十八条　董事会综合考虑激励对象个人所担任岗位的重要性（岗位分配系数）和个人绩效评估结果（绩效考核系数），拟订《年度分红权激励基金分配方案》，确定各激励对象当年可分配激励基金，并将《分配方案》向激励对象予以公示。

公示期为3天。公示期内，激励对象如对《分配方案》有异议，应在公示期满后3天内提出，由董事会对异议进行核查。最终《分配方案》以董事会核查结论为准。

最终《分配方案》确定后，由激励对象在《分配方案》上签名确认。

第二十九条　对激励对象当年可分配的激励基金，按照3∶3∶4的比例分三期发放：

第一期发放30%，于当年《分配方案》确定后【　　】日内支付。

第二期发放30%，于下一考核年度期满当月工资发放日同时支付。

第三期发放40%，于下下个考核年度期满当月工资发放日同时支付。

在分期发放可分配激励基金时，激励对象应不存在本办法第三十一条规定的分配资格丧失的情形，否则公司有权取消其剩余可分配激励基金的分配资格。

第三十条　激励对象在领取可分配激励基金时，由董事会在《年度分红权激励计划参与者名册》中作相应记录，并由激励对象签名确认。

第八章　特殊情况下分红权激励制度的管理方法

第三十一条　激励对象丧失激励基金分配资格的情形。

任职期限内，激励对象有下列情形之一的，董事会有权决定收回其根据本办法第七章已获分配的全部激励基金，由其将已获分配的激励基金全数返还给公司，并取消其剩余可分配激励基金的分配资格：

1. 刑事犯罪被依法追究刑事责任的；

2. 劳动合同期未满，未获公司同意，擅自离职或辞职的；

3. 违反《劳动法》等法规规定，被公司依法解除劳动合同关系辞退、解雇的；

4. 严重违反公司有关管理制度和规定，损害公司利益的；

5. 执行职务时的错误行为，致使公司利益受到重大损失的；

6. 经公司认定对公司亏损、经营业绩下降负有直接责任的。

第三十二条 出现下列情况之一，激励对象不再参加当年度的激励基金分配，已分配尚未发放的激励基金仍按本办法规定的发放期限发放：

1. 劳动合同期未满，激励对象申请离职，公司同意时；

2. 劳动合同期未满，激励对象因公司裁员而被解聘时；

3. 劳动合同期满，若公司提出不再续约时；

4. 激励对象退休时；

5. 激励对象因工作需要调离公司时。

第三十三条 激励对象在任期内丧失劳动能力、行为能力或死亡时，董事会在《年度分红权激励计划参与者名册》上作相应记录，激励对象可分配的激励基金可立即兑现，激励对象的代理人、监护人或其继承人按我国有关法律法规的相关条款处理。

第九章 附 则

第三十四条 股东大会授权董事会制定本办法。本办法由董事会负责解释。

第三十五条 本办法自股东会审议通过之日起生效。

第三十六条 经股东会批准的《分红权激励办法》在以后年度可以遵照执行，除非《分红权激励办法》的条款发生变动或董事会对激励对象的岗位名单、业绩目标等进行了调整。

第三十七条 本办法的条款及条件如有任何重大变更、完善、终止和取消，均应经公司股东会同意。

第三十八条 出现下列情况之一时，股东会可以决议方式终止《分红权激励办法》：

(1)出现法律法规规定的必须终止的情况；

(2)因经营亏损导致停产、破产或解散等重大经营困境;

(3)股东会通过决议停止实施分红权激励制度。

第三十九条　本办法未尽事宜,按照国家有关法律和公平、合理、有效原则解决。

【　　】有限公司

年　　月　　日

范本六:分红权授予协议

【　　】公司

分红权授予协议

【　　】公司

【　　】年【　　】月

本协议的用词,如无特别规定,具有与《【　　】公司分红权激励办法》(以下简称激励办法)中相同的含义。若本协议规定的条款与激励办法规定的条款或者条件不一致的,除另有说明外,则本协议的规定应优先。

甲方:×××公司(以下简称甲方或公司)

法定代表人:

地址:

乙方:×××(以下称乙方)

身份证号码:

住所：

鉴于：

A. 公司于【　　】年【　　】月【　　】日在工商部门登记成立，注册资本金总额为人民币【　　】万元；

乙方系公司员工，于【　　】年【　　】月【　　】日入职公司，曾对公司做出贡献，公司有意对其进行额外奖励和激励。

B. 公司的《×××公司分红权激励办法》(以下简称为“激励办法”)已经公司股东会决议通过。乙方知悉激励办法中规定的条款与条件，并认可激励办法中的内容为本协议的组成部分。

现双方经友好协商，针对分红权激励授予一事，订立如下协议条款，以资双方共同遵守：

1. 分红的总额

1.1 甲方在协议期限内，分配给乙方共【　　】% 的年终税后净利润，即甲方将年终税后净利润的【　　】% 分给乙方。

1.2 甲方每年可根据乙方的工作表现及对公司的贡献，参照公司业绩的情况，增加或减少乙方受赠分红的数额。

2. 分红的授予与取得

2.1 甲方在每个考核年度期满后【　　】天内，由董事会组织财务部门考核是否实现公司业绩目标。公司业绩目标实现的，开始实施当年度的分红权激励计划，分期授予分红。

2.2 对乙方当年可分配的分红，按照 3∶3∶4 的比例分【　　】期发放：

第一期发放【　　】%，于当年乙方可得分红额确定后【　　】日内支付。

第二期发放【　　】%，于下一考核年度期满当月工资发放日同时支付。

第三期发放【　　】%，于下下个考核年度期满当月工资发放日同时支付。

2.3 乙方取得的分红，以人民币形式支付，甲方也可以其他任何形式支付，但需征得乙方同意。

2.4 乙方提前终止与甲方签订的《劳动合同》，或者乙方违反本协议或《劳动合同》的有关规定而被甲方解雇，乙方未提取的可得分红归属甲方，乙方无权再提取。

2.5 甲方不遵守本协议规定，乙方有权提前终止本协议与《劳动合同》，甲方须无条件支付本年度分红，分红截止到解除合同当天计算出平均值，乘以剩余年度月份为最终分红利润。

2.6 乙方在获得甲方授予的分红同时，仍可根据乙方与公司签订的《劳动合同》享受相应待遇，依据《劳动合同》领取相应劳动报酬。

3. 协议期限

3.1 本协议期限为【　　】年，于【　　】年【　　】月【　　】日开始，并于【　　】年【　　】月【　　】日届满；

3.2 协议期限的续展：本协议于到期日自动终止，除非双方在到期日之前，签署书面协议续展本协议期限。

4. 协议的权利义务

4.1 甲方应当如实计算年度税后净利润，乙方对此享有知情权。

4.2 甲方应当及时、足额支付乙方可得分红。

4.3 乙方享有的权利仅限于分红权，除此之外，乙方不享有如处分权、股东表决权等其他任何权利。

4.4 乙方对甲方负有忠实义务和勤勉义务，不得有任何损害公司利益和形象的行为。

4.5 若乙方离开甲方公司的，或者依据第七条变更、解除本协议的，乙方仍应遵守本条第 4.4 项约定。

5. 分红权的处置

5.1 对于乙方获授的分红权，在事先未经公司或公司管理人书面同意的情况下，乙方不得向任何第三方出售、转让、赠与、抵押、设定质押、担保或以任何其他形式进行处置，但激励办法、本授予协议另有约定或公司另行规定的除外。

5.2 激励对象有下列情形之一的，董事会有权决定收回其已获分配的全部分红，由其将已获分配的分红全数返还给公司，并取消其剩余可分配分红的分配资格,同时承担因此而给公司或其关联方造成的任何损失及费用。公司可对此作出另行规定或决定。乙方有义务积极配合完成相应法律文件的签署工作。

(1)乙方因故意或重大过失行为,严重违反公司或其关联公司的规章制度、劳动合同/顾问服务协议或有其他严重不当行为,使公司或其关联公司遭受重大损失或者损害的;

(2)乙方因针对公司或关联公司的不当行为或因其他行为而构成刑事犯罪的;

(3)乙方违反本协议第6条保密义务及泄露公司或其关联公司的商业秘密的;

(4)乙方违反公司或其关联公司关于反腐败及反商业贿赂的内部制度的;

(5)乙方违反公司或其关联公司的竞业禁止、禁止劝诱义务的;

(6)乙方在其任职/提供顾问服务期间或者离职/终止顾问服务后具有对公司或其关联公司的不正当竞争行为如在公共场合或通过其他公共渠道故意诋毁公司声誉、散布不利于公司的言论等其他污蔑、诽谤公司的行为。

5.3 乙方在任期内丧失劳动能力、行为能力或死亡时,激励对象可分配的分红可立即兑现,激励对象的代理人、监护人或其继承人按我国有关法律法规的相关条款处理。

6. 保密义务

6.1 尽管激励办法、授予协议等相关文件可能终止或失效,乙方仍应保证不向任何第三方透露本计划下分红权的相关信息,包括但不限于公司信息、本计划、授予协议、其他股权激励相关文件中规定的内容以及上述文件的存在,直至该信息非因乙方违反保密义务的行为而已为公众所知。

6.2 乙方对其历次所获得的分红权数额或比例负有保密义务,未经公司书面同意或法律的强制性要求不得向任何第三方披露,如乙方确有必要向其直系亲属等关联方披露本条所述信息的,则该保密责任自动扩延至该乙方关联方,即该乙方关联方未遵守保密义务的,视为该乙方未遵守保密义务。

6.3 尽管如前款所述，但若乙方被要求依法披露激励办法、授予协议或激励办法下其他股权激励相关文件的内容，该乙方应立即书面通知公司并咨询公司以寻求对保密信息采取保护措施。

7. 违约责任

7.1 协议各方应积极履行本协议下其应承担的义务，若任何一方违反本协议的约定，并在守约方要求其纠正之日起 3 日内，未对其违约行为予以纠正，则该违约方构成对本协议的违反，除本协议其他条款约定外，守约方仍有权要求违约方赔偿其因此遭受的全部经济损失。

7.2 如乙方违反本协议或与公司签订的《劳动合同》，甲方有权提前解除本协议，并且甲方有权视情况相应减少或者不予支付乙方可得分红，给甲方造成其他损失的，乙方应当承担赔偿责任。

7.3 如因甲方单方原因不遵守本协议约定的，乙方有权提前终止本协议与《劳动合同》，并要求甲方赔偿由此给其造成的全部损失。

7.4 在双方因本协议的任何条款或履行发生争议的情况下，胜诉方因主张权利而支付的诉讼费用及合理的律师费用等，由败诉方承担。

8. 税费承担

乙方应当承担因本协议下分红的取得所产生的税费，由公司在乙方应分配的分红额中代扣代缴。

9. 协议的变更与终止

9.1 本协议一经签署，未经协议双方的书面同意，任何一方不得全部或部分转让其在本协议项下的权利和义务。

9.2 任何一方对本协议的任何修改或对某条款的放弃均应以书面形式作出，并经本协议各方签字方才生效。

9.3 本协议任何条款的无效或不可执行均不影响其他条款的效力，所有条款均各自独立，并在法律许可的范围内具有可执行性。

9.4 在我国法律许可的范围内，协议各方未行使或延迟行使其在本协议项下的权利应不构成放弃其权利，任何单独的或部分的行使权利也不排除其进一步的行使。

9.5 如发生公司股份制改造或搭建返程投资模式等对公司股权架构进行整体性调整的事件,公司有权根据需要修改或终止本协议。

9.6 协议终止:

(1)本协议于合同到期日自动终止,除非双方按3.2条规定续约;

(2)如公司与乙方的《劳动合同》终止或解除,本协议也随之终止或解除。

(3)双方持续的义务:本协议终止后,本协议第6条规定甲、乙双方仍须遵守。

10. 适用法律及争议解决

10.1 本协议依据中华人民共和国法律起草并接受中华人民共和国法律管辖。

10.2 任何与本协议有关的争议双方应友好协商解决,协商不能达成一致的,任何一方有权向公司住所地有管辖权的人民法院提起诉讼。

11. 其他规定

11.1 协议生效

本协议自双方签字或盖章之日起正式生效。

11.2 协议文本

本协议以中文书写,正本一式叁份,双方各持一份,公司备案一份。

11.3 履行本协议不影响甲乙双方签订的《劳动合同》所约定的权利义务。

【以下为协议签字页,无正文】

【本页无正文,为《×××有限公司分红权授予协议》签字页】

甲方:×××有限公司

(盖章)

法定代表人/授权代表:

年　月　日

乙方(签字并捺手印):

年　月　日

第四节 虚拟股票范本

范本七:虚拟股权激励方案

【　　】有限公司虚拟股权激励方案

第一章 总　则

第一条 目的

为提高公司的经济效益水平和市场竞争能力,吸引和保持一支高素质的人才队伍,营造一个激励员工实现目标和自我管理的工作环境,倡导以业绩为导向的文化,鼓励员工为公司长期服务,并分享公司发展和成长的收益,特制定本虚拟股权激励方案。

第二条 定义

虚拟股权指公司授予被激励对象一定数额的虚拟股份,被激励对象不需出资就可以享受公司价值的增长带来的利益,利益的获得需要公司支付。被激励者没有虚拟股票的表决权、转让权和继承权,只有拟制分红权(获得与虚拟股权收益金额相等的激励基金)。

第三条 有效期限

本计划的有效期限为【　　】年,即【　　】年至【　　】年,激励对象无偿享有公司给予的一定比例的分红权,计划有效期满后,公司可根据实际情况决定是否继续授予激励对象该等比例的分红权。如在该方案的有效期内经股东大会和董事会决议通过了其他的股权激励计划，经股东大会和董事会表决后可以中止该计划。

第四条　组织实施

公司董事会负责虚拟股权的组织管理工作：根据公司年度税后净利润确定虚拟股权分配方案；根据员工持股情况设立员工个人持股明细账户，登记员工持有的虚拟股权状况，结算年终分红收益，办理虚拟股权的授予等事宜。

董事会负责批准授予人选，制订年终分红方案，审核批准虚拟股权的授予方案。

股东大会负责批准虚拟股权设置方案以及年终分红方案。

第二章　虚拟股权的授予

第五条　授予对象确定的标准和范围

虚拟股权授予对象由公司根据以下标准确定：(1)在公司的历史发展中做出过突出贡献的人员；(2)公司未来发展亟需的人员；(3)年度工作表现突出的人员；(4)其他公司认为必要的标准。

授予范围包括公司高级管理人员、中层管理人员、业务骨干以及对公司有卓越贡献的新老员工等。

第六条　授予对象的确定

虚拟股权的授予对象，由公司根据上述标准在可选范围内提名确定具体人员名单，报经董事会批准。后进入公司的新员工如果符合上述条件，公司可以调整当年的股权激励计划，经董事会批准后，新员工可作为当年度的激励对象，但员工需在公司工作满一个自然年后（自入职到该方案每年的实施时间）方可享受该方案。

第三章　授予数量的确定

第七条　虚拟股权持有数量

虚拟股权的授予数量，根据虚拟股权激励对象所处的职位确定股权级别及其对应基准职位股数（经董事会表决同意后基准职位股数可按年度调整，见表11－6），根据个人能力系数和本司工龄系数确定计划初始时的授予数量，根据年终绩效考核结果确定当年最终授予虚拟股权数量。具体计算方式如下：

个人初始授予额度 = 基准职位股数 × 个人能力系数 × 本司工龄系数

表 11－6 基准职位股数

岗 位	股权级别	基准职位股数

个人能力系数，根据个人所处职位的类型、对公司贡献的大小、考核结果及绩效系数确定。

本司工龄系数，入职公司时间满一年为 0.1，每满一年增加 0.1，最高增加至 0.5。

本方案实施或修订后，公司未来因权益分派、股票发行或其他因素导致总股本变动的，则上述基准职位股数按照总股本变动比例同步调整，相应基准职位股数按照变动时间进行加权平均计算确定（【 】年股本变动已直接调整基准职位股，不再加权计算）。

第四章 业绩目标与绩效考核

第八条 业绩目标

公司以年度营业利润作为业绩考核指标。设定的每年业绩目标为：年度营业利润增长率不低于【 】%（含【 】%）。上述业绩目标作为确定是否授予年度分红权激励基金的基准指标。在计算确定上述作为业绩目标的营业利润时，因本方案所产生的应计入考核年度的成本费用不予扣除。

第九条 业绩目标考核

每个考核年度期满且审计报告出具后 30 天内，由董事会组织财务部门考核是否实现公司业绩目标。如公司业绩目标实现，则开始实施当年度的虚拟股权激励，向激励对象授予虚拟股权激励基金。业绩目标未能实现的，不得授予虚拟股权激励基金。

第十条　业绩目标调整

当出现如下情况时，由董事会审议决定，可对公司业绩目标做出相应调整以剔除下述因素对利润的影响：

1. 会计政策及会计处理办法发生重大变更；

2. 国家税收政策直接导致公司的税收发生重大变化；

3. 国家经济环境、经济政策、行业政策等的重大变化直接对公司产品的市场和价格产生重大影响；

4. 战争、自然灾害等不可抗拒因素影响公司正常经营；

5. 发生管理人员职责范围外的其他不可控制风险。

如果调整后的业绩目标变动幅度超过【　　】%，则须由股东大会重新审议通过后才能执行。

第十一条　考核周期

本计划以一个完整的会计年度为一个业绩目标和绩效考核的周期。

第十二条　考核内容

每年年初，根据激励对象所在岗位的岗位职责，确定考核内容，包括工作态度、工作能力和工作业绩等方面的考核，其中工作业绩是重点考核内容。

第十三条　考核结果与绩效系数

每年年初，公司对上年度的个人绩效做评估，评定激励对象的考核结果和绩效系数。其结果作为激励对象参与股权激励基金分配的依据之一，见表 11－7。

表 11－7　绩效系数确定标准

序　号	绩效评级	绩效系数
1	优异	1.5
2	良好	1.2
3	达标	1.0
4	不达标	0

第五章　激励基金的提取、分配和发放

第十四条　年度激励基金总额

每年以上述第八条所确定的业绩目标作为确定是否授予股权激励基金的

考核基准指标。在实现公司业绩目标的情况下,按照公司该年度扣除非经常性损益后的净利润和虚拟股权占比核算和提取股权激励基金。即:

当年激励基金总额 = 考核年度扣除非经常性损益后的净利润 × 加权虚拟股权总数/加权实际总股本

每个考核年度末,当年激励基金总额参考经审计机构初步审定的财务数据和激励对象考核评定情况进行预提。在计算预提考核年度激励基金总额所参考的扣除非经常性损益后的净利润时,涉及本方案所产生的应计入考核年度的成本费用不予扣除计算。根据经审计的扣除非经常性损益后的净利润,确定该考核年度最终激励基金实际应发放金额。

第十五条　虚拟股权的每股现金价值

每股现金价值 = 当年激励基金总额 ÷ 实际参与分红的虚拟股权总数

第十六条　分红办法和分红现金数额

将每股现金价值乘以激励对象实际持有的虚拟股权数量,就可以得到每一个激励对象当年的分红现金数额。

个人实际可分配虚拟股红利 = 虚拟股权每股现金价值 × 个人实际持有的虚拟股股数

第十七条　红利发放

当年的虚拟股红利在次年 5 月发放,虚拟股红利以公司公告为准。虚拟股红利发放通过银行转账发放到员工银行卡上,如涉及征税问题,由公司代扣代缴。

第六章　激励计划的修订、终止及其他

第十八条　虚拟股份退出

1. 从激励对象离职或被解雇之日起所授予虚拟股份自动丧失;不再享有任何分红权。

2. 因决策失误或严重违纪行为等原因导致公司出现损失的,可以通过阶段性免除虚拟股权的享受资格、扣除虚拟股权的方式作为经济上的处罚,具体处罚方式由公司董事会决定。

对决策失误行为，可根据决策失误的原因、失误的性质以及损失在多大程度上可以挽回等具体情况决定个人对损失承担的责任，并据此将损失折算成股份数量，在失误行为主体所持有的虚拟股权数额内作相应的扣除，直至扣完为止。

3. 对于员工恶意欺诈、贪污腐败等严重违纪行为，无论造成损失金额大小，除依法追究相关责任外，其所持有的虚拟股权全额扣除。

第十九条　转换条款

公司处于收购、兼并或上市阶段的，虚拟股权可以通过一定的对价方案转化为股票或者现金补偿，具体转换方案另行制定。

第二十条　修订、解释

本办法试行期为【　　】年，试行期结束后根据执行情况进行修订。本办法由董事会办公室负责拟定、修改和解释，由董事会、股东大会审议通过后实施。

（以下无正文）

【　　】有限公司

【　　】年【　　】月【　　】日

范本八：虚拟股授予协议

【　　】有限公司虚拟股权授予协议

本受限股授予协议（以下简称“本协议”）由【　　】（以下简称公司或授予人或甲方）与【　　】（以下简称被授予人或乙方）订立。

本协议的用词，如无特别规定，具有与《×××有限公司虚拟股权激励方案》中相同的含义。若本协议规定的条款与虚拟股权激励方案规定的条款或者条件不一致的，除另有说明外，则本协议的规定应优先。

鉴于：

A. 公司股权激励计划《×××有限公司虚拟股权激励方案》（以下简称“激励方案”）已经由公司股东大会决议通过，公司拟依据激励方案进行虚拟股的分配。

B. 授予人为公司的员工，自进入公司之日起工作已满【　　】年，在公司的职位为【　　】。

C. 被授予人同意并承诺配合公司完成相关的虚拟股权授予相关文件的签署。公司基于该授权并依据激励方案，制定本协议。

D. 被授予人忠诚于公司或其关联公司，并努力为公司或其关联公司的发展做出贡献。

基于以上，公司拟依据激励方案及本协议规定的条款和条件于本协议生效之日向被授予人授予相应的虚拟股权。

授予信息（见表 11－8）

表 11－8　虚拟股授予信息

授予信息	具体内容
被授予人姓名	
授予类型	虚拟股权
被授予人基准职位股数	公司【　　】，可获得基准职位股数【　　】股
被授予人本司工龄系数	【　　】×0.1＝【　　】（最高不超过 0.5）
被授予人个人能力系数	【　　】
初始授予虚拟股股数	基准职位股数【　　】×个人能力系数【　　】×本司工龄系数【　　】
购买总价	0 元
授予安排	(1)【　　】年【　　】月【　　】日公司业绩达到【　　】且被授予人业绩达到【　　】，授予本批次股份的【　　】%，对应【　　】股 (2)【　　】年【　　】月【　　】日公司业绩达到【　　】且被授予人业绩达到【　　】，授予本批次股份的【　　】%，对应【　　】股 (3)【　　】年【　　】月【　　】日公司业绩达到【　　】且被授予人业绩达到【　　】，授予本批次股份的【　　】%，对应【　　】股

授予条款

1. 授予

1.1 授予条件

被授予人于本协议生效日前在公司或其关联公司任职并持续与公司或其关联公司保持劳动/顾问服务合作关系或者向公司或其关联公司提供服务。

公司实现整体业绩目标且被授予人实现个人业绩目标，方可按照激励方案及本协议“授予信息”中的时间及比例分批次授予对应的虚拟股股份。

1.2 购买价款

被授予人无须支付所获得虚拟股份的对价。

1.3 授予形式

被授予人取得的虚拟股权不变更公司章程，不记载在公司的股东名册，不做工商变更登记。乙方不得以此虚拟股权对外作为拥有甲方资产的依据。

2. 虚拟股的取得

2.1 取得条件

本次被授予人所获得的虚拟股的取得条件为：

(1)被授予人在本协议授予安排时限内与公司或者经公司认可的公司或公司关联方保持劳动关系或顾问服务关系；

(2)公司没有发生解散、清算、破产、被撤销、吊销营业执照或责令关闭等无法继续存续的情形；

(3)没有发生本协议第4.1条所规定的过错事项。

经公司董事会另行通过，也可对被授予人的授予条件作出另行规定或豁免。

2.2 取得程序

被授予人需按照下列程序取得虚拟股份：

(1)在各个授予日，由公司董事会对被授予人是否满足授予条件进行审核；

(2)在各个授予日，由公司董事会针对已经满足条件的被授予人，确定其考核系数并据此计算其可取得的虚拟股份。

(3)董事会应将授予相关信息进行备案。

3. 被授予人的权利

3.1 分红权利

被授予人在取得虚拟股份后,仅有权按照激励方案的规定享有其个人实际持有的虚拟股股数对应的分红权利(获得与虚拟股权收益金额相等的激励基金),除此之外,被授予人不享有虚拟股票的表决权、转让权和继承权等其他任何权利。

3.2 被授予人所得红利所产生的所有税费都由被授予人承担,公司在实际发放时直接扣除。

3.3 协议期满,公司无偿收回对乙方的股权激励及相关的分红权,并收回被授予人所持有的虚拟股及对应的分红权。

4. 虚拟股份的处置

4.1 虚拟股份的丧失

当以下情况发生时,授予人未取得的虚拟股份不再授予,已取得的虚拟股份自动丧失,且不再享有任何分红权:

(1)被授予人因故意或重大过失行为,严重违反公司或其关联公司的规章制度、劳动合同或有其他严重不当行为,使公司或其关联公司遭受重大损失或者损害的;

(2)被授予人违反法律法规而被指控存在刑事犯罪嫌疑的;

(3)被授予人违反本协议第 5 条保密义务及泄露公司或其关联公司的商业秘密的;

(4)被授予人违反公司或其关联公司关于反腐败及反商业贿赂的内部制度的;

(5)被授予人违反公司或其关联公司的竞业禁止、禁止劝诱义务的;

(6)被授予人在其任职期间或者离职后具有对公司或其关联公司的不正当竞争行为如在公共场合或通过其他公共渠道故意诋毁公司声誉、散布不利于公司的言论等其他污蔑、诽谤公司的行为。

4.2 虚拟股授予资格的取消或虚拟股扣减

被授予人因决策失误或严重违纪行为等原因导致公司出现损失的，公司有权根据决策失误的原因、失误的性质以及损失在多大程度上可以挽回等具体情况决定阶段性免除被授予人享受虚拟股权的资格、扣除被授予虚拟股权，具体处罚方式由公司董事会决定。

4.3 继承

若被授予人死亡或被宣告死亡的，对该被授予人已持有的或可取得的虚拟股份及对应的分红权自动丧失，其继承人无权继承。

5. 保密义务

5.1 尽管激励计划、授予协议等相关文件可能终止或失效，被授予人仍应保证不向任何第三方透露本次激励计划的相关信息、包括但不限于公司信息、激励方案、授予协议、其他股权激励相关文件中规定的内容以及上述文件的存在，直至该信息非因被授予人违反保密义务的行为而已为公众所知。

5.2 被授予人对其历次所获得的激励股权数额或比例负有保密义务，未经公司书面同意或法律的强制性要求不得向任何第三方披露，如被授予人确有必要向其直系亲属等关联方披露本条所述信息的，则该保密责任自动扩延至该被授予人关联方，即该被授予人关联方未遵守保密义务的，视为该被授予人未遵守保密义务。

5.3 尽管如前款所述，但若被授予人被要求依法披露股权激励计划、授予协议或股权激励计划下其他股权激励相关文件的内容，则该被授予人应立即书面通知公司并咨询公司以寻求对保密信息采取保护措施。

6. 违约

6.1 协议各方应积极履行本协议下其应承担的义务，若任何一方违反本协议的约定，并在守约方要求其纠正之日起3日内，未对其违约行为予以纠正，则该违约方构成对本协议的违反，除本协议其他条款约定外，守约方仍有权要求违约方赔偿其因此遭受的全部经济损失。

6.2 若需要通过法院或者行政程序强制执行本协议的任何条款，则胜诉方应有权被判定获得必要的诉讼费用的赔偿，包括合理的律师费用。

7. 税收

被授予人应当承担因本协议下虚拟股的授予及行权等行为所产生的税费，由公司在应对其分发的分红中扣除。

8. 可分割性

本协议任何条款的无效或不可执行均不影响其他条款的效力，所有条款均各自独立，并在法律许可的范围内具有可执行性。

9. 修订

任何一方对本协议的任何修改或对某条款的放弃均应以书面形式做出，并经本协议各方签字方才生效。

10. 终止履行

如发生公司股份制改造及搭建返程投资模式等对公司股权架构进行整体性调整的事件，公司有权根据需要修改或终止本协议。

11. 放弃

在我国法律许可的范围内，协议各方未行使或延迟行使其在本协议项下的权利应不构成放弃其权利，任何单独的或部分的行使权利也不排除其进一步的行使。

12. 转让

本协议一经签署，未经协议各方的书面同意，任何一方不得全部或部分转让其在本协议项下的权利和义务。

13. 适用法律及争议解决

13.1 本协议依据中华人民共和国法律起草并接受中华人民共和国法律管辖。

13.2 任何与本协议有关的争议各方应友好协商解决，协商不能达成一致的，任何一方有权向公司住所地有管辖权的人民法院提起诉讼。

14. 协议的变更、解除和终止

14.1 本协议有效期届满本协议自行终止。

14.2 双方经协商一致同意的，可以书面形式变更协议内容或以书面形式解除本协议。

14.3 被授予人违反本协议义务，给公司造成损害的，公司有权书面通知被授予人解除本协议。

14.4 被授予人有权随时通知公司解除本协议。

14.5 公司解散、注销的，本协议自行终止。

14.6 当被授予人发生以下情况时，本协议自行终止：

(1)因辞职、辞退、解雇、退休、离职等原因与公司解除劳动合同关系的；

(2)丧失劳动能力或民事行为能力或者死亡的；

(3)被追究刑事责任的；

(4)存在违反《公司法》或者公司章程、保密协议，损害公司利益行为的；

(5)执行职务存在过错，致使公司利益受到重大损失的；

(6)连续2年无法达到业绩目标的；经公司认定对公司亏损、经营业绩下降负有直接责任的；

(7)存在其他重大违反公司规章制度的行为。

14.7 因本条第6款第(3)项、第(7)项约定的情形而导致协议终止的，乙方不享受本协议约定的当期分红权权益，已经分配的不予追回。

15. 其他

15.1 本协议及其附件构成双方就本次虚拟股授予达成的完整协议，并取代双方此前关于本次虚拟股授予所达成的任何约定(无论以书面或口头形式)，且本协议(包括其修改协议)包含了各方就本协议项下事项的唯一和全部协议。为避免疑义，任何之前约定中规定的与本协议相冲突或重叠的条款自本协议生效之日起失效。

15.2 本协议中的各标题仅为提示之目的，不对本协议的各项条文发生限制、扩展或其他解释作用。

15.3 本协议及其附件(如有)自协议各方或其授权代表签字或使用电子签名工具签署之日起生效，该日即为生效日。

15.4 其他【　　】

【以下为协议签字页，无正文】

兹证明，协议各方或其授权代表于【　　】年【　　】月【　　】日签署本协议，以昭信守。

授予人：【　　】有限公司

盖章：

被授予人：

签字：

第五节　股票增值权范本

范本九：股票增值权激励计划

【　　】股份有限公司
股票增值权激励计划

说明

1. 本激励计划依据《中华人民共和国公司法》《中华人民共和国证券法》《上市公司股权激励管理办法》及其他有关法律、法规、规章，以及【　　】股份有限公司（以下简称【　　】或公司）的公司章程制定。

2. 公司授予激励对象【　　】万份股票增值权。股票增值权不涉及实际股份，以公司股票作为虚拟股票标的。每份股票增值权拥有在本激励计划可行权日以行权价格【　　】元和行权条件执行一次增值权收益的权利。如行权日公司股票收盘价格高于行权价格,每份股票增值权可获得每股价差收益,公司将以现金方式支付在行权日公司股票收盘价格与行权价格之间的差额。

3. 股票增值权对应的公司股票数量分别占本激励计划签署时公司股本总额【　　】万股的【　　】%,合计不超过公司股本总额的【　　】%。股权激励计划的有效期为自股票增值权授权日起的五年时间,自股权激励计划授权日一年后,满足行权条件的激励对象可以分四期匀速行权。股权激励计划有效期内发生资本公积转增股本、派发股票红利、股份拆细或缩股、配股等事宜,股票增值权数量、所涉及的标的股票总数和行权价格将做相应的调整。

4. 公司承诺不为激励对象依据本股权激励计划获得有关权益工具提供贷款以及其他任何形式的财务资助,包括为其贷款提供担保。

5. 享有股票增值权的激励对象不实际拥有股票,也不拥有股东表决权、配股权、分红权等权益,股票增值权不能转让和用于担保、偿还债务等。

6. 本股权激励计划必须满足如下条件后方可实施:经中国证券监督管理委员会备案且无异议、公司股东大会批准。

一、释义

除非另有说明,以下简称在本文中作如下释义:

1.【　　】公司,指【　　】股份有限公司。

2. 本激励计划、股权激励计划,指【　　】有限公司股票增值权激励计划。

3. 股票增值权,指【　　】授予激励对象在一定的时期和条件下,获得规定数量的股票价格上升所带来的收益的权利;股票增值权是一种虚股票期权,不实际买卖股票,仅通过模拟股票市场价格变化的方式,在规定时段内,由公司向激励对象支付在行权日公司股票收盘价格与行权价格之间的差额。

4. 激励对象,指依据本激励计划获授股票增值权的人员。

5. 董事会,指【　　】有限公司董事会。

6. 股东大会,指【　　】有限公司股东大会。

7. 标的股票,指根据本激励计划,激励对象有权购买的【　　】股票。

8. 授权日,指【　　】向激励对象授予股票增值权的日期。

9. 行权，指激励对象根据本激励计划，在规定的期间内以预先确定的价格和条件购买【　　】股票或执行一次增值权收益的行为。

10. 可行权日，指激励对象可以行权的日期。

11. 行权价格，指【　　】向激励对象授予股票增值权时所确定的，激励对象购买【　　】股票的价格。

12. 中国证监会，指中国证券监督管理委员会。

13. 证券交易所，指【　　】证券交易所。

14. 登记结算公司，指【　　】公司。

15. 元，指人民币的单位元。

16.《公司法》，指《中华人民共和国公司法》。

17.《证券法》，指《中华人民共和国证券法》。

18.《股权激励管理办法》，指《上市公司股权激励管理办法》。

二、实施股权激励的目的

1. 进一步完善公司治理结构，健全公司激励约束机制；

2. 倡导价值创造为导向的绩效文化，通过实现股东、公司和个人利益的一致，维护股东权益，为股东带来更高效更持续的回报；

3. 倡导公司与个人共同持续发展的理念，激励持续价值的创造，保证企业的长期稳健发展；

4. 帮助管理层平衡短期目标与长期目标；

5. 有效调动管理者和重要骨干的积极性，吸引和保留优秀管理人才、核心技术人员和业务骨干。

三、激励对象的确定依据和范围

（一）激励对象的确定依据

1. 激励对象确定的法律依据

激励对象的确定以《公司法》《证券法》《上市公司股权激励管理办法》及公司章程等有关法律、法规和规范性文件的相关规定为依据而确定。

2. 激励对象

激励对象包括公司的董事、高级管理人员及公司董事会认为应当激励的其他员工，但不包括独立董事、监事。高级管理人员指公司的总经理、副总经理、财务负责人和董事会秘书；公司董事会认为应当激励的其他员工包括公司部分部门负责人、下属控股子公司的主要管理人员、核心技术人员、经营骨干人员及本公司董事会认为对公司有特殊贡献的其他员工。

上述除董事以外的人员需在公司或公司控股子公司全职工作并在公司或公司控股子公司领取薪酬。

3. 激励对象确定的考核依据

激励对象必须经《×××有限公司股票增值权激励计划实施考核办法》考核合格。

（二）激励对象的范围

1. 激励对象具体包括公司的董事、高级管理人员及公司董事会认为应当激励的其他员工共计【　　】人。

以上人员均在公司或公司控股子公司全职工作并领取薪酬，由公司董事会与考核委员会提名，并经过公司监事会核查予以最终确认。

2. 有下列情形之一的任何人员，不能成为本激励计划的激励对象：

(1)最近3年内被证券交易所公开谴责或宣布为不适当人选的；

(2)最近3年内因重大违法违规行为被中国证监会予以行政处罚的；

(3)具有《公司法》规定的不得担任公司董事、高级管理人员情形的；

如在公司本次股权激励计划实施过程中，激励对象出现以上规定不得参与股权激励计划情形的，公司将终止其参与本激励计划的权利，收回并注销其已被授予但尚未行权的全部权益工具。

3. 公司监事会对激励对象名单予以核实并将核实情况在股东大会上予以说明。

四、股权激励计划的股票来源和股票数量

【　　】授予激励对象【　　】万份股票增值权，每份股票增值权拥有在授权日起五年内的可行权日以行权价格和行权条件执行一次增值权收益的权利，如行权日公司股票收盘价格高于行权价格，每份股票增值权可获得每股价差收益,公司将以现金方式支付在行权日公司股票收盘价格与行权价格之间的差额。

(一)股权激励计划的股票来源

股票增值权计划不涉及到实际股票,以【　　】股票作为虚拟股票标的。

(二)股权激励计划的股票数量

股票增值权激励计划拟授予的股票增值权数量【　　】万份;以【　　】万股【　　】股票作为虚拟股票标的;虚拟标的股票占当前【　　】股本总额的比例为【　　】%。

五、激励对象的权益工具分配情况

本次授予激励对象股票增值权的具体分配情况见表 11-9:

表 11-9　激励对象股票增值权的具体分配

序号	姓名	职务	获受数量(万股)	获受数量占目前公司总股本比例

注 1:非经股东大会特别决议批准,任何一名激励对象通过全部有效的股权激励计划获授的股票期权数额所对应股数累计不得超过公司股本总额的 1%。

六、股权激励计划的有效期、授权日、可行权日、禁售期

(一)股权激励计划的有效期

股权激励计划的有效期为自权益工具授权日起的【　　】年时间。激励对象必须在增值权有效期内行权完毕,计划有效期结束后,已获授但尚未行权的股票增值权不得行权。

(二)股权激励计划的授权日

本股权激励计划采取一次授权的方式;授权日在本激励计划报中国证监会

备案且中国证监会无异议、【　　】股东大会审议通过本股权激励计划后由董事会确定。但授权日不得为下列期间：

1. 定期报告公布前30日；

2. 重大交易或重大事项决定过程中至该事项公告后2个交易日；

3. 其他可能影响股价的重大事件发生之日起至公告后2个交易日。

（三）股权激励计划的等待期

激励对象已获授权益工具，如满足本激励计划所规定的全部行权条件，等待期为一年。即自授权日（T日）起至T日+12个月止。

（四）股权激励计划的可行权日

自股权激励计划授权日起一年后，满足行权条件的激励对象可以行权。可行权日为【　　】定期报告公布后第2个交易日，至下一次定期报告公布前10个交易日内，但下列期间不得行权：

1. 重大交易或重大事项决定过程中至该事项公告后2个交易日；

2. 其他可能影响股价的重大事件发生之日起至公告后2个交易日。

可行权日必须为计划有效期内的交易日。股权激励计划有效期结束后，已获授但尚未行权的权益工具不得行权。

七、权益工具的获授条件、行权条件和行权安排

（一）获授条件

1. 公司未发生如下任一情形：

（1）最近一个会计年度的财务会计报告被注册会计师出具否定意见或者无法表示意见的审计报告；

（2）最近一年内因重大违法违规行为被中国证监会予以行政处罚；

（3）中国证监会认定不能实行股权激励计划的其他情形。

2. 激励对象未发生如下任一情形：

（1）最近三年内被证券交易所公开谴责或宣布为不适当人选的；

（2）最近三年内因重大违法违规行为被中国证监会予以行政处罚的；

（3）具有《公司法》规定的不得担任公司董事、监事、高级管理人员情形的。

（二）行权条件

激励对象行使已获授的权益工具必须同时满足如下条件：

1. 根据《【　　】股份有限公司股票增值权激励计划实施考核办法》规定，激励对象上一年度绩效考核合格。

2. 公司未发生如下任一情形：

（1）最近一个会计年度的财务会计报告被注册会计师出具否定意见或者无法表示意见的审计报告；

（2）最近一年内因重大违法违规行为被中国证监会予以行政处罚；

（3）中国证监会认定不能实行股权激励计划的其他情形。

3. 激励对象未发生如下任一情形：

（1）最近三年内被证券交易所公开谴责或宣布为不适当人选的；

（2）最近三年内因重大违法违规行为被中国证监会予以行政处罚的；

（3）具有《公司法》规定的不得担任公司董事、监事、高级管理人员情形的。

4. 在本激励计划的有效期内，公司将对激励对象分年度进行绩效考核，每个会计年度考核一次，将绩效考核目标作为激励对象的行权条件之一（参见表 11－10）。

表 11－10　行权期目标

行权期	具体目标
第一个行权期	行权上一年度，净资产收益率不低于【　　】%；以年【　　】净利润【　　】亿元为基数，【　　】年净利润增长率不低于【　　】%，即【　　】亿元；以【　　】年营业收入【　　】亿元为基数，【　　】年营业收入增长率不低于【　　】%，即【　　】亿元
第二个行权期	行权上一年度，净资产收益率不低于【　　】%；以年【　　】净利润【　　】亿元为基数，【　　】年净利润增长率不低于【　　】%，即【　　】亿元；以【　　】年营业收入【　　】亿元为基数，【　　】年营业收入增长率不低于【　　】%，即【　　】亿元
第三个行权期	行权上一年度，净资产收益率不低于【　　】%；以年【　　】净利润【　　】亿元为基数，【　　】年净利润增长率不低于【　　】%，即【　　】亿元；以【　　】年营业收入【　　】亿元为基数，【　　】年营业收入增长率不低于【　　】%，即【　　】亿元

续表

行权期	具体目标
第四个行权期	行权上一年度，净资产收益率不低于【 】%；以年【 】净利润【 】亿元为基数，【 】年净利润增长率不低于【 】%，即【 】亿元；以【 】年营业收入【 】亿元为基数，【 】年营业收入增长率不低于【 】%，即【 】亿元。

（三）行权安排

1. 自股权激励计划授权日起一年后，满足行权条件的激励对象可以行权；

2. 本次股权激励计划分【 】期匀速行权（仅为示例，根据具体情况安排，见表11－11）：

表11－11　行权安排

行权期	行权时间	累计可行权数量占获授期权数量比例
第一个行权期	自首次授权日起24个月后的首个交易日起至首次授权日起48个月内的最后一个交易日当日止	25%
第二个行权期	自首次授权日起36个月后的首个交易日起至首次授权日起60个月内的最后一个交易日当日止	25%
第三个行权期	自首次授权日起48个月后的首个交易日起至首次授权日起72个月内的最后一个交易日当日止	25%
第四个行权期	自首次授权日起60个月后的首个交易日起至首次授权日起84个月内的最后一个交易日当日止	25%

八、权益工具的调整方法和程序

（一）股票增值权数量的调整方法

若在行权前公司有资本公积转增股本、派送股票红利、股票拆细、配股或缩股等事项，应对股票增值权数量进行相应的调整。调整方法如下：

1. 资本公积转增股本、派送股票红利、股票拆细 $Q = Q_0 \times (1 + n)$

其中：Q_0 为调整前的股票增值权数量；n 为每股的资本公积转增股本、派送股票红利、股票拆细的比率(每股股票经转增、送股或拆细后增加的股票数量);Q 为调整后的股票增值权数量。

2. 配股 $Q=Q_0\times P_1\times(1+n)/(P_1+P_2\times n)$

其中:Q_0 为调整前的股票增值权数量;P_1 为增值权登记日当日收盘价;P_2 为配股价格;n 为配股的比例(配股的股数与配股前公司总股本的比例);Q 为调整后的股票增值权数量。

3. 缩股 $Q=Q_0\times n$

其中:Q_0 为调整前的股票增值权数量;n 为缩股比例(即 1 股公司股票缩为 n 股股票);Q 为调整后的股票增值权数量。

(二)行权价格的调整方法

若在行权前有派息、资本公积转增股本、派送股票红利、股票拆细、配股或缩股等事项,应对行权价格进行相应的调整。调整方法如下:

1. 资本公积转增股本、派送股票红利、股票拆细 $P=P_0\div(1+n)$

其中:P_0 为调整前的行权价格;n 为每股的资本公积转增股本、派送股票红利、股票拆细的比率;P 为调整后的行权价格。

2. 配股 $P=P_0\times(P_1+P_2\times n)/[P_1\times(1+n)]$

其中:P_0 为调整前的行权价格;P_1 为增值权登记日当日收盘价;P_2 为配股价格;n 为配股的比例(配股的股数与配股前股份公司总股本的比例);P 为调整后的行权价格。

3. 缩股 $P=P_0\div n$

其中:P_0 为调整前的行权价格;n 为缩股比例;P 为调整后的行权价格。

4. 派息 $P=P_0-V$

其中:P_0 为调整前的行权价格;V 为每股的派息额;P 为调整后的行权价格。

(三)股票增值权激励计划调整的程序

公司股东大会授权公司董事会,当出现前述情况时由公司董事会决定调整行权价格、股票增值权数量。律师应当就上述调整是否符合《股权激励管理办法》、《公司章程》和《股票增值权计划》的规定向公司董事会出具专业意见。

1. 公司股东大会授权公司董事会依上述已列明的原因调整权益工具数量或行权价格的权利。董事会根据上述规定调整行权价格或权益工具数量后,应及时公告并通知激励对象。

2. 因其他原因需要调整权益工具数量、行权价格或其他条款的,应经董事会做出决议并经股东大会审议批准。

九、股权激励计划变更、终止

(一)激励对象发生职务变更、离职或死亡

1. 激励对象职务发生变更,但仍为公司的董事(独立董事、监事除外)、高级管理人员或员工,或者被公司委派到公司的子公司任职,则已获授的权益工具不作变更。但是激励对象因不能胜任工作岗位、考核不合格、触犯法律、违反职业道德、泄露公司机密、失职或渎职等行为严重损害公司利益或声誉而导致的职务变更,经公司董事会批准,可以取消激励对象尚未行权的权益工具。若激励对象成为独立董事、监事或其他不能持有公司股票或权益工具的人员,则应取消其所有尚未行权的权益工具。

2. 激励对象因触犯法律、违反职业道德、泄露公司机密、失职或渎职等行为严重损害公司利益或声誉而被公司解聘的,自离职之日起所有未行权的权益工具即被取消。

3. 激励对象因执行职务负伤而导致丧失劳动能力的,其所获授的权益工具不作变更,仍可按规定行权。

4. 激励对象因辞职而离职,自离职之日起所有未行权的权益工具即被取消。

5. 激励对象因达到国家和公司规定的退休年龄退休而离职的,其所获授的权益工具不作变更,仍可按规定行权。

6. 激励对象死亡的,自死亡之日起所有未行权的权益工具即被取消。但激励对象因执行职务死亡的,公司应当根据激励对象被取消的权益工具价值对激励对象进行合理补偿,并根据法律由其继承人继承。

7. 激励对象劳动合同期满时,如双方不再续签劳动合同,自离职之日起所有尚未进入行权期的权益工具即被取消,其已进入行权期且符合行权条件的权益工具继续有效。

(二)公司发生如下情形之一时,应当终止实施股权激励计划,激励对象根据股权激励计划已获授但尚未行使的权益工具应当终止行使:

1. 最近一个会计年度财务会计报告被注册会计师出具否定意见或者无法表示意见的审计报告;

2. 最近一年内因重大违法违规行为被中国证监会予以行政处罚;

3. 中国证监会认定的其他情形。

(三)在股权激励计划实施过程中,激励对象出现如下情形之一的,其已获授但尚未行使的权益工具应当终止行使:

1. 最近三年内被证券交易所公开谴责或宣布为不适当人选的;

2. 最近三年内因重大违法违规行为被中国证监会予以行政处罚的;

3. 具有《公司法》规定的不得担任公司董事、监事、高级管理人员情形的。

(四)公司发生控制权变更时,激励对象根据本计划获授但未行权的权益工具在公司控制权变更后一年内加速行权,其后本计划终止。

公司控制权变更指下列任何一种情形出现:

1. 在登记结算公司登记的公司第一大股东发生变更;

2. 董事会任期未届满,股东大会表决通过董事会半数成员更换。

(以下无正文)

【　　】股份有限公司

【　　】年【　　】月【　　】日

范本十:股票增值权授予协议

【　　】公司
股票增值权授予协议

本授予协议(以下简称本协议)由【　　】(以下简称公司或授予人或甲

方)与【　　】以下简称被授予人或乙方)订立。

本协议的用词,如无特别规定,具有与《×××公司股票增值权激励计划》中相同的含义。若本协议规定的条款与股票增值权激励计划规定的条款或者条件不一致的,除另有说明外,则本协议的规定应优先。

鉴于:

A. 公司股权激励计划《×××公司股票增值权激励计划》(以下简称激励计划)已经由公司股东大会决议通过,公司拟依据激励计划进行分配。

B. 授予人为公司的员工,自进入公司之日起工作已满【　　】年,在公司职位为【　　】。

C. 被授予人同意并承诺配合公司完成相关的股票增值权授予相关文件的签署。公司基于该授权并依据激励方案,制定本协议。

D. 被授予人忠诚于公司或其关联公司,并努力为公司或其关联公司的发展做出贡献。

基于以上,公司拟依据激励方案及本协议规定的条款和条件于本协议生效之日向被授予人授予一定数量的股票增值权。

授予信息(见表 11 -12)

表 11 -12　股票增值权的授予信息

授予信息	具体内容
被授予人姓名	【　　】
授予类型	股票增值权
获授的股票增值权数量	【　　】
占激励计划授予总量的比例	【　　】%

续表

授予信息	具体内容
股票增值权行权时间安排(仅为示例,具体根据计划情况安排)	(1)自首次授权日起24个月后的首个交易日起至首次授权日起48个月内的最后一个交易日当日止,授予期权数量的25%。 (2)自首次授权日起36个月后的首个交易日起至首次授权日起60个月内的最后一个交易日当日止,授予期权数量的25%。 (3)自首次授权日起48个月后的首个交易日起至首次授权日起72个月内的最后一个交易日当日止,授予期权数量的25%。 (4)自首次授权日起60个月后的首个交易日起至首次授权日起84个月内的最后一个交易日当日止,授予期权数量的25%。

授予条款

1. 授予

1.1 授予条件

被授予人于本协议生效日前在公司或其关联公司任职并持续与公司或其关联公司保持劳动/顾问服务合作关系或者向公司或其关联公司提供服务。

公司及授予人均符合激励计划规定的授予条件。

1.2　授予形式

被授予人取得的股票增值权不变更公司章程,不记载在公司的股东名册上,不做工商变更登记。乙方不得以此股票增值权对外作为拥有甲方资产的依据。

2. 股票增值权的取得

2.1　取得条件

本次被授予人所获得的股票增值权取得条件为:

(1)被授予人在本协议授予安排时限或条件内与公司或者经公司认可的公司或公司关联方保持劳动关系或顾问服务关系;

(2)公司没有发生解散、清算、破产、被撤销、吊销营业执照或责令关闭等无法继续存续的情形。

(3)没有发生本协议第4.1条所规定的过错事项。

(4)没有发生激励计划规定的公司或授予人不能行权的事项。

(5)符合激励计划的其他规定。

2.2　授予程序

被授予人需按照下列程序取得股票增值权:

(1)在授予日,由公司董事会对被授予人是否满足授予条件进行审核;

(2)在授予日,由公司董事会针对已经满足条件的被授予人的考核系数并计算其档期可取得的股票增值权对应的数量。

(3)董事会应将授予相关信息进行备案。

3. 被授予人的权利

3.1 被授予人获受股票增值权后,有权按照其持有的每份股票增值权数量,在本激励计划可行权日以行权价格【　　】元和行权条件执行一次增值权收益的权利。如行权日公司股票收盘价格高于行权价格,每份股票增值权可获得每股价差收益,公司将以现金方式支付在行权日公司股票收盘价格与行权价格之间的差额。除此之外,被授予人不享有其他任何权利。

3.2 被授予人所得收益所产生的所有税费由被授予人承担,公司在实际发放时直接扣除。

4. 股票增值权的处置

4.1 股票增值权的丧失

当以下情况发生时,公司有权收回被授予人所享有的股票增值权,被授予人不再享有任何股票未来可能产生的差额收益:

(1)被授予人因故意或重大过失行为,严重违反公司或其关联公司的规章制度、劳动合同或有其他严重不当行为,使公司或其关联公司遭受重大损失或者损害的;

(2)被授予人违反法律法规而被指控存在刑事犯罪嫌疑的;

(3)被授予人违反本协议第 5 条保密义务及泄露公司或其关联公司的商业秘密的;

(4)被授予人违反公司或其关联公司关于反腐败及反商业贿赂的内部制度的;

(5)被授予人违反公司或其关联公司的竞业禁止、禁止劝诱义务的；

(6)被授予人在其任职期间或者离职后具有对公司或其关联公司的不正当竞争行为如在公共场合或通过其他公共渠道故意诋毁公司声誉、散布不利于公司的言论等其他污蔑、诽谤公司的行为。

4.2 股票增值权授予资格的取消或股票数量扣减

被授予人因决策失误或严重违纪行为等原因导致公司出现损失的，公司有权根据决策失误的原因、失误的性质以及损失在多大程度上可以挽回等具体情况决定阶段性免除被授予人享受股票增值权权的资格、扣除被授予数量，具体处罚方式由公司董事会决定。

4.3 继承

若被授予人死亡或被宣告死亡的，对该被授予人持有的股票增值权自动丧失，其继承人无权继承。

5. 保密义务

5.1 尽管激励计划、授予协议等相关文件可能终止或失效，被授予人仍应保证不向任何第三方透露本次激励计划的相关信息、包括但不限于公司信息、激励计划、授予协议、其他股权激励相关文件中规定的内容以及上述文件的存在，直至该信息非因被授予人违反保密义务的行为而已为公众所知。

5.2 被授予人对其历次所获得的激励股权数额或比例负有保密义务，未经公司书面同意或法律的强制性要求不得向任何第三方披露，如被授予人确有必要向其直系亲属等关联方披露本条所述信息的，则该保密责任自动扩延至该被授予人关联方，即该被授予人关联方未遵守保密义务的，视为该被授予人未遵守保密义务。

5.3 尽管如前款所述，但若被授予人被要求依法披露股权激励计划、授予协议或股权激励计划下其他股权激励相关文件的内容，则该被授予人应立即书面通知公司并咨询公司以寻求对保密信息采取保护措施。

6. 违约

6.1 协议各方应积极履行本协议下其应承担的义务，若任何一方违反本协议的约定，并在守约方要求其纠正之日起3日内，未对其违约行为予以纠正，则该违约方构成对本协议的违反，除本协议其他条款约定外，守约方仍有权要求违约方赔偿其因此遭受的全部经济损失。

6.2 若需要通过法院或者行政程序强制执行本协议的任何条款，则胜诉方应有权被判定获得必要的诉讼费用的赔偿，包括合理的律师费用。

7. 税收

被授予人应当承担因本协议下股票增值权的授予及行权等行为所产生的税费，由公司在应对其支付的权益金额重扣除。

8. 可分割性

本协议任何条款的无效或不可执行均不影响其他条款的效力，所有条款均各自独立，并在法律许可的范围内具有可执行性。

9. 修订

任何一方对本协议的任何修改或对某条款的放弃均应以书面形式做出，并经本协议各方签字方才生效。

10. 终止履行

如发生公司股份制改造及搭建返程投资模式等对公司股权架构进行整体性调整的事件，公司有权根据需要修改或终止本协议。

11. 放弃

在我国法律许可的范围内，协议各方未行使或延迟行使其在本协议项下的权利应不构成放弃其权利，任何单独的或部分的行使权利也不排除其进一步的行使。

12. 转让

本协议一经签署，未经协议各方的书面同意，任何一方不得全部或部分转让其在本协议项下的权利和义务。

13. 适用法律及争议解决

13.1 本协议依据中华人民共和国法律起草并接受中华人民共和国法律管辖。

13.2 任何与本协议有关的争议各方应友好协商解决,协商不能达成一致的,任何一方有权向公司住所地有管辖权的人民法院提起诉讼。

14. 协议的变更、解除和终止

14.1 本协议有效期届满本协议自行终止。

14.2 双方经协商一致同意的,可以书面形式变更协议内容或以书面形式解除本协议。

14.3 被授予人违反本协议义务,给公司造成损害的,公司有权书面通知被授予人解除本协议。

14.4 被授予人有权随时通知公司解除本协议。

14.5 公司解散、注销的,本协议自行终止。

14.6 当被授予人发生以下情况时,本协议自行终止:

(1)因辞职、辞退、解雇、退休、离职等原因与公司解除劳动合同关系的;

(2)丧失劳动能力或民事行为能力或者死亡的;

(3)被追究刑事责任的;

(4)存在违反《公司法》或者公司章程、保密协议,损害公司利益行为的;

(5)执行职务存在过错,致使公司利益受到重大损失的;

(6)连续 2 年无法达到业绩目标的;经公司认定对公司亏损、经营业绩下降负有直接责任的;

(7)存在其他重大违反公司规章制度的行为。

14.7 因本条第 6 款第(3)项、第(7)项约定的情形而导致协议终止的,乙方不享受本协议约定的当期分红权权益,已经分配的不予追回。

15. 其他

15.1 本协议未约定事项均以激励计划的规定为准,激励计划未规定的事项,由双方另行协商并签署补充协议。

15.2 本协议中的各标题仅为提示之目的,不对本协议的各项条文发生限制、扩展或其他解释作用。

15.3 本协议及其附件(如有)自协议各方或其授权代表签字或使用电子

签名工具签署之日起生效,该日即为生效日。

15.4 其他【 】

【以下为协议签字页,无正文】

兹证明,协议各方或其授权代表于【 】年【 】月【 】日签署本协议,以昭信守。

授予人:【 】有限公司

盖章:

被授予人:

签字:

第六节 小微合伙范本

范本十一:小微合伙方案

【 】有限公司小微合伙方案

第一条 目的及定义

为了充分调动员工的积极性和创造性,促使公司员工能够与企业共同发展,在工作中尽职尽力,收入不断得到提高,生活质量不断得到提升,本着多劳多得、不劳不得、少劳少得的原则,【 】公司(以下简称公司)决定拿出合适的项目(以下简称合伙项目)通过小微合伙模式与员工共同建立小微合伙单元主体,实现事业共创、责任共担、利益共享,特制定【　　】有限公司小微合伙方案(以下简称本方案)。

小微合伙模式是指公司与员工签订合伙/入伙协议书,让员工成为单元主体的(单元主体可以是单个店面、分公司、子公司、合伙企业等)的合伙人,出资入股该单元,拥有单元主体一定的股权及经营权,让员工变为合伙人的激励方案。

第二条　合伙模式的选择

根据拟合伙项目的具体情况,由公司及其关联公司或实际控制人决定选择采用【　　】模式,即成立【　　】(以下简称项目合伙主体),由符合条件的员工入伙该项目,共同经营,共享利益,共担风险。

第三条　合伙要求

1. 根据《中华人民共和国民法总则》《中华人民共和国公司法》及有关法律法规的规定,需根据项目所需资金情况,由合伙人出资共同运营项目。

2. 员工作为合伙人应当具备以下条件(供参考,可根据具体情况调整):

(1)首要合伙人为项目合伙主体的资深管理人员且在公司服务 5 年及以上。

(2)次要合伙人为项目合伙主体的骨干管理人员且在公司服务 3 年及以上人员、财务经理。

(3)其他合伙人为对项目合伙主体有特殊贡献的人员且在公司服务 1 年及以上,是经公司董事会特殊批准入股项目合伙主体的员工。

第四条　投资方式

1. 项目合伙主体 100% 的出资额由公司、发起人、员工按分配比例认缴,由公司根据具体合伙项目的实际情况决定。

2. 合伙所占比例:视具体项目的不同,项目合伙主体中不高于 49% 出资份额安排员工参与,其余 51% 由发起人持有。

出资额及合伙比例分配(见表 11 - 13):

表 11－13　出资额及合伙比较分配

合伙人姓名/名称	合伙人类型	出资额	出资方式	出资时间	合伙比例(%)
	发起人				
	首要合伙人				
	次要合伙人				
	其他合伙人				
合计	—				100%

3. 上一年度有严重违反公司制度的行为或给公司造成 1 万元以上经济损失的,无资格参与项目合伙。

4. 所有认缴合伙股份的出资,必须在规定的时间内缴纳出资资本。逾期缴纳的,视为放弃股份,由发起人持有。

5. 公司员工在原则上同意以上办法的情况下,应提前向公司报备可用于项目投资的意向金额,便于项目落地认缴筹备期的工作开展。

6. 出资时效:项目合伙计划通过公司指定渠道发布,符合条件的员工收到通知后有意向者需尽快联系相关人员,员工应在收到项目计划认缴通知后一个月内出资,逾期将失去参与合伙的资格。

第五条　日常管理

1. 合伙项目日常管理由发起人或委派项目负责人负责,包括发起人或安排的合伙员工共同作为主要负责人。

2. 所有与合伙项目有关的费用,包括但不限于:房租、水电费、员工工资、社保及公积金、税款等均纳入运营成本,非合伙项目开支不得进入成本。所有涉及关联企业的开支,均以市场价为准。

第六条　利润分配

1. 公司每年收取项目合伙主体营业收入的【　　】% 作为管理费。

2. 项目合伙主体当年纯利润的【　　】% 作为分红资金,由财务完成结算后并核准 1 个月内,按合伙人持股比例进行分配。

3. 项目合伙主体应分配利润而未分配,将利润作为项目运营资本金,合伙人享有利润累计权，会计年度决定分红时将累计分配利润作为合伙人权益计算。

4. 利润分配如涉及的个人所得税由合伙人自行承担。

5. 一次性的项目在完成后，除了利润进行分配，所有资产也按比例进行分配或分割。剩余实物资产如采取现金分配，可由合伙人协商，由发起人折价收购，也可采取拍卖等方式进行。

第七条　亏损

如项目或项目合伙主体出现亏损，按以下方式________处理：

1. 因正常经营造成项目或项目合伙主体亏损，则按合伙比例共同承担。

2. 因正常经营造成项目或项目合伙主体亏损，公司则对亏损进行补偿。

3. 因正常经营造成项目或项目合伙主体亏损，公司对______________日前入职的员工（人力资源部门的人事档案为准）保底补偿。

第八条　退出方式与继承

1. 公司按以下______________方式回购：

（1）如员工合伙人在存续期内退出（无分红），提前一个月书面形式申请，发起人负责收购其合伙股份。合伙资本金在办理完项目合伙主体变更登记手续后三个工作日以内无息退还给合伙人。回购后，合伙人不再享有任何权益，由回购方享有。

（2）如员工合伙人在存续期内退出（无分红），提前一个月书面形式申请，发起人负责收购其合伙股份。合伙资本金在办理完项目合伙主体变更登记手续后三个工作日以内按人民银行同期存款利息及本金退还给合伙人。转让后，合伙人不再享有任何权益，由回购方享有。

（3）如员工合伙人在存续期内退出（有分红），提前一个月书面形式申请，发起人负责收购其合伙股份。合伙资本金在办理完项目合伙主体变更登记手续后三个工作日以内，往年度或当年度有利润分配的，最近一次分配之日起至退出之日按人民银行同期存款利息及本金退还给合伙人。转让后，合伙人不再享有任何权益，由回购方享有。

2. 股权/出资份额转让

(1)如员工合伙人在项目合伙主体存续期内退出,通过股权/出资份额转让的方式转让给具备资格的第三人,需提前一个月书面形式申请,在公司审核同意的情况下签署股权/出资份额转让协议。转让协议签订后,合伙人(转让人)不再享有任何权益,由受让方享有。受让方承接后,对承接前的股东权益及债权债务不需履约,承接后所对应的股东权益及债权债务由受让方履行。

(2)股权/出资份额转让金额由转让方与受让方友好协商,股权/出资份额转让协议生效后,双方权利与义务互相履行完毕后,转让方与合伙企业再无任何关联关系。

3. 如合伙人发生意外,其合伙股份可由其法定继承人继承。

第九条　取消合伙资格

1. 有下列情形的,发起人(项目负责人)可随时取消员工合伙人的合伙资格:

(1)从事同业竞争;

(2)侵吞公司财物;

(3)严重违反公司制度;

(4)触犯法律。

2. 取消合伙资格后,在扣减给公司造成的实际经济损失后,剩余合伙资本金无息退还给合伙员工,不计利息。其合伙股份原则上由发起人承接。

3. 员工自行离职,合伙款项无息归还,其持有的股份由发起人承接。

第十条　其他

1. 合伙企业的财务账目向合伙人公开,合伙人可查阅相关财务资料。一般情况下,每个季度向合伙人公布一次合伙企业基本财务数据。

2. 合伙项目结束清算且分配完成后,合伙项目和合伙企业即结束运营。

3. 合伙员工在集团其他公司担任职务的,原则上薪酬收入不变。

第十一条　生效实施

1. 本方案经公司股东会通过后生效,由公司股东会授权董事会全面负责本方案及具体合伙项目的实施。

2. 公司将根据合伙过程中的实际情况，对本方案进行不断的完善，维护合伙各方利益。出资参股合伙协议视具体项目另行起草签署实施。

【　　】有限公司

年　　月　　日

第七节　绩效考核范本

范本十二：绩效考核制度

【　　】有限公司

【　　】年度激励计划绩效考核制度

为了完善【　　】有限公司（以下简称公司或【　　】）的治理结构，健全绩效管理和激励与约束机制，保证【　　】激励计划（以下简称股权激励计划）顺利实施，特根据《中华人民共和国公司法》（以下简称《公司法》）等法律法规、【　　】及各现行绩效考核制度，制定《【　　】公司【　　】年【　　】激励计划绩效考核制度》（以下简称《绩效考核制度》）。

一、绩效考核目的

建立科学完善的绩效管理体系是为了全面贯彻落实公司整体的发展战略目标，确保公司员工齐心协力围绕公司的整体利益开展工作和拓展业务，确保工作目标与公司战略保持高度一致，同时健全公司激励与约束机制，保证股权激励计划的顺利实施。

二、绩效考核的对象

1. 本《绩效考核制度》的考核对象主要为股权激励计划的激励对象。

2. 公司以《中华人民共和国公司法》《中华人民共和国证券法》《上市公司股权激励管理办法》以及【　　】有限公司章程（以下简称公司章程）等有关法律、法规和规范性文件的相关规定为依据，确定考核激励对象；在不违反法律法规、公司章程的前提下，公司可根据公司业务发展变化以及个人绩效考核的结果，调整激励对象的范围。

3.【　　】激励计划经公司董事会审议通过后，公司监事会应当对考核激励对象名单予以核实，公司将在股东大会审议【　　】激励计划前披露公司监事会对激励名单审核及公示情况的说明。

三、绩效考核依据和原则

公司绩效考核的标准按不同的岗位和职责，设定不同的考核指标和相应目标，并且按年度进行审阅和必要的调整。有关股权激励计划的考核都将受本《绩效考核制度》的制约，董事会将根据公司整体绩效考核结果和个人绩效完成情况，确定激励对象行权数量。

公司根据核定后的岗位职责将公司关键业绩指标层层分解到岗位，各单位管理干部与员工通过双向沟通，在绩效目标、绩效指标、评估标准等方面达成一致。具体要求如下：

1. 目标应该具体量化、有适度的挑战性、有时限，个人目标应与组织目标紧密结合，实现"双赢"。

2. 实行矩阵管理的职位，员工绩效目标由行政上级和业务上级共同确定。

四、绩效考核体系组织职责

本《绩效考核制度》由【　　】人力资源部制定，绩效考核的组织和实施部门为公司考核激励办、运营管理部、财务管理部及人力资源部。

1. 公司董事会及其下设的薪酬与考核委员会是绩效考核体系的最高管理机构，负责制定绩效考核的目标及考核原则，并有权最终审定考核结果。

2. 公司人力资源部负责联同公司考核激励办、运营管理部、财务管理部一起设立公司考核评估小组,负责监控和协调公司各事业部门及相关控股子公司(以下简称单位)的考核评估活动。

3. 各单位考核评估小组,负责所管辖单位激励对象的筛选、评估审定、考核评价及期权额度的确定。

五、绩效考核体系

1. 考核内容

公司绩效考核对董事和高级管理人员、业务骨干分别进行考核。

(1)公司董事及高级管理人员的考核

公司董事和高级管理人员由董事会薪酬与考核委员会进行考核,并报公司董事会审核确定。董事的考核以公司整体业绩指标为依据,高级管理人员主要的业绩指标包括财务和非财务两部分,董事会薪酬与考核委员会每年都将根据同行业标杆数据和公司实际要求,对有关指标设定相应的考核目标并进行考核。

公司人力资源部根据上述考核指标和具体目标的实际完成情况,计算公司董事和高级管理人员的绩效成绩。

(2)业务骨干的考核

①考核每年组织一次;

②各级绩效考核评估小组根据所辖单位考核对象的业绩、胜任度、价值观,对激励对象进行考核,并形成绩效考核结果。

2. 考核程序

(1)考核对象的上级主管作为评估人,在年初制定考核目标,获得上一级领导批准后和员工沟通,协商一致后签订《绩效承诺书》,经董事会薪酬与考核委员会审核后,报董事会备案并执行。

(2)每年年底,评估人完成绩效考核,将《绩效评估表》和员工进行绩效沟通并请员工签字;评估人将完成的《绩效考核表》电子版及签字后的纸质版交给公司人力资源部存档。

(3)每年度末至下一年度初期,公司董事会薪酬与考核委员会组织对计划对象进行考核。公司人力资源部负责具体考核操作，对考核数据统一汇总、核查、分析，并形成绩效考核报告，提交公司董事会薪酬与考核委员会审核。

3. 考核结果

(1)考核结果分类

绩效考核等级依考核结果分为以下四类，类别及定义如下：

A：优，实际表现达到预期计划/目标或岗位职责/分工要求，取得较好的成绩。

B：良，实际表现基本达到预期计划/目标或岗位职责/分工要求，基本完成工作。

C：合格，实际表现基本达到预期计划/目标或岗位职责/分工要求，稍显不足。

D：不合格，实际表现未达到预期计划/目标或岗位职责/分工要求，有明显不足。

其中，考核结果为"A：优""B：良""C：合格"的，为达到合格及以上，满足行权条件；考核结果为"D：不合格"的，为未达到行权条件，对应行权期所获授的但尚未行权的激励股权由公司收回，尚未解限的激励股权不再解限。

(2)考核指标及结果的修正

考核期内如遇到重大不可抗力因素或特殊原因影响被考核人工作业绩的，公司薪酬与考核委员会可以对偏差较大的考核指标和考核结果进行修正。

(3)考核结果反馈

考核完成后十个工作日内，由公司人力资源部统一制作反馈表一式二份，一份报公司董事会薪酬与考核委员会备案，另一份反馈至计划对象本人。

激励对象对考核期内考核结果若有重大异议，可在获知考核结果后15天内，填写《考核结果申诉表》向公司人力资源部提出申诉；公司人力资源部须及时调查相关情况，并提出处理意见报公司董事会薪酬与考核委员会审核并作出处理。

(4)考核结果作为公司【　　】权的行权依据。

六、绩效考核对激励计划的影响

激励对象获授【　　】权行权必须满足公司整体业绩达标和个人绩效考核

合格的前提条件，具体达标条件如下：

1. 公司整体绩效考核目标的达成。

2. 考核对象个人绩效考核目标的达成：激励对象上一年度按照《绩效考核制度》考核合格。

除绩效考核目标达成外，如《【　　】公司【　　】激励计划》对激励对象行权有其他的约定的，应遵守其规定。

七、附则

本《绩效考核制度》由【　　】人力资源部负责解释和修订，经董事会及股东(大)会审议批准后生效并实施。

Appendix
附录

股权激励有关法律法规

一、法律

1.《中华人民共和国公司法》

2.《中华人民共和国证券法》

二、行政法规

国务院办公厅转发财政部、科技部《关于〈国有高新技术企业开展股权激励试点工作指导意见〉的通知》(国办发〔2002〕48 号)

三、部门规章

(一)上市公司

1.《上市公司章程指引(2016 年修订)》

2.《上市公司股权激励管理办法》

3.《上市公司股权分置改革管理办法》

(二)国有企业

1. 财政部、科技部、国有资产监督管理委员会《关于印发〈国有科技型企业股权和分红激励暂行办法〉的通知》(财资〔2016〕4 号)

2. 财政部、科技部《关于印发〈中关村国家自主创新示范区企业股权和分红激励实施办法〉的通知》(财企〔2010〕8 号)

3. 财政部、科技部《关于印发〈中关村国家自主创新示范区企业股权和分红激励实施办法〉的补充通知》(财企〔2011〕1 号)

4. 国务院国有资产监督管理委员会、财政部《关于规范国有控股上市公司实施股权激励制度有关问题的通知》(国资发分配〔2008〕171 号)

5. 国务院国有资产监督管理委员会《关于严格规范国有控股上市公司(境外)实施股权激励有关事项的通知》(国资发分配〔2007〕168 号)

6. 国务院国有资产监督管理委员会《关于规范国有企业职工持股、投资的意见》(国资发改革〔2008〕139 号)

7. 国务院国有资产监督管理委员会、财政部《关于印发〈国有控股上市公司(境内)实施股权激励试行办法〉的通知》(国资发分配〔2006〕175 号)

8. 国务院国有资产监督管理委员会、财政部《关于印发〈国有控股上市公司(境外)实施股权激励试行办法〉的通知》(国资发分配〔2006〕8 号)

9. 财政部、科技部《关于实施〈关于国有高新技术企业开展股权激励试点工作的指导意见〉有关问题的通知》(财企〔2002〕508 号)

10. 国务院国有资产监督管理委员会《关于在部分中央企业开展分红权激励试点工作的通知》(国资发改革〔2010〕148 号)

(三)税务处理

1. 国家税务总局《关于做好股权激励和技术入股所得税政策贯彻落实工作的通知》(税总函〔2016〕496 号)

2. 财政部、国家税务总局《关于完善股权激励和技术入股有关所得税政策的通知》(财税〔2016〕101 号)

3. 国家税务总局《关于股权激励和技术入股所得税征管问题的公告》(国家税务总局公告〔2016〕62 号)

4. 国家税务总局《关于我国居民企业实行股权激励计划有关企业所得税处理问题的公告》(国家税务总局公告〔2012〕18 号)

5. 国家税务总局《关于个人股票期权所得缴纳个人所得税有关问题的补

充通知》(国税函〔2006〕902 号)

6. 财政部、国家税务总局《关于个人股票期权所得征收个人所得税问题的通知》(财税〔2005〕35 号)

7. 财政部、国家税务总局《关于股票增值权所得和限制性股票所得征收个人所得税有关问题的通知》(财税〔2009〕5 号)

8. 国家税务总局《关于股权奖励和转增股本个人所得税征管问题的公告》(国家税务总局公告〔2015〕80 号)

9. 财政部、国家税务总局《关于中关村、东湖、张江国家自主创新示范区和合芜蚌自主创新综合试验区有关股权奖励个人所得税试点政策的通知》(财税〔2013〕15 号)

10. 财政部、国家税务总局《对中关村科技园区建设国家自主创新示范区有关股权奖励个人所得税试点政策的通知》(财税〔2010〕83 号)

11. 国家税务总局《关于股权激励有关个人所得税问题的通知》(国税函〔2009〕461 号)

(四)会计处理

1. 财政部《关于〈公司法〉施行后有关企业财务处理问题的通知》(财企〔2006〕67 号)

2.《企业会计准则第 11 号——股份支付》(财会〔2006〕3 号)

3. 财政部《关于印发〈企业会计准则解释第 3 号〉的通知》(财会〔2009〕8 号)

4.《企业会计准则第 34 号——每股收益》(财会〔2006〕3 号)

5. 财政部《关于印发〈企业会计准则解释第 7 号〉的通知》(财会〔2015〕19 号)

6. 财政部《关于印发修订〈企业会计准则第 37 号——金融工具列报〉的通知》(财会〔2017〕14 号)

7. 财政部《关于印发修订〈企业会计准则第 22 号——金融工具确认和计量〉的通知》(财会〔2017〕7 号)

（五）员工持股计划

1. 中国保监会《关于保险机构开展员工持股计划有关事项的通知》（保监发〔2015〕56 号）

2. 中国证券监督管理委员会《关于上市公司实施员工持股计划试点的指导意见》（中国证券监督管理委员会公告〔2014〕33 号）

3. 财政部、中国人民银行、银监会、证监会、保监会《关于规范金融企业内部职工持股的通知》（财金〔2010〕97 号）

（六）VIE 架构

1. 国家外汇管理局综合司《关于下发〈关于完善外债管理有关问题的通知〉及〈关于境内居民通过境外特殊目的公司融资及返程投资外汇管理有关问题的通知〉操作规程的通知》（部分失效）（汇综发〔2005〕124 号）

2. 国家外汇管理局综合司《关于印发〈国家外汇管理局关于境内居民通过境外特殊目的公司融资及返程投资外汇管理有关问题的通知〉操作规程的通知》（部分失效）（汇综发〔2007〕106 号）

3. 商务部《关于外国投资者并购境内企业的规定》（商务部令 2009 年第 6 号）

4. 国家外汇管理局《关于境内居民通过特殊目的公司境外投融资及返程投资外汇管理有关问题的通知》（汇发〔2014〕37 号）

（七）其他

1. 中共教育部党组《关于印发〈高等学校深化落实中央八项规定精神的若干规定〉的通知》（教党〔2016〕39 号）

2. 国家外汇管理局《关于印发〈通过银行进行国际收支统计申报业务指引（2016 年版）〉的通知》（汇发〔2016〕4 号）

3. 中国证券监督管理委员会《公开发行证券的公司信息披露内容与格式准则第 28 号——创业板公司招股说明书（2015 年修订）》（中国证券监督管理委员会公告〔2015〕33 号）

4. 中国证券监督管理委员会《公开发行证券的公司信息披露内容与格式

准则第1号——招股说明书(2015年修订)》(中国证券监督管理委员会公告〔2015〕33号)

5. 中共中央办公厅、国务院办公厅《关于加快推进失信被执行人信用监督、警示和惩戒机制建设的意见》(中办发〔2016〕64号)

6.《证券公司股权激励约束机制管理规定(征求意见稿)》

7.《非上市公众公司监管问答——定向发行(二)》

8. 中国证券监督管理委员会《公开发行证券的公司信息披露内容与格式准则第2号——年度报告的内容与格式(2017年修订)》(中国证券监督管理委员会公告〔2017〕17号)

9. 中国证券监督管理委员会《公开发行证券的公司信息披露内容与格式准则第3号——半年度报告的内容与格式(2017年修订)》(中国证券监督管理委员会公告〔2017〕18号)

四、行业规定

1. 上海证券交易所《关于修订上市公司股权激励计划股票期权符合行权条件公告格式指引的通知(2016)》(上证函〔2016〕1574号)

2. 中小企业板信息披露业务备忘录第4号:股权激励限制性股票的取得与授予(深交所中小板公司管理部　2015年6月26日)

3. 中小企业板信息披露业务备忘录第4号:股权激励(深圳证券交易所中小板公司管理部　2016年8月13日)

4. 中小企业板信息披露业务备忘录第5号:股权激励股票期权实施、授予与行权(深交所中小板公司管理部　2015年6月26日)

5. 中小企业板信息披露业务备忘录第6号:股权激励期权自主行权(深交所中小板公司管理部　2015年6月26日)

6. 创业板信息披露业务备忘录第9号:股权激励(限制性股票)实施、授予与调整(深圳证券交易所　2015年9月16日)

7. 创业板信息披露业务备忘录第8号:股权激励(股票期权)实施、授予、行权与调整(2015年修订)

8. 主板信息披露业务备忘录第 3 号——股权激励及员工持股计划（深圳证券交易所公司管理部　2016 年 8 月 3 日）

9. 主板信息披露业务备忘录第 3 号——股权激励及员工持股计划（深圳证券交易所公司管理部　2015 年 4 月 20 日）

10. 创业板信息披露业务备忘录第 20 号——员工持股计划（深圳证券交易所创业板公司管理部　2015 年 9 月 14 日）

11. 主板信息披露业务备忘录第 3 号——股权激励及员工持股计划（深圳证券交易所　2015 年 4 月 20 日）

12. 中国证券登记结算有限责任公司《关于发布〈上市公司员工持股计划试点登记结算业务指引〉的通知》（2015 年 3 月 6 日）

13. 中小企业板信息披露业务备忘录第 7 号：员工持股计划（深交所中小板公司管理部　2014 年 11 月 21 日）

14. 上海证券交易所《关于发布〈上海证券交易所上市公司员工持股计划信息披露工作指引〉的通知》（上证发〔2014〕58 号）

15. 中国证券登记结算有限责任公司《关于上市公司员工持股计划开户有关问题的通知》（2014 年 8 月 14 日）

16. 全国中小企业股份转让系统有限责任公司《关于〈非上市公众公司监管问答——定向发行（二）〉适用有关问题的通知》

图书在版编目(CIP)数据

股权激励实务操作与案例分析 / 李可书,张星著. -- 北京:法律出版社,2019(2025.5 重印)
ISBN 978-7-5197-3059-8

Ⅰ.①股… Ⅱ.①李… ②张… Ⅲ.①股权激励-研究 Ⅳ.①F272.923

中国版本图书馆 CIP 数据核字(2019)第 015512 号

股权激励实务操作与案例分析
GUQUAN JILI SHIWU CAOZUO YU ANLI FENXI

李可书 张 星 著

策划编辑 刘秀丽
责任编辑 刘秀丽
装帧设计 汪奇峰

出版发行 法律出版社
编辑统筹 法商出版分社
责任校对 王晓萍
责任印制 胡晓雅
经　　销 新华书店

开本 720 毫米×960 毫米 1/16
印张 18 **字数** 215 千
版本 2019 年 2 月第 1 版
印次 2025 年 5 月第 3 次印刷
印刷 北京建宏印刷有限公司

地址:北京市丰台区莲花池西里 7 号(100073)
网址:www.lawpress.com.cn
投稿邮箱:info@lawpress.com.cn
举报盗版邮箱:jbwq@lawpress.com.cn

销售电话:010-83938349
客服电话:010-83938350
咨询电话:010-63939796

书号:ISBN 978-7-5197-3059-8
定价:58.00 元

凡购买本社图书,如有印装错误,我社负责退换。电话:010-83938349